Langenscheidts

Grundwortschatz
Spanisch

Ein nach Sachgebieten geordnetes
Lernwörterbuch mit Satzbeispielen

von

Patricia Sorin
Elena Martínez
Angelika Kleffel

Langenscheidt

Berlin · München · Wien · Zürich · New York

Herausgegeben von der Langenscheidt-Redaktion
Durchgeführt von Veronika Schnorr, Büro für Lexikographie,
Stuttgart
Sprachdatenverarbeitung: Raimund Drewek, Biberach

| Auflage: | 6. | 5. | 4. | 3. | Letzte Zahlen |
| Jahr: | 04 | 03 | 02 | 01 | maßgeblich |

© 2000 Langenscheidt KG, Berlin und München
Satz: Fotosatz Kaufmann, Stuttgart
Druck: Graph. Betriebe Langenscheidt, Berchtesgaden/Obb.
Printed in Germany · ISBN 3-468-**20341**-1

INHALT

Zum neuen Grundwortschatz Spanisch

Bewährte Konzeption

Eine Fremdsprache erlernt man am besten, indem man zunächst einen Grundwortschatz erwirbt und diesen dann nach und nach erweitert. Diese Tatsache ist heute bei allen, die sich wissenschaftlich und praktisch mit dem Fremdsprachenerwerb befassen, anerkannt und spiegelt sich auch in den Forderungen der Lehrpläne und der Wortschatzauswahl moderner Lehrwerke wider. Langenscheidts Grundwortschatz Spanisch, der nun in einer völligen Neubearbeitung vorliegt, hält sich in den Grundprinzipien an seine bewährte Konzeption, die es Anfängern wie Fortgeschrittenen leichter macht, einen Grundwortschatz zu erwerben bzw. zu wiederholen und zu vertiefen:

- Anordnung der Wörter nicht alphabetisch, sondern nach Themenbereichen und Fachgebieten
- für jedes Wort mindestens ein Beispielsatz mit Übersetzung ins Deutsche
- bei den möglichst lebensnahen Beispielsätzen Beschränkung auf den vorliegenden Wortschatz
- Grundwortschatz bestehend aus 3150 besonders wichtigen spanischen Wörtern mit insgesamt rund 4000 Grundbedeutungen
- Unterteilung der 4000 Grundbedeutungen in zwei Wichtigkeitsstufen, nämlich «1 – 2000» und «2001 – 4000»
- keine Ausrichtung auf bestimmte Lehrwerke oder spezielle Altersgruppen, weder zu kindlich noch zu „abgehoben"
- geeignet für alle Lernenden von der Sekundarstufe I bis zu Erwachsenen, die VHS-Kurse belegen, das Telekolleg absolvieren oder Spanisch in Urlaub oder Beruf brauchen.

Benutzerfreundliche Neuerungen

Das Grundprinzip der Benutzerfreundlichkeit wurde im neuen Grundwortschatz Spanisch weiterentwickelt, verbessert und ergänzt.

Die Wortschatzauswahl wurde nach Kriterien wie Häufigkeit, Aktualität und Gebrauchswert gründlich revidiert. Der Wortschatz wurde grundlegend modernisiert und ergänzt. Die Welt von heute erforderte es auch, durch zusätzliche Kapitel, wie z. B. „Umweltprobleme" und „Kommunikationstechnik", bestimmte Sachgebiete zu erweitern bzw. zu ergänzen.

Die Satzbeispiele sind vollständig durch neue ersetzt worden mit dem Ziel, die Bedeutung auch ohne Hilfe der deutschen Übersetzung möglichst eindeutig zu vermitteln, die Wörter in typischen Zusammenhängen

(Kollokationen) zu präsentieren, den jeweiligen Themenbereichen gerecht zu werden und durch die Auswahl der Beispiele die Benutzer zu interessieren und zur Weiterarbeit zu motivieren.

Auch innerhalb eines Kapitels sind die Stichwörter nicht alphabetisch, sondern nach inhaltlichen Gesichtspunkten angeordnet. Dies wird durch Trennlinien in blauer Farbe kenntlich gemacht, welche Wortfelder, Wortfamilien und andere bedeutungsmäßig zusammenhängende Wortgruppen optisch zusammenfassen. So können Sie auch in kleineren „Portionen" lernen und wiederholden.

Ebenfalls ganz neu ist eine Reihe von Lernhilfen, die den besonderen Schwierigkeiten Deutscher, die Spanisch lernen, Rechnung trägt. So wird zum Beispiel mit Hilfe des Warndreiecks auf grammatische Besonderheiten und typische Fehler hingewiesen, und farbig hervorgehobene TIPPs geben zusätzliche Informationen zur Aussprache, Schreibung, zum richtigen Gebrauch, zur Unterscheidung von leicht verwechselbaren Wörtern, zu wichtigen landeskundlichen Fakten sowie zur Wortbildung.

Wo es sinnvoll erscheint, werden zu den spanischen Stichwörtern auch Synonyme (Wörter mit gleicher oder sehr ähnlicher Bedeutung) und Antonyme (Wörter mit entgegengesetzter Bedeutung) gegeben, soweit sie Bestandteil dieses Wortschatzes sind, weil diese für den aktiven Umgang mit der Sprache wichtig sind und ihre Kenntnis zu den Anforderungen in Unterricht und Prüfung gehört.

Im neuen Register ist mit einem Blick erkennbar, ob ein aufgeführtes Wort zur Wichtigkeitsstufe 1 – 2000 oder zur Stufe 2001 – 4000 gehört. Die Stichwörter der Wichtigkeitsstufe 1 – 2000 sind fett gedruckt, die anderen mager.

Das Lernen mit dem Grundwortschatz

Eine angemessene Lerntechnik ist die Voraussetzung für den Lernerfolg. Wir möchten Ihnen dazu einige Anregungen geben:

1. Nutzen Sie den Vorteil der Gliederung nach Sachgebieten und arbeiten Sie nicht Seiten, sondern Sachgebiete durch (z. B. 1.6.1 „Energie und Technik"). Zwischen den Wörtern eines Sachgebietes bestehen Assoziationen. Die Sachgebiete spiegeln inhaltliche Zusammenhänge wider. Auch die Sachgebietsbezeichnungen sind bereits Merkhilfen. Es ist experimentell erwiesen, dass Wortschatz, der thematisch zusammenhängend erlernt wird, besser behalten wird.
2. Sie können sich in jedem Sachgebiet zuerst die Wörter der Wichtigkeitsstufe 1 – 2000 aneignen. Zu einem späteren Zeitpunkt nehmen Sie dann die der Wichtigkeitsstufe 2001 – 4000 durch.

3. Wenn Sie *einzelne* Sachgebiete durcharbeiten, fangen Sie vielleicht zuerst mit denen an, die Sie besonders interessieren, dann die anderen. Vergessen Sie aber nicht, sich nach und nach *alle* Sachgebiete anzueignen.

4. Wir empfehlen Ihnen, den Ablauf des Lernvorgangs zu systematisieren und portionsweise zu lernen. Lesen Sie ein Kästchen (fett gedrucktes Stichwort und Anwendungsbeispiel) und prägen Sie sich die Wortgleichung ein. Gehen Sie mehrere Kästchen auf diese Weise durch und decken Sie dann von diesem „Block" die linke Spalte ab. Sprechen Sie sich nun das verdeckte Stichwort laut vor – wenn Sie wollen, auch das Anwendungsbeispiel. Dann kontrollieren Sie sich durch Aufdecken der linken Spalte. Wörter, die Sie noch nicht beherrschen, können Sie am Rand kennzeichnen – vielleicht durch ein Kreuzchen – und nochmals gesondert lernen. Abschließend nochmalige Kontrolle (Sprechen und Schreiben) des ganzen „Blocks".

5. Lernvarianten: Sie können die rechte (statt linke) Spalte abdecken und entsprechend wie unter 4 beschrieben arbeiten. Sie können auch nur die Anwendungsbeispiele lernen, um vom Zusammenhang her die Bedeutung eines Wortes im Gedächtnis zu fixieren oder den Grundwortschatz „umzuwälzen".

6. Über ein einzelnes Wort, das Sie im alphabetischen Register nachschlagen, können Sie auch zu einem bestimmten Sachgebiet kommen und so in einem sinnvollen Zusammenhang lernen.

7. Es empfiehlt sich, täglich (mit Pausen!) ein bestimmtes Pensum zu lernen. In einigen Wochen beherrschen Sie dann einen systematisch aufgebauten Grundwortschatz – den Wortschatz, auf den es ankommt. Diesen sollten Sie in gewissen zeitlichen Abständen wiederholen und überprüfen.

8. „Langenscheidts Grundwortschatz Spanisch" ist lehrbuchunabhängig. Trotzdem eignet er sich auch zur Aktivierung, Wiederholung und Systematisierung des Wortschatzes im Unterricht, z. B.

   - zur Bereitstellung des entsprechenden Wortschatzes vor kommunikativen Übungen oder der Durchnahme bestimmter Texte;
   - zur Wortfeldarbeit nach der Durcharbeitung eines bestimmten Textes, der wesentliche Teile dieses Wortfeldes enthielt;
   - zur Erschließung und zum Aufbau eines Sachgebiets vom Einzelwort aus (über das Register).

Wir wünschen Ihnen bei der Arbeit mit diesem Wortschatz viel Spaß und Erfolg!

1 THEMENBEZOGENE BEGRIFFE

1.1 Der Mensch

1.1.1 KÖRPER UND WESEN

1.1.1.1 KÖRPER

«1–2000»

el cuerpo
El fotógrafo me ha hecho un retrato de **cuerpo** entero.

Körper m
Der Fotograf hat eine Ganzkörperaufnahme von mir gemacht.

---

la cabeza
Me duele la **cabeza**. Tomaré una aspirina.

Kopf m
Ich habe Kopfschmerzen. Ich nehme gleich ein Aspirin.

---

la cara
Tienes muy mala **cara**. ¿Seguro que te encuentras bien?

Gesicht n
Du siehst sehr schlecht aus. Fühlst du dich auch wirklich wohl?

---

el pelo
El **pelo** corto (⚠ nicht: **los pelos**) te queda bien.

Haar n, **Haare** pl
Kurze Haare stehen dir gut.

---

la nariz ⚠ pl **las narices**
Muy pocas personas tienen una **nariz** perfecta.

Nase f
Es gibt sehr wenige Menschen, die eine perfekte Nase haben.

---

el ojo
El niño tiene los **ojos** azules, como su padre.

Auge n
Das Kind hat blaue Augen wie sein Vater.

---

la oreja
Los conejos tienen las **orejas** muy largas.

Ohr n
Kaninchen haben sehr lange Ohren.

---

*TIPP: Das Spanische unterscheidet zwischen **oreja** (äußerer Teil) und **oído** (innerer Teil) des Ohres: **dolor de oídos** (Ohrenschmerzen).*

---

la boca
Al ver los bombones, se le hizo la **boca** agua.

Mund m
Als er die Pralinen sah, lief ihm das Wasser im Mund zusammen.

el diente
Los niños deberían acostumbrarse a lavarse los **dientes** después de las comidas. → *muela S. 16*

Zahn *m*
Kinder sollten sich daran gewöhnen, nach dem Essen die Zähne zu putzen.

la lengua
¿No sabes que es de mala educación sacar la **lengua**?

Zunge *f*
Weißt du denn nicht, dass es ungezogen ist, die Zunge herauszustrecken?

el cuello
Martín cogió a Fernando por el **cuello** y lo amenazó.

Hals *m*
Martín packte Fernando am Hals und drohte ihm.

el pecho
Uno de los primeros síntomas de infarto es un fuerte dolor en el **pecho**.
Tengo un bebé y le doy el **pecho** cada tres horas.

Brust *f*
Eines der ersten Symptome für einen Infarkt ist ein starker Schmerz in der Brust.
Ich habe ein Baby und stille es alle drei Stunden.

la espalda
Hacer natación es bueno para la **espalda**.

Rücken *m*
Schwimmen ist gut für den Rücken.

el brazo
Es la segunda vez que me rompo el **brazo** tras una caída.

Arm *m*
Es ist bereits das zweite Mal, dass ich mir bei einem Sturz den Arm gebrochen habe.

la mano
Lávate las **manos** antes de comer.

Hand *f*
Wasch dir vor dem Essen die Hände.

el dedo
Mateo señaló con el **dedo** por dónde había escapado el ladrón. → *dedo del pie S. 18*

Finger *m*
Mateo zeigte mit dem Finger in die Richtung, in die der Dieb entkommen war.

TIPP: *Im Gegensatz zum Deutschen wird im Spanischen das Wort* **dedo** *sowohl für die Hand (Finger) als auch für den Fuß (Zehe) verwendet.*

la pierna
Cuando me presenté al examen de conducir me temblaban las **piernas**.

Bein *n*
Als ich die Führerscheinprüfung machte, zitterten mir die Beine.

el **pie**
El cine no está muy lejos. Podemos ir a **pie**.

Fuß *m*
Das Kino ist nicht sehr weit weg. Wir können zu Fuß gehen.

---

la **sangre**
El paciente necesita urgentemente una transfusión de **sangre**.

Blut *n*
Der Patient braucht dringend eine Bluttransfusion.

---

el **corazón** ⚠ *pl* **los corazones**
Desde que me operaron del **corazón** no puedo hacer deporte.

Herz *m*
Seit meiner Herzoperation kann ich keinen Sport mehr treiben.

TIPP: *Alle Substantive, die auf Konsonant enden, bilden die Pluralform mit -es.*

---

el **estómago**
Suelo estudiar después de comer: con el **estómago** vacío me cuesta concentrarme.

Magen *m*
Normalerweise lerne ich, nachdem ich gegessen habe: Es fällt mir schwer, mich mit leerem Magen zu konzentrieren.

---

la **barriga**
Creo que Marta está embarazada: mira la **barriga** que tiene.

Bauch *m*
Ich glaube, Marta ist schwanger. Sieh dir nur mal an, was für einen Bauch sie hat.

«2001–4000»

la **piel**
La **piel** de los bebés es muy delicada y no debe exponerse al sol.

Haut *f*
Babyhaut ist sehr empfindlich und sollte nicht der Sonne ausgesetzt werden.

---

el **músculo**
Practicar algún deporte es ideal para los **músculos**.

Muskel *m*
Sporttreiben ist gut für die Muskulatur.

---

el **nervio**
Para ser piloto de Fórmula 1 hay que tener **nervios** de acero.

Nerv *m*
Um Formel-1-Pilot zu werden, muss man Nerven aus Stahl haben.

---

el **hueso**
A ver si sabéis cuántos **huesos** tiene el cuerpo humano.

Knochen *m*
Mal sehen, ob ihr wisst, aus wie vielen Knochen der menschliche Körper besteht.

el **cerebro** El estudio del **cerebro** humano ha avanzado mucho en los últimos años.	**(Ge)hirn** *n* Die Erforschung des menschlichen Gehirns hat in den letzten Jahren große Fortschritte gemacht.
la **frente** El tenista se secó el sudor de la **frente** con una toalla.	**Stirn** *f* Der Tennisspieler wischte sich mit einem Handtuch den Schweiß von der Stirn.
la **barbilla** Al afeitarme esta mañana me he hecho un corte en la **barbilla**.	**Kinn** *n* Als ich mich heute Morgen rasierte, habe ich mich ins Kinn geschnitten.
la **mejilla** Después de un largo día en el campo, teníamos las **mejillas** coloradas por el sol.	**Wange** *f* Nachdem wir den ganzen Tag im Grünen verbracht hatten, waren unsere Wangen von der Sonne gerötet.
el **labio** Estás muy guapa. ¿Te has maquillado? — No, sólo me he pintado los **labios**.	**Lippe** *f* Du siehst sehr hübsch aus. Hast du dich geschminkt? — Nur die Lippen.
la **muela** Tengo dolor de **muelas**. → *diente S. 14*	**(Backen)zahn** *m* Ich habe Zahnschmerzen.

TIPP: *Bei Zahnschmerzen wird stets* **muela** *verwendet, unabhängig davon, ob es sich dabei um einen Backenzahn* **muela** *oder einen anderen Zahn* **diente** *handelt.*

el **pulmón** ⚠ *pl* **los pulmones** El aire de la ciudad no es nada bueno para los **pulmones**.	**Lunge** *f* Stadtluft ist überhaupt nicht gut für die Lunge.
la **respiración** ¿Cuánto tiempo eres capaz de contener la **respiración** bajo el agua?	**Atmen** *n*, **Atmung** *f* Wie lange kannst du unter Wasser die Luft anhalten?
respirar *v* Los fines de semana solemos hacer excursiones porque nos gusta **respirar** aire puro.	**atmen; einatmen** Am Wochenende machen wir normalerweise einen Ausflug, weil wir gerne frische Luft atmen.

el sudor
Joaquín estaba tan nervioso que tenía gotas de **sudor** en la frente.

Schweiß *m*
Joaquín war so nervös, dass ihm Schweißperlen auf der Stirn standen.

sudar *v*
Muchas personas dicen que se sienten mejor después de **sudar** en la sauna, pero yo me siento agotado.

schwitzen
Viele Menschen sagen, dass sie sich besser fühlen, nachdem sie in der Sauna geschwitzt haben, ich dagegen fühle mich sehr erschöpft.

el hombro
De pequeño me llevaba mi padre siempre a **hombros**.

Schulter *f*
Als ich klein war, trug mein Vater mich immer auf seinen Schultern.

el codo
La expresión española "empinar el **codo**" significa beber mucho alcohol.

Ellbogen *m*
Der spanische Ausdruck „den Ellbogen hochheben" bedeutet, viel Alkohol trinken.

la muñeca
En España es habitual llevar el reloj en la **muñeca** izquierda.

Handgelenk *n*
In Spanien ist es üblich, die Uhr am linken Handgelenk zu tragen.

el puño
Jorge dio un golpe con el **puño** en la mesa y se fue.

Faust *f*
Jorge schlug mit der Faust auf den Tisch und ging.

el pulgar
El **pulgar** es el dedo gordo de la mano.

Daumen *m*
Der Daumen ist der dicke Finger einer Hand.

la cintura
Las modelos tienen una **cintura** de avispa.

Taille *f*
Mannequins haben eine Wespentaille.

la rodilla
Cuando llegaron los bomberos, la casa estaba inundada y el agua llegaba a las **rodillas**.

Knie *n*
Als die Feuerwehr kam, war das Haus schon überschwemmt, und das Wasser reichte bis zu den Knien.

el tobillo
Me he torcido el **tobillo**.

Knöchel *m*
Ich habe mir den Knöchel verstaucht.

---

el **talón** ⚠ *pl* **los talones**
El "**talón** de Aquiles" es el punto
más débil de una persona.

Ferse *f*
Die Achillesferse ist der emp-
findlichste Punkt eines Menschen.

---

el **dedo del pie**
El excursionista volvió con los
dedos de los pies congelados.
→ *dedo S. 14*

Zehe *f*
Der Wanderer kam mit erfrore-
nen Zehen zurück.

---

la **uña**
Córtate las **uñas**; las tienes ya
muy largas.

Nagel *m*
Schneide dir die Nägel; sie sind
schon sehr lang.

1.1.1.2 AUSSEHEN

«**1–2000**»

---

el **aspecto**
¡Qué mal **aspecto** tienes! ¿No
has dormido bien?
Pues tú tienes muy buen **aspecto**. ¿Has estado de vacaciones?

Aussehen *n*
Wie schlecht du aussiehst! Hast
du nicht gut geschlafen?
Du siehst aber gut aus! Warst du
im Urlaub?

---

guapo, a *adj syn:* atractivo,
ant: feo
Todos tus hijos son **guapísi-
mos**.

hübsch

Deine Kinder sind alle sehr
hübsch.

TIPP: guapo *wird nur für Personen verwendet. Der absolute Superlativ kann im Spanischen auf zweierlei Art gebildet werden: mit* **muy**
vor dem Adjektiv oder mit **-ísimo/a**, *das an das Adjektiv angefügt wird*
fácil, facilísimo; feo, feísimo.

---

la **belleza**
El ideal de **belleza** en los años
sesenta eran las mujeres extre-
madamente delgadas y de piel
pálida.

Schönheit *f*
Das Schönheitsideal der Sech-
zigerjahre waren extrem dünne
Frauen mit blasser Haut.

---

alto, a *adj ant:* bajo
Jorge es el más **alto** de la clase.

groß
Jorge ist der größte in seiner
Klasse.

bajo, a *adj ant:* alto
No le dejaron jugar en el equipo de baloncesto por ser demasiado **bajo**.

klein
Er wurde nicht in die Basketballmannschaft aufgenommen, weil er zu klein war.

*TIPP: alto/bajo beziehen sich auf die Statur, während **grande/pequeño** eine allgemeine Bedeutung haben.*

grande *adj ant:* pequeño
Las personas altas suelen tener las manos y los pies **grandes**.

groß
Große Menschen haben normalerweise große Hände und Füße.

pequeño, a *adj ant:* grande
En mi familia somos todos bastante **pequeños**.
¡Qué **pequeño** es el mundo! He visto a Enrique en Nueva York.

klein
In meiner Familie sind alle ziemlich klein.
Wie klein die Welt doch ist! Ich habe Enrique in New York getroffen.

«2001–4000»

la **apariencia**

Las **apariencias** engañan.

(An)schein *m;* Aussehen *n,* Erscheinung *f*
Der Schein trügt.

atractivo, a *adj syn:* guapo, *ant:* feo
El nuevo director general me parece bastante **atractivo**.

attraktiv

Ich finde den neuen Generaldirektor ziemlich attraktiv.

feo, a *adj ant:* guapo, atractivo
¡Qué perro tan **feo**!
— Sí, igual que su dueño.

hässlich
Was für ein hässlicher Hund!
— Ja, genau wie sein Herrchen.

el **tipo** *syn:* figura
A pesar de su edad, tu madre tiene muy buen **tipo**.

Figur *f*
Deine Mutter hat trotz ihres Alters noch eine sehr gute Figur.

la **figura** *syn:* tipo
Para mantener la **figura** lo mejor es hacer ejercicio.

Figur *f*
Das Beste für eine schlanke Linie ist, Sport zu treiben.

gordo, a *adj ant:* delgado
Desde que se casó está cada día más **gordo**.

dick
Seit er verheiratet ist, wird er jeden Tag dicker.

delgado, a *adj ant:* gordo
Estás más **delgada** que la última vez que nos vimos.

schlank
Du bist schlanker als das letzte Mal, als wir uns gesehen haben.

pálido, a *adj*
Se puso **pálido** cuando se presentó su familia en la oficina.

blass, bleich
Er wurde ganz blass, als seine Familie ins Büro kam.

colorado, a *adj*
Se puso **colorado** de vergüenza.

(hoch)rot
Er wurde hochrot vor Scham.

rubio, a *adj*
¿Es verdad que los escandinavos son todos **rubios**?
— ¡Qué va! También hay morenos y pelirrojos.

blond
Ist es wahr, dass alle Skandinavier blond sind?
— Ach was! Es gibt auch dunkel- und rothaarige.

moreno, a *adj*

brünett, dunkelbraun

TIPP: moreno *kann sich auf die Haarfarbe (dunkel, kastanienbraun) oder die Hautfarbe beziehen, zum Beispiel nach dem Sonnenbad.*

pelirrojo, a *adj*

rothaarig

castaño, a *adj*
Tengo el pelo y los ojos **castaños**.

(kastanien)braun
Ich habe braune Haare und Augen.

el pelo rizado
Mi padre y mi hermano tienen el **pelo rizado**, pero yo lo tengo lacio como mi madre.

lockiges Haar
Mein Vater und mein Bruder haben lockiges Haar, ich aber habe glattes wie meine Mutter.

el pelo lacio

glattes Haar

la barba
¿Cuál de los Reyes Magos es Melchor? — El que tiene la **barba** blanca. Los otros son Gaspar y Baltasar.

Bart *m*
Wer von den Heiligen Drei Königen ist Melchior? — Der mit dem weißen Bart. Die beiden anderen sind Kaspar und Balthasar.

el bigote
José María tiene **bigote**.

Schnurrbart *m*
José María hat einen Schnurrbart.

TIPP: tener barba *und* **tener bigote** *werden ohne Artikel verwendet.*

calvo, a *adj*
Miguel está **calvo**, aunque todavía es joven.

kahl(köpfig)
Miguel hat eine Glatze, obwohl er noch sehr jung ist.

parecerse (a) *v* ⚠ *irr* 5
Te pareces mucho **a** tu padre.

ähnlich sein
Du gleichst deinem Vater sehr.

el peinado
Lo siento, pero no me gusta tu nuevo **peinado**.

Frisur *f*
Tut mir Leid, aber deine neue Frisur gefällt mir nicht.

1.1.1.3 GEIST UND VERSTAND

«1–2000»

la mente
Hay que tener una **mente** abierta si quieres conocer gente.

Sinn *m*
Wenn man Menschen kennen lernen möchte, muss man offen sein.

la idea
Hoy podríamos ir al cine. ¿Qué te parece?
— ¡Buena **idea**!
Oye, ¿tú sabes dónde vive mi prima Raquel?
— No tengo ni **idea**.

Idee *f;* **Gedanke** *m,* **Einfall** *m*
Wir könnten doch heute ins Kino gehen. Was meinst du dazu?
— Gute Idee!
Hör mal, weißt du, wo meine Kusine Raquel wohnt?
— Keine Ahnung.

pensar *v* ⚠ *irr* 22
Después de **pensarlo** bien he decidido cambiar de trabajo.

¿En qué **estás pensando**? No prestas atención a lo que te estoy diciendo.

denken
Nachdem ich es mir reiflich überlegt hatte, entschied ich mich, den Arbeitsplatz zu wechseln.
Woran denkst du? Du passt nicht auf, was ich dir sage.

*TIPP: Kontextspezifisch kann **pensar** auch durch **opinar** ersetzt werden.*

opinar *v syn:* pensar
Yo creo que los ovnis no existen. Y tú, ¿qué **opinas**?

meinen, glauben
Ich glaube nicht, dass es Ufos gibt. Was meinst du?

reflexionar *v*
Necesito tiempo para **reflexionar** antes de tomar una decisión tan importante.

überlegen; überdenken
Bevor ich eine so wichtige Entscheidung treffe, brauche ich Zeit zum Überlegen.

creer *v* ⚠ **creyó, creyeron, creyendo**
Si no lo veo, no lo **creo**.

glauben

Bevor ich es nicht gesehen habe, glaube ich es nicht.

entender *v syn:* comprender
  ⚠ *irr* 23
  Mi novio **entiende** el español,
  pero no lo habla.
  Mis padres no me **entienden**.

verstehen

  Mein Freund versteht Spanisch,
  spricht es aber nicht.
  Meine Eltern verstehen mich
  nicht.

---

saber *v* ⚠ *irr* 28
  ¿**Sabes** que María está en el
  hospital?
  Mi padre **sabe** italiano. → *poder*
  S. 352

wissen; können
  Wusstest du, dass María im
  Krankenhaus ist?
  Mein Vater kann Italienisch.

TIPP: saber *bedeutet, dass man von etwas Kenntnis hat oder eine*
Fähigkeit besitzt oder sich diese erworben hat.

---

conocer *v* ⚠ *irr* 5
  Conozco a Luisa muy bien.
  Hoy **he conocido** al hombre de
  mi vida.

kennen; kennen lernen
  Ich kenne Luisa sehr gut.
  Heute habe ich den Mann mei-
  nes Lebens kennen gelernt.

---

acordarse de *v syn:* recordar,
ant: olvidarse ⚠ *irr* 7
  ¿**Te acuerdas de** las primeras
  vacaciones que pasamos juntos?
  Acordaos de apagar la calefacción antes de acostaros.

sich erinnern; daran denken

  Erinnerst du dich an unsere ersten gemeinsamen Ferien?

  Denkt daran, die Heizung ab-
  zustellen, bevor ihr zu Bett geht.

---

recordar *v syn:* acordarse,
ant: olvidarse ⚠ *irr* 7
  No **recuerdo** tu nombre.

  Recuerda que has de portarte
  bien en casa de tus abuelos.

sich erinnern; daran denken

  Ich kann mich an deinen Namen
  nicht erinnern.
  Denk daran, dass du dich bei
  deinen Großeltern gut beneh-
  men sollst.

---

olvidar *v ant:* recordar
  Perdona, **he olvidado** tu nombre.

vergessen
  Entschuldige, ich habe deinen
  Namen vergessen.

---

olvidarse de *v ant:* acordarse
  No **te olvides de** comprar las
  entradas para el concierto de
  esta noche.

vergessen
  Vergiss nicht, die Eintrittskarten
  für das Konzert heute Abend zu
  kaufen.

el recuerdo
¿Quieres llevarte algo de **recuerdo**?
¿Qué **recuerdos** tienes de tu niñez?

Erinnerung *f*
Möchtest du etwas zur Erinnerung mitnehmen?
Welche Erinnerungen hast du an deine Kindheit?

interesar *v*
A mi marido no le **interesa** el fútbol.

interessieren
Mein Mann interessiert sich nicht für Fußball.

interesarse por *v*
¿Desde cuándo **te interesas por** los toros?

sich interessieren für
Seit wann interessierst du dich für Stierkampf?

«2001–4000»

la inteligencia
Cuando se habla de **inteligencia** se suele poner como ejemplo a Einstein.

Intelligenz *f*
Wenn man von Intelligenz spricht, führt man oft Einstein als Beispiel an.

inteligente *adj ant:* tonto
Los delfines son unos de los animales más **inteligentes**.

intelligent
Delfine zählen zu den intelligentesten Tieren.

listo, a *adj ant:* tonto
Juanito es más **listo** de lo que parece. Ha conseguido vender el coche por el doble de su precio real.

schlau
Juanito ist schlauer, als man denkt. Es ist ihm gelungen, das Auto doppelt so teuer zu verkaufen, als es eigentlich wert ist.

el sentido
No tiene **sentido** reparar la lavadora si nos va a costar más que una nueva.

En el bosque siempre me pierdo; no tengo **sentido** de la orientación.

Sinn *m*
Es hat keinen Sinn, die Waschmaschine reparieren zu lassen, wenn uns das mehr als eine neue kostet.
Im Wald verirre ich mich immer; ich habe keinen Orientierungssinn.

lógico, a *adj*
Cuando se gana la lotería, es **lógico** ponerse contento.

natürlich, logisch
Wenn man in der Lotterie gewinnt, ist es ganz natürlich, sich zu freuen.

razonable *adj*
Compraremos un televisor nuevo siempre y cuando el precio sea **razonable**.

vernünftig
Wir werden uns ein neues Fernsehgerät kaufen, unter der Bedingung, dass der Preis vernünftig ist.

la **razón** ⚠ *pl* **las razones**
Es imposible hacer entrar en **razón** a estos fanáticos.

Vernunft *f,* Verstand *m*
Es ist unmöglich, diese Fanati-
ker zur Vernunft zu bringen.

---

comprender *v syn:* entender
No **comprendo** tu actitud.

verstehen
Ich verstehe deine Einstellung
nicht.

---

la **impresión** ⚠ *pl* **las impre-
siones**
Mi primera **impresión** de Madrid fue negativa.

Eindruck *m*

Mein erster Eindruck von Madrid
war negativ.

---

la **memoria**
Mi vecina tiene muy mala **memoria**: nunca recuerda mi nombre.

En Guernica hay un monumento
en **memoria** de las víctimas de
la guerra.

Gedächtnis *n;* Andenken *n*
Meine Nachbarin hat ein sehr
schlechtes Gedächtnis. Sie
kann sich nie an meinen Namen
erinnern.
In Guernica steht ein Denkmal
zur Erinnerung an die Opfer des
Krieges.

---

el **interés** ⚠ *pl* **los intereses**
No tengo ningún **interés** en ver-
la.

Interesse *n*
Ich habe keinerlei Interesse, sie
zu sehen.

---

imaginarse *v*
No puedo **imaginarme** una vida
sin electricidad ni agua corriente.

sich vorstellen
Ein Leben ohne elektrischen
Strom und fließendes Wasser
kann ich mir nicht vorstellen.

---

la **imaginación** *syn:* fantasía
⚠ *pl* **las imaginaciones**
No es verdad lo que dice; todo
es fruto de su **imaginación**.

Einbildung(skraft) *f*

Es ist nicht wahr, was er sagt; es
ist alles Einbildung.

---

inventar *v*
Emilio siempre **está inventan-
do** historias. No le creas.

erfinden
Emilio erfindet dauernd Ge-
schichten. Glaube ihm nicht.

---

darse cuenta de *v syn:* notar
⚠ *irr 9*
¿Te **has dado cuenta de** que
ella te miraba todo el rato?
¿**Te has dado cuenta de** cuánto dinero hemos gastado en una
semana? ¡Medio millón de pesetas!

**bemerken, merken; sich im Kla-
ren sein über**
Hast du bemerkt, dass sie dich
die ganze Zeit angestarrt hat?
Ist dir eigentlich klar, wie viel
Geld wir in einer Woche ausgegeben haben? Eine halbe Milli-
on Peseten!

notar *v syn:* darse cuenta
Si **notas** que el jefe está de mal humor, no le digas nada de nada.

merken, bemerken
Wenn du merkst, dass der Chef schlechte Laune hat, sag lieber gar nichts.

---

comprobar *v* ⚠ *irr 7*
He **comprobado** que el teléfono no funciona.
Hay que **comprobar** si el cuadro es auténtico.

feststellen; überprüfen
Ich habe festgestellt, dass das Telefon nicht funktioniert.
Man muss überprüfen, ob das Bild echt ist.

---

la **habilidad**
La **habilidad** es importante para los trabajos manuales.

Geschick *n*
Manuelle Tätigkeiten erfordern Geschick.

---

el **talento**
Para ser músico hay que tener **talento**.

Talent *n*
Als Musiker braucht man Talent.

---

hábil *adj*
Este chico es muy **hábil**: es capaz de reparar cualquier cosa.
→ *cruel TIPP S. 30*

geschickt
Dieser Junge ist sehr geschickt, er kann alles reparieren.

---

tonto, a *adj ant:* inteligente, listo
No creo que seas **tonto**. Lo que pasa es que no te interesa estudiar.

dumm

Ich glaube nicht, dass du dumm bist. Tatsache ist, dass du keine Lust zu lernen hast.

---

loco, a *adj*
Estás **loco** si crees que te voy a dar dinero.

verrückt
Du bist verrückt, wenn du glaubst, dass ich dir Geld gebe.

---

idiota *adj*
¡Pareces **idiota**! Te he dicho mil veces que no cojas el coche porque no tienes carnet de conducir.

blöd
Du bist blöd! Tausend Mal habe dir schon gesagt, dass du das Auto nicht nehmen sollst, weil du keinen Führerschein hast.

TIPP: *Adjektive auf* **-a** *sind sowohl männlich als auch weiblich. Der Plural endet auf* **-as**. *Wird meist mit* **ser** *oder* **parecer** *gebraucht.*

1.1.1.4 CHARAKTER

«1–2000»

bueno, a *adj ant:* malo
En el fondo es una **buena** persona, pero yo le odio.

gut
Im Grunde genommen ist er ein guter Kerl, aber ich hasse ihn.

bonito, a *adj ant:* feo
Llevas una blusa muy **bonita**.

hübsch, schön
Du trägst eine sehr hübsche Bluse.

*TIPP: **bonito** wird hauptsächlich für Gegenstände verwendet.*

malo, a *adj ant:* bueno
Si eres **malo**, los Reyes Magos sólo te traerán carbón.

schlecht
Wenn du nicht artig bist, bringen die Heiligen Drei Könige dir nur ein Stück Kohle.

TIPP: In Spanien bringt nicht der Nikolaus am 6. Dezember Geschenke, sondern die Heiligen Drei Könige beschenken die artigen Kinder am 6. Januar. Unartige Kinder bekamen früher ein Stück Kohle.

amable *adj*
Gracias por ayudarme a cruzar la calle. Es Ud. muy **amable**.

freundlich
Vielen Dank, dass Sie mir geholfen haben, die Straße zu überqueren. Sie sind sehr freundlich.

TIPP: Adjektive auf -e sind sowohl männlich als auch weiblich.

querido, a *adj*
He perdido a uno de mis amigos más **queridos**.
Querida Verónica: Me gusta mucho Madrid …

lieb, geliebt
Ich habe einen meiner besten Freunde verloren.
Liebe Verónica, Madrid gefällt mir sehr gut …

orgulloso, a *adj*
Aunque es pobre, es demasiado **orgulloso** para pedir ayuda.
Estoy muy **orgulloso** de recibir este premio.

stolz
Obwohl er arm ist, ist er zu stolz, um Hilfe zu bitten.
Ich bin sehr stolz darauf, diesen Preis zu erhalten.

*TIPP: **orgulloso** kann sowohl mit dem Verb **ser** als auch mit **estar** verwendet werden und dabei unterschiedliche Bedeutungen haben: **ser orgulloso** bezeichnet die Charaktereigenschaft, wohingegen **estar orgulloso** einen momentanen Zustand beschreibt.*

vago, a *adj ant:* trabajador
No seas **vago** y ponte de una
vez a hacer los deberes.

faul
Sei nicht so faul und fang endlich an, deine Hausaufgaben zu
machen.

trabajador(a) *adj ant:* vago
Estas chicas son muy **trabaja-
doras**.

fleißig
Das sind sehr fleißige Mädchen.

la **paciencia** *ant:* impaciencia
Ten **paciencia**, verás cómo todo
se soluciona.

Geduld *f*
Hab Geduld, du wirst sehen, es
gibt für alles eine Lösung.

TIPP: *Im Spanischen kann man unter anderem dadurch das Gegenteil ausdrücken, dass man die Vorsilbe* **a, anti, in, im, des** *oder* **dis**
benützt, z. B. **normal, anormal; simpático, antipático; justo, injusto; hacer, deshacer; gustar, disgustar**.

el **cuidado**
Ten **cuidado** al cruzar la calle.
Fíjate que el semáforo esté ver-
de.

Vorsicht *f*
Sei vorsichtig, wenn du die Straße überquerst. Sieh genau hin,
ob die Ampel grün ist.

egoísta *adj ant:* generoso
A la gente **egoísta** no le gusta
compartir las cosas.

egoistisch
Egoistische Menschen teilen
nicht gern.

«2001–4000»

el **carácter** ⚠ *pl* **los caracte-
res**
Mi hermano y yo tenemos **ca-
racteres** totalmente diferentes.
Él es muy nervioso y yo más
bien tranquila.
Su marido no tiene **carácter**,
ella hace lo que quiere.

Wesen *n;* **Charakter** *m*

Mein Bruder und ich haben ein
völlig unterschiedliches Wesen.
Er ist sehr nervös, und ich bin
eher ruhig.
Ihr Mann hat keinen Charakter.
Sie macht, was sie will.

TIPP: *Die Betonung des Plurals liegt auf „te".*

la **cualidad**
Javier se pasa el día hablando
de sus propias **cualidades**.

Qualität *f*
Javier redet den ganzen Tag von
seinen Qualitäten.

el **defecto**
Dicen que el peor **defecto** de los
españoles es la envidia.

Fehler *m*
Es heißt, dass der größte Fehler
der Spanier der Neid ist.

sincero, a *adj*
Lo único que te pido es que seas **sincero** y que me digas la verdad.

ehrlich, aufrichtig
Das Einzige, worum ich dich bitte, ist ehrlich zu sein und mir die Wahrheit zu sagen.

justo, a *adj ant:* injusto
El profesor no ha sido **justo**. Me ha puesto un cero sin motivo.
→ *paciencia TIPP S. 27*

gerecht
Der Lehrer war nicht gerecht. Er hat mir ohne Grund null Punkte gegeben.

fiel *adj ant:* infiel
Siento no haber sido siempre **fiel** a mi marido.

treu
Es tut mir Leid, meinem Mann nicht immer treu gewesen zu sein.

generoso, a *adj ant:* avaro
Eres demasiado **generoso**; no deberías darle tanta propina al camarero.

großzügig
Du bist zu großzügig; du solltest dem Kellner nicht so viel Trinkgeld geben.

educado, a *adj ant:* maleducado
Intenta ser más **educado** con las personas mayores.

höflich
Versuche, älteren Menschen gegenüber etwas höflicher zu sein.

cariñoso, a *adj*
Tu marido siempre ha sido muy **cariñoso** contigo y con los niños. → *tranquilo TIPP S. 28*

liebevoll
Dein Mann hat dich und die Kinder stets sehr liebevoll behandelt.

avaro, a *adj ant:* generoso
Nuestro abuelo era tan **avaro** que nunca hacía regalos.

geizig
Unser Großvater war so geizig, dass er nie Geschenke machte.

nervioso, a *adj ant:* tranquilo
Siempre estoy **nerviosa** antes de un examen. → *tranquilo TIPP S. 28*

nervös
Vor einer Prüfung bin ich immer nervös.

tranquilo, a *adj ant:* nervioso
Puedes estar **tranquila**: no le contaré a nadie tu secreto.

unbesorgt, ruhig
Du kannst ganz unbesorgt sein, ich erzähle dein Geheimnis niemandem weiter.

*TIPP: **ser nervioso/tranquilo** bezeichnet eine Charaktereigenschaft, während **estar nervioso/tranquilo** einen vorübergehenden Zustand bezeichnet. Ebenso verhält es sich bei einigen anderen Adjektiven wie z. B. **ser alegre** ein fröhliches Wesen haben, **estar alegre** gerade fröhlich sein usw.*

tímido, a *adj*
Aunque no lo parezca, soy muy **tímido** y no me atrevo a hablar en público.

schüchtern
Obwohl es nicht den Anschein hat, bin ich eine sehr schüchterne Person und traue mich nicht, in der Öffentlichkeit zu reden.

---

el humor
Me gusta Alberto porque tiene un gran sentido del **humor**.
Cuando me levanto, estoy siempre de buen **humor**.

Humor *m*
Ich mag Alberto, denn er hat viel Sinn für Humor.
Wenn ich aufstehe, bin ich stets gut gelaunt.

---

gracioso, a *adj ant:* serio
Patricia es tan **graciosa** que hace reír a todos. → *tranquilo TIPP S. 28*

witzig
Patricia ist so witzig, dass sie alle zum Lachen bringt.

---

contento, a *adj*
Agustín está **contento** con su nuevo trabajo.

zufrieden; froh
Agustín ist mit seiner neuen Arbeit zufrieden.

---

divertido, a *adj ant:* aburrido
Con el nuevo profesor las clases de matemáticas son más **divertidas**.

lustig
Mit dem neuen Lehrer macht der Mathematikunterricht viel mehr Spaß.

---

serio, a *adj ant:* alegre
Ayer estabas muy **seria**, ¿qué te pasaba?
Los catalanes tienen fama de ser **serios** y trabajadores. → *tranquilo TIPP S. 28*

ernst; seriös
Gestern warst du sehr ernst. Was war los mit dir?
Den Katalanen wird nachgesagt, dass sie seriös und fleißig sind.

---

alegre *adj ant:* serio, triste
Andrés, te veo hoy muy **alegre**. — Sí, es que me han aumentado el sueldo. → *tranquilo TIPP S. 28*

fröhlich
Andrés, du wirkst auf mich heute so fröhlich. — Ja, ich habe eine Gehaltserhöhung bekommen.

---

simpático, a *adj ant:* antipático
Mi vecina sólo es **simpática** con los vecinos de enfrente.
¡Qué **simpáticos** son tus padres! → *paciencia TIPP S. 27*

nett; sympathisch

Meine Nachbarin ist nur zu den Nachbarn gegenüber nett.
Deine Eltern sind ja sehr sympathisch!

---

optimista *adj ant:* pesimista
El entrenador es **optimista**, ya que cree que ganaremos.

optimistisch
Der Trainer ist optimistisch. Er glaubt, dass wir gewinnen.

pesimista *adj ant:* optimista
No seas tan **pesimista**: siempre
piensas lo peor.

pessimistisch
Sei nicht so pessimistisch! Du
denkst immer das Schlimmste.

curioso, a *adj*
Mi vecina es muy **curiosa**.
Siempre nos observa desde su
ventana.

neugierig
Meine Nachbarin ist sehr neugierig. Ständig beobachtet sie
uns vom Fenster aus.

maleducado, a *adj ant:* educado
Pablo es un chico muy **maleducado**, nunca da las gracias.

unhöflich, ungezogen

Pablo ist ein sehr ungezogener
Junge. Er bedankt sich nie.

*TIPP: **maleducado** wird auch als Substantiv benützt im Sinne von Rü-
pel.*

antipático, a *adj ant:* simpático
El novio de Carmen me parece
antipático. → *tranquilo TIPP
S. 28*

unsympathisch

Ich finde Carmens Freund unsympathisch.

valiente *adj ant:* cobarde
Para ser bombero hay que ser
valiente.

mutig
Als Feuerwehrmann muss man
mutig sein.

cobarde *adj ant:* valiente
No seas **cobarde**. Sólo te van a
poner una inyección.

feige
Sei nicht feige. Du bekommst
doch nur eine Spritze.

prudente *adj ant:* imprudente
Luis es muy **prudente** condu-
ciendo. Nunca ha tenido un accidente.   → *paciencia TIPP
S. 27*

vorsichtig
Luis fährt sehr vorsichtig. Er hat
noch nie einen Unfall gehabt.

cruel *adj*
Eres muy **cruel**. Deja de maltra-
tar a ese pobre perro.

grausam
Du bist sehr grausam. Hör endlich auf, diesen armen Hund zu
quälen.

*TIPP: Adjektive, die auf Konsonant enden, haben für Maskulinum und
Femininum nur eine Form, im Plural wird **es** angehängt, z. B. **cruel,
crueles; común, comunes**.*

1.1.1.5 FÜHLEN UND EMPFINDEN

«1–2000»

sentir *v* ⚠ *irr* 30
Le pongo una inyección para que no **sienta** dolor.
No sabíamos que tu hermano murió la semana pasada; lo **sentimos**.

fühlen
Ich gebe Ihnen eine Spritze, damit Sie keinen Schmerz fühlen.
Wir wussten nicht, dass dein Bruder letzte Woche starb; es tut uns Leid.

---

gustar *v*
Me **gusta** tu blusa nueva.
A los españoles les **gusta** estar en familia.

gefallen
Mir gefällt deine neue Bluse.
Spanier sind gern mit ihrer Familie zusammen.

TIPP: gustar *wird im Deutschen oft mit „gern" übersetzt, z. B.* **Me gusta ir al cine**. *Ich gehe gern ins Kino.*

---

amar *v ant:* odiar
¡Siempre te **amaré**!

lieben
Ich werde dich immer lieben!

---

querer *v ant:* odiar ⚠ *irr* 26
Te **quiero** tal como eres. ¡No cambies nunca!

mögen, lieben
Ich mag dich so, wie du bist. Bleib so, wie du bist!

---

el amor
Alguien dijo que todos nos casamos por **amor**, pero a veces me cuesta creerlo.

Liebe *m*
Es hat einmal jemand gesagt, wir heiraten alle aus Liebe, manchmal jedoch fällt es mir schwer, das zu glauben.

---

alegrar *v*
(A él) le **alegra** saber que has aprobado el examen.

freuen
Es freut ihn zu erfahren, dass du deine Prüfung bestanden hast.

---

alegrarse de *v*
Tus padres **se alegran de** que hayas encontrado trabajo.

sich freuen über
Deine Eltern freuen sich, dass du Arbeit gefunden hast.

---

feliz *adj ant:* infeliz ⚠ *pl* **felices**
Los españoles piensan que ser **feliz** es más importante que ser rico y famoso. → *paciencia* TIPP S. 27

glücklich
Die Spanier glauben, dass es wichtiger ist, glücklich zu sein, als reich und berühmt.

---

reírse de *v ant:* llorar ⚠ *irr* 27
Pepe siempre **se ríe de** los demás, pero no ve sus propios defectos.

lachen über
Pepe lacht immer über andere, sieht aber seine eigenen Fehler nicht.

sonreír *v* ⚠ *irr* 27
En las fotos Manuel siempre **sale sonriendo**.

lächeln
Auf Fotos sieht man Manuel immer lächeln.

---

la **sonrisa**
Carmen se despidió sin decir nada, sólo con una **sonrisa**.

Lächeln *n*
Carmen verabschiedete sich mit keinem Wort. Sie lächelte nur.

---

la **risa**
Me da la **risa** cada vez que pienso en ese amigo tuyo tan gracioso.
Me muero de **risa** al recordar aquel chiste tan bueno.

Lachen *n*
Ich muss jedesmal lachen, wenn ich an den witzigen Bekannten von dir denke.
Ich sterbe vor Lachen, sobald ich an diesen guten Witz denke.

---

la **alegría** *ant:* pena
El pueblo recibe al monarca con gran **alegría**.

Freude *f*
Das Volk empfängt den Monarchen mit großer Freude.

---

la **diversión** ⚠ *pl* **las diversiones**
En las Fallas de Valencia la **diversión** está garantizada.

Vergnügen *n*

Bei den Fallas von Valencia ist Unterhaltung garantiert.

TIPP: *Früher haben bei den **Fallas** die Schreiner das Ende des Geschäftsjahres gefeiert, heute feiert man **San José**, den Schutzpatron der Schreiner. In Valencia findet anlässlich der **Fallas** ein Umzug statt mit großen Pappfiguren zum Zeitgeschehen, von denen die beste prämiert wird und die anderen öffentlich verbrannt werden.*

---

agradable *adj ant:* desagradable
En el Mediterráneo, las temperaturas son **agradables**. → *paciencia TIPP S. 27*

angenehm

Im Mittelmeerraum sind die Temperaturen angenehm.

---

el **placer**
¡Ha sido un **placer** conocerte!

Freude *f*, **Vergnügen** *n*
Es war mir eine Freude, dich kennen zu lernen.

---

la **esperanza**
Tenemos la **esperanza** de ganar en el bingo.

Hoffnung *f*
Wir hoffen, dass wir beim Bingo gewinnen.

---

aburrirse *v*
Si **te aburres**, puedes ver la tele.

sich langweilen
Wenn du dich langweilst, kannst du fernsehen.

sorprender *v*
Me **sorprende** que no te enfades con tu hijo después del disgusto que te ha dado.

überraschen
Es überrascht mich, dass du auf deinen Sohn nicht böse bist nach all dem Ärger, den er dir bereitet hat.

la sorpresa
Tengo una **sorpresa** para mi marido: le he comprado una entrada para el partido de fútbol de esta noche.

Überraschung *f*
Ich habe eine Überraschung für meinen Mann: Ich habe ihm eine Eintrittskarte für das Fußballspiel heute Abend gekauft.

la pena *ant:* alegría
Le di dinero a ese pobre hombre porque me daba **pena**.

Lo siento, pero no puedo ir a tu fiesta.
— ¡Qué **pena**!
Es una **pena** que no puedas venir de vacaciones con nosotros.

Leid *n*
Ich habe diesem armen Mann etwas Geld gegeben, weil er mir Leid getan hat.
Tut mir Leid, aber ich kann nicht auf dein Fest kommen.
— Wie schade!
Schade, dass du nicht mit uns in Urlaub fahren kannst.

triste *adj ant:* alegre
Tus padres están **tristes** porque te vas a vivir al extranjero.
→ *tranquilo TIPP S. 28*

traurig
Deine Eltern sind traurig, weil du ins Ausland gehst.

llorar *v ant:* reírse
No **llores** más; ya verás como todo se soluciona.

weinen
Weine doch nicht mehr; du wirst schon sehen, alles wird wieder gut.

hacer daño *v* ⚠ *irr* 15
¡Cuidado! Podrías **hacer daño** a alguien.

wehtun
Vorsicht! Du könntest jemandem wehtun.

hacerse daño *v* ⚠ *irr* 15
Al caerme, **me he hecho daño** en la mano.

sich wehtun
Als ich hinfiel, habe ich mir an der Hand wehgetan.

preocuparse (por/de) *v*

No te **preocupes por** mí. Sé cómo hacer este trabajo.

sich sorgen (um), sich Sorgen machen (um)
Mach dir keine Sorgen. Ich weiß, wie diese Arbeit zu machen ist.

preocupado, a *adj*
Estoy muy **preocupado** por mi hijo: no quiere hablar con nadie.

besorgt
Ich bin sehr besorgt um meinen Sohn. Er will mit niemandem reden.

temer *v syn:* tener miedo
No **temas**; no te voy a hacer daño.

Angst haben
Hab keine Angst; ich tu dir nicht
weh.

---

la ilusión ⚠ *pl* **las ilusiones**
Esperamos con **ilusión** tu carta.

No te hagas **ilusiones**, esta chica no va a llamarte.

Erwartung *f;* **Illusion** *f*
Wir warten voller Vorfreude auf
deinen Brief.
Mach dir keine Illusionen, dieses
Mädchen wird dich nicht anru-
fen.

---

ilusionado, a *adj ant:* desilu-
sionado
Ernesto está muy **ilusionado**
con su próximo viaje a Sudamérica. → *paciencia TIPP S. 27*

erfreut

Ernesto freut sich schon sehr
auf seine nächste Südamerika-
reise.

---

odiar *v ant:* amar, querer
Odio lavar los platos.
Odiamos a ese chico: siempre
está haciendo bromas pesadas.

hassen
Ich hasse abwaschen.
Wir hassen diesen Jungen: im-
mer macht er blöde Späße.

TIPP: *Bei transitiven Verben wird das Objekt mit **a** angeschlossen,
wenn es sich um Personen handelt.*

---

el odio
¡No me mires con tanto **odio**!

Hass *m*
Sieh mich nicht so hasserfüllt
an!

«2001–4000»

la sensación ⚠ *pl* **las sensa-
ciones**
Tengo la **sensación** de que el
tiempo no pasa.

Gefühl *n,* **Eindruck** *m*

Ich habe den Eindruck, dass die
Zeit nicht vergeht.

---

dispuesto, a *adj*
El director está **dispuesto** a
subirnos el sueldo.

bereit
Der Direktor ist bereit, uns das
Gehalt zu erhöhen.

---

preparado, a *adj*
Ya estamos **preparados** para
salir de excursión.

vorbereitet
Wir sind bereit, einen Ausflug zu
machen.

---

sensible *adj*
Mi amigo es muy **sensible**: no le
digas que es feo.

sensibel
Mein Freund ist sehr sensibel.
Sag ihm niemals, dass er häss-
lich ist.

el miedo
Me da **miedo** salir sola por la noche.
El **miedo** a la oscuridad es típico en los niños.

Angst f
Nachts allein aus dem Haus zu gehen, macht mir Angst.
Angst vor der Dunkelheit ist typisch für Kinder.

el susto
¡Vaya **susto** (⚠ *nicht:* **miedo**) que le hemos dado al tío Arturo!

Schreck m
Was für einen Schreck haben wir Onkel Arturo eingejagt!

asustado, a *adj*
Juan estaba muy **asustado** cuando los ladrones entraron en su casa.

erschrocken
Juan erschrak sehr, als die Diebe in sein Haus einbrachen.

asustar v
A mí ya no me **asustan** los fantasmas.

erschrecken
Gespenster erschrecken mich nicht mehr.

asustarse v
No **te asustes**; soy yo.

sich erschrecken
Erschrick nicht, ich bin es.

solo, a *adj*
Gerardo se siente muy **solo** desde que murió su esposa.

allein
Seit dem Tod seiner Frau fühlt sich Gerardo sehr allein.

la lágrima
Se dijeron adiós con **lágrimas** en los ojos.

Träne f
Sie verabschiedeten sich mit Tränen in den Augen.

echar de menos v
Echo de menos mi época de estudiante.

vermissen
Ich vermisse meine Studienzeit.

desesperado, a *adj*
¡Estoy **desesperada**: mi novio no me llama desde hace dos días!

verzweifelt
Ich bin verzweifelt: Mein Freund hat mich seit zwei Tagen nicht mehr angerufen.

decepcionar v
Me **has decepcionado**. ¿Por qué no me dijiste la verdad cuando nos conocimos?

enttäuschen
Du hast mich enttäuscht. Warum hast du mir nicht die Wahrheit gesagt, als wir uns kennen lernten?

estar harto, a de v
Estoy harta de leer malas noticias en los periódicos.

satt haben, überdrüssig sein
Ich habe es satt, immer nur schlechte Nachrichten in den Zeitungen zu lesen.

enfadado, a *adj*
¿Estás **enfadado** sólo porque no te saludé el otro día?

böse, verärgert
Bist du böse, nur weil ich dich neulich nicht gegrüßt habe?

---

la **rabia**
César se mordía los labios de **rabia** y no decía nada.

Wut *f*
César biss sich vor Wut auf die Lippen und sagte nichts.

---

disgustado, a *adj*
Estoy muy **disgustada** contigo: siempre estás diciendo mentiras.

verärgert
Ich bin sehr verärgert über dich. Ständig verbreitest du Lügen.

---

celoso, a *adj*
Mi novia es tan **celosa** que no me permite hablar con sus amigas. → *tranquilo TIPP S. 28*

eifersüchtig
Meine Freundin ist so eifersüchtig, dass sie mir nicht erlaubt, mit ihren Freundinnen zu sprechen.

---

la **envidia**
Tu amiga te tiene **envidia**. Le gustaría tener todo lo que tú tienes.

Neid *m*
Deine Freundin beneidet dich. Sie hätte zu gern alles, was du hast.

---

satisfecho, a *adj ant:* insatisfecho
Estoy **satisfecho** con el negocio: he ganado muchísimo dinero. → *paciencia TIPP S. 27*

befriedigt, zufrieden

Ich bin mit dem Geschäft zufrieden. Ich habe sehr viel Geld verdient.

---

la **satisfacción** *ant:* insatisfacción
Para mí es una gran **satisfacción** poder ayudar a los más pobres.

Befriedigung *f*

Für mich ist es eine große Befriedigung, den Ärmsten helfen zu können.

---

el **entusiasmo**
Marcos ha empezado sus estudios con mucho **entusiasmo**.

Begeisterung *f*
Marcos hat sein Studium mit viel Begeisterung begonnen.

---

entusiasmado, a *adj*
Miguel Ángel está **entusiasmado** con su nueva novia.

begeistert
Miguel Ángel ist von seiner neuen Freundin begeistert.

---

emocionante *adj*
Fue **emocionante** poder ver cómo el hombre llegaba a la Luna.

bewegend
Es war bewegend zu sehen, wie der erste Mensch auf dem Mond landete.

encantado, a *adj*
  Encantada de conocerle.

  Gracias por tu invitación; iremos **encantados**.

sehr erfreut
  Ich bin sehr erfreut, Sie kennen zu lernen.
  Vielen Dank für deine Einladung; wir kommen sehr gern.

---

la vergüenza
  Este chico es la **vergüenza** de toda la familia.
  Es una **vergüenza** que no sepas cuál es la capital de España.

  ¿No te da **vergüenza** mentirle a tu madre?
  Me da **vergüenza** decir que no sé nadar.

Schande *f;* **Scham** *f*
  Dieser Junge ist eine Schande für seine ganze Familie.
  Es ist eine Schande, dass du nicht weißt, wie die Hauptstadt von Spanien heißt.
  Schämst du dich nicht, deine Mutter anzulügen?
  Es ist mir peinlich zu sagen, dass ich nicht schwimmen kann.

---

enamorarse de *v*
  Muchas estudiantes **se enamoran de** ese profesor. ¿Qué tendrá ese hombre?

sich verlieben in
  Viele Studentinnen verlieben sich in diesen Professor. Was hat dieser Mann nur?

---

enamorado, a *adj*
  Romeo y Julieta estaban muy **enamorados**.

verliebt
  Romeo und Julia waren sehr verliebt.

---

hacer el amor *v* ⚠ *irr* 15
  Felipe no **hizo el amor** con su novia hasta el día de la boda.

Liebe machen, schlafen mit
  Bis zur Hochzeitsnacht schlief Felipe nicht mit seiner Freundin.

---

homosexual *adj*

  El hermano de Josefa es **homosexual**.
  Todavía los **homosexuales** tienen problemas en nuestra sociedad.

homosexuell; Homosexuelle(r) *m*
  Josefas Bruder ist homosexuell.

  Homosexuelle haben in unserer Gesellschaft immer noch viele Probleme.

1.1.1.6 GESUNDHEIT UND KRANKHEIT

«1–2000»

la salud *ant:* enfermedad
  Comer sano y hacer ejercicio es ideal para la **salud**.

Gesundheit *f*
  Vernünftig essen und Sport treiben ist gut für die Gesundheit.

sano, a *adj ant:* enfermo
Estuve muchos años enferma, pero ahora estoy perfectamente **sana**.

gesund
Viele Jahre war ich krank, aber jetzt bin ich wieder vollkommen gesund.

fuerte *adj ant:* débil
¡Soy (⚠ *auch:* **estoy**) muy **fuerte**: toca mis músculos y verás!

stark
Ich bin sehr stark: fass mal meine Muskeln an, dann wirst du es merken.

débil *adj ant:* fuerte
Mi hermana estaba (⚠ *nicht:* **era**) muy **débil** después de la operación. → *cruel und tranquilo TIPP S. 30, 28*

schwach
Nach der Operation war meine Schwester sehr schwach.

enfermo, a *adj ant:* sano
Mª Luisa ha estado **enferma** tres semanas.

krank
María Luisa war drei Wochen krank.

> **TIPP:** *Bei Doppelnamen wird der erste manchmal abgekürzt* **María** *zu* **Mª**, **Francisco** *zu* **Fco**. *Häufig werden Namen auch verkürzt* **Francisco** *zu* **Paco**, **Dolores** *zu* **Lola** *und* **José/Josefa** *zu* **Pepe/Pepa**.

marearse *v*

Siempre **me mareo** cuando viajo en barco.

seekrank werden; sich übel fühlen
Auf Schiffsreisen werde ich immer seekrank.

sentirse bien *v ant:* sentirse mal ⚠ *irr* 30
Ayer me dolía el estómago, pero hoy ya **me siento bien**.

Te **sentirás mejor** cuando tomes el medicamento.

sich gut fühlen

Gestern hatte ich Magenschmerzen, aber heute geht es mir schon wieder besser.
Wenn du das Medikament genommen hast, wirst du dich besser fühlen.

sentirse mal *v ant:* sentirse bien ⚠ *irr* 30
Estás pálida, ¿**te sientes mal**?

sich schlecht fühlen

Du siehst so blass aus, geht es dir nicht gut?

la dieta *syn:* régimen
Estoy haciendo (una) **dieta** para adelgazar.

Diät *f*
Ich mache eine Diät, um abzunehmen.

doler *v* ⚠ *irr* 20
Me **duele** la espalda de estar tantas horas sentado.

wehtun
Mir tut der Rücken weh, weil ich so viele Stunden gesessen habe.

el dolor
Tengo un fuerte **dolor** de muelas (⚠ *nicht:* **dientes**).

Schmerz *m*
Ich habe starke Zahnschmerzen.

sufrir *v*
Roberto **sufre** una enfermedad poco grave; se curará sin problemas.

leiden
Roberto leidet an einer Krankheit, die nicht sehr schlimm ist; er wird problemlos wieder gesund werden.

el resfriado
Sólo tengo un ligero **resfriado**, pero creo que mañana no voy a trabajar.

Erkältung *f*
Ich bin nur leicht erkältet, aber ich glaube, dass ich morgen nicht zur Arbeit gehe.

la tos
Tengo mucha **tos** y el médico me ha prohibido fumar.

Husten *m*
Ich habe sehr starken Husten, und der Arzt hat mir verboten zu rauchen.

la fiebre
El niño tiene mucha **fiebre**.

Fieber *n*
Das Kind hat hohes Fieber.

la herida
Vamos al hospital; tu **herida** sigue sangrando.

Wunde *f*
Wir fahren ins Krankenhaus; deine Wunde blutet immer noch.

«2001–4000»

el sida
Javier tiene el **sida**.

Aids *n*
Javier hat Aids.

el cáncer
Fernando tiene **cáncer** de pulmón.

Krebs *m*
Fernando hat Lungenkrebs.

la epidemia
En Colombia hay una **epidemia** de cólera.

Epidemie *f*
In Kolumbien herrscht eine Choleraepidemie.

la enfermedad *ant:* salud
Actualmente, el sida es una **enfermedad** que no se puede curar.

Krankheit *f*
Aids ist gegenwärtig noch eine unheilbare Krankheit.

el **estrés**
Los fines de semana me voy al campo para escapar del **estrés** de la ciudad.
Por las noches duermo muy mal, supongo que es (el) **estrés**.

Stress *m*
Ich fahre an den Wochenenden aufs Land, um dem Stress in der Stadt zu entkommen.
Ich schlafe nachts schlecht. Ich glaube, das macht der Stress.

psicológico, a *adj ant:* físico
Tus dolores de estómago son de origen **psicológico**; deberías dejar de trabajar por un tiempo.

En esta novela no se describe el aspecto **psicológico** del protagonista.

psychisch; psychologisch
Deine Magenschmerzen sind psychischer Natur; für einige Zeit solltest du aufhören zu arbeiten.

In diesem Roman wird der psychologische Hintergrund der Hauptperson nicht beschrieben.

físico, a *adj ant:* psicológico
El niño ha nacido con un defecto **físico**.

physisch, körperlich
Das Kind wurde mit einem körperlichen Defekt geboren.

contagioso, a *adj*
La gripe es una enfermedad **contagiosa**.

ansteckend
Grippe ist eine ansteckende Krankheit.

la **infección** ⚠ *pl* **las infecciones**
El virus del sida debilita las defensas naturales contra las **infecciones**.

Infektion *f*
Das Aidsvirus schwächt die natürlichen Abwehrkräfte gegen Infektionen.

estar en forma *v* ⚠ *irr* 13
Hago footing cada día para **estar** siempre **en forma**.

in Form sein
Ich jogge jeden Tag, um stets in Form zu sein.

adelgazar(se) *v* ⚠ **(me) adelgace, adelgacé**
(Me) he adelgazado comiendo sólo ensalada.

abnehmen

Ich habe abgenommen, indem ich nur Salat gegessen habe.

engordar(se) *v*
Si comes tantos dulces, **(te) vas a engordar**.

zunehmen
Wenn du so viel Süßes isst, wirst du zunehmen.

el **régimen** *syn:* dieta ⚠ *pl* **los regímenes**
Llevo dos meses haciendo **régimen**.

Diät *f*

Ich mache seit zwei Monaten Diät.

la fuerza	**Kraft** *f*
Mariano tiene mucha **fuerza**: levanta cien kilos sin ningún problema.	Mariano hat viel Kraft; problemlos hebt er hundert Kilo.

curarse *v*	**verheilen**
Mis heridas **se han curado** rápidamente.	Meine Wunden sind sehr schnell verheilt.

ciego, a *adj*	**blind**
Francisco es **ciego** de nacimiento.	Francisco ist von Geburt an blind.

*TIPP: **ciego, mudo** und **sordo** werden in der Regel nur mit **estar** benutzt, wenn man im übertragenem Sinn spricht: **¿Es que estás sordo o no quieres oírme?** Bist du taub, oder willst du mich nicht hören?*

sordo, a *adj*	**taub**
Mi abuelo era **sordo** del oído derecho.	Mein Großvater war auf dem rechten Ohr taub.

mudo, a *adj*	**stumm**
Ana y Juana son **mudas**.	Ana und Juana sind stumm.

temblar *v* ⚠ *irr* 22	**zittern**
¡Vístete! **Estás temblando** de frío.	Zieh dich an! Du zitterst ja vor Kälte.

desmayarse *v*	**ohnmächtig werden**
Cuando vi tanta sangre, **me desmayé**.	Als ich das ganze Blut sah, wurde ich ohnmächtig.

la lesión ⚠ *pl* **las lesiones**	**Verletzung** *f*
El niño sufrió varias **lesiones** en el accidente.	Das Kind erlitt bei dem Unfall mehrere Verletzungen.

sangrar *v*	**bluten**
Después de la caída sus rodillas **sangraban**.	Nach dem Sturz bluteten seine Knie.

la indigestión ⚠ *pl* **las indigestiones**	**Verdauungsstörung** *f*
Si sigues comiendo tarta vas a tener una **indigestión**.	Wenn du noch mehr Kuchen isst, wirst du dir den Magen verderben.

la **gripe** Fiebre alta y dolor en todo el cuerpo son síntomas típicos de la **gripe**.	**Grippe** f Hohes Fieber und Glieder-schmerzen sind typische Anzei-chen einer Grippe.
la **diarrea** Tengo fiebre y **diarrea**.	**Durchfall** m Ich habe Fieber und Durchfall.

1.1.1.7 LEBEN UND TOD

«1–2000»

vivir v ant: estar muerto Tu hijo no **vivirá** mucho más si sigue tomando drogas.	**leben** Dein Sohn wird nicht mehr lange leben, wenn er weiterhin Drogen nimmt.
la **vida** ant: muerte ¿Hay **vida** en otros planetas?	**Leben** n Gibt es Leben auf anderen Pla-neten?
vivo, a adj ant: muerto ¿Estos cangrejos aún están **vi-vos**?	**lebendig** Leben diese Krebse etwa noch?
existir v ¿Crees que los fantasmas **exis-ten**?	**existieren** Glaubst du, dass es Geister gibt?
nacer v ⚠ irr 5 Yo **nací** en 1952.	**geboren werden** Ich bin 1952 geboren.

TIPP: Aber **Yo nací el 14 de febrero de 1952.** Ich wurde am 14. Feb-ruar 1952 geboren.

el **cumpleaños** ¡Mañana es tu **cumpleaños**! ¡Feliz **cumpleaños**!	**Geburtstag** m Du hast morgen Geburtstag. Herzlichen Glückwunsch zum Geburtstag!
joven adj ant: viejo ⚠ pl **jóve-nes** Eres más **joven** que yo.	**jung** Du bist jünger als ich.

TIPP: estar joven bezieht sich auf das Aussehen, nicht auf das Alter.
¡Pero si estás más joven que yo! ¿Cuál es tu secreto? Du siehst jünger aus als ich! Was ist dein Geheimnis?

viejo, a *adj ant:* joven Cuando mi abuelo murió, ya era muy **viejo**: tenía 98 años. → *joven TIPP S. 42*	**alt** Als mein Großvater starb, war er sehr alt: 98 Jahre.
muerto, a *adj ant:* vivo Este hombre está **muerto** desde hace dos horas.	**tot** Dieser Mann ist seit zwei Stunden tot.
morir(se) *v* ⚠ *irr* 11, **muerto** ¿Todavía vive tu abuela? — No, **(se) murió** en 1992.	**sterben** Lebt deine Großmutter noch? — Nein, sie starb 1992.
la **muerte** *ant:* vida La **muerte** de mi tío me afectó mucho.	**Tod** *m* Der Tod meines Onkels ist mir sehr nahe gegangen.

«2001–4000»

el **nacimiento** La familia celebra hoy el **nacimiento** de los gemelos. ¿Cuál es tu fecha de **nacimiento**?	**Geburt** *f* Die Familie feiert heute die Geburt der Zwillinge. An welchem Tag bist du geboren?
la **niñez** *ant:* vejez Mis abuelos tuvieron una **niñez** muy triste.	**Kindheit** *f* Meine Großeltern hatten eine sehr traurige Kindheit.
el **cementerio** En este **cementerio** están enterrados varios personajes históricos.	**Friedhof** *m* Auf diesem Friedhof liegen einige historische Persönlichkeiten begraben.
la **juventud** *ant:* vejez La **juventud** es una bonita etapa de la vida.	**Jugend** *f* Die Jugend ist ein schöner Lebensabschnitt.
crecer *v* ⚠ *irr* 5 Yo nací en Argentina, pero **crecí** en España.	**aufwachsen** Ich bin in Argentinien geboren, aber in Spanien aufgewachsen.
criar *v* ⚠ *irr* 12 Juan **fue criado** por su tía en un pueblecito de Toledo.	**aufziehen, großziehen** Juan wurde von seiner Tante in einem kleinen Dorf in Toledo großgezogen.
el **adulto** *ant:* niño, joven Esta película es para **adultos**.	**Erwachsene(r)** *m* Dieser Film ist für Erwachsene.

TIPP: **adulto** *wird auch als Adjektiv verwendet und hat die Femininform* **adulta***, z. B.* **una mujer adulta***.*

la **vejez** *ant:* niñez, juventud
  La soledad y la enfermedad son
  típicos problemas de la **vejez**.

Alter *n*
  Einsamkeit und Krankheit sind
  typische Probleme des Alters.

el **cadáver**
  La policía ha encontrado dos
  cadáveres en el jardín de mi vecino.

Leiche *f*
  Die Polizei hat im Garten meines Nachbarn zwei Leichen gefunden.

enterrar *v* ⚠ *irr* 22
  Dalí **fue enterrado** en su propio
  museo.

begraben
  Dalí wurde in seinem eigenen
  Museum begraben.

el **entierro**
  El Sr. Gómez murió el sábado y
  el **entierro** es el lunes.

Beerdigung *f*, **Begräbnis** *n*
  Herr Gómez starb am Samstag,
  und Montag ist die Beerdigung.

sobrevivir *v*
  En el accidente sólo **sobrevi-
  vieron** dos personas.

überleben
  Den Unfall überlebten nur zwei
  Personen.

1.1.2   AKTIVITÄTEN

1.1.2.1   *WACHEN UND SCHLAFEN*

«1–2000»

tener sueño *v* ⚠ *irr* 32
  Tengo mucho **sueño**, me voy a
  la cama.

müde sein
  Ich bin so müde, dass ich ins
  Bett gehe.

cansado, a *adj*
  Hemos estado caminando cinco
  horas. ¡Estoy **cansadísimo**!

müde
  Wir sind fünf Stunden gelaufen.
  Ich bin total müde.

dormir *v* ⚠ *irr* 11
  Alejandro llegó a casa cuando
  todos **estábamos durmiendo**.

schlafen
  Wir schliefen bereits alle, als
  Alejandro nach Hause kam.

acostarse *v* ⚠ *irr* 7
  No **te acuestes** tarde; mañana
  tenemos que levantarnos temprano.

ins Bett gehen
  Geh nicht zu spät ins Bett! Wir
  müssen morgen früh aufstehen.

levantarse *v*
Los domingos **me levanto** a las diez.

aufstehen
Sonntags stehe ich um zehn Uhr auf.

«2001–4000»

dormirse *v* ⚠ *irr* 11
Por fin los niños **se han dormido**.

einschlafen
Endlich sind die Kinder eingeschlafen.

despertarse *v* ⚠ *irr* 22
El bebé de los vecinos acaba de **despertarse**, ¿lo oyes?

aufwachen
Bei den Nachbarn ist das Baby gerade wach geworden. Hörst du es?

despertar *v* ⚠ *irr* 22
Marisa, mañana **despierta** a los niños a las siete.

wecken
Marisa, wecke die Kinder morgen um sieben Uhr.

irse a dormir *v* ⚠ *irr* 17
¿Ya **te vas a dormir**? Pero si todavía es temprano.

schlafen gehen
Du gehst schon schlafen? Aber es ist doch noch früh.

soñar *v* ⚠ *irr* 7
Esta noche **he soñado** que nos tocaba la lotería.

träumen
Heute Nacht habe ich geträumt, dass wir in der Lotterie gewonnen hätten.

el sueño
Anoche tuve un **sueño** muy raro: estaba en un avión y no sabía adónde volábamos.

Traum *m*
Gestern hatte ich einen sehr seltsamen Traum. Ich war in einem Flugzeug und wusste nicht, wohin wir flogen.

dormido, a *adj*
¿Seguro que Gabriela está **dormida**?
— Eso parece.

eingeschlafen
Bist du sicher, dass Gabriela eingeschlafen ist?
— Es scheint so.

despierto, a *adj*
¿Ya estáis **despiertas**?
— Sí, en seguida nos levantamos.

wach
Seid ihr schon wach?
— Ja, wir stehen sofort auf.

1.1.2.2 SINNESWAHRNEHMUNGEN

«1–2000»

ver *v* ⚠ *irr 36*
No **veo** nada. Enciende la luz, por favor.
¿**Has visto** a Paco? → *odiar TIPP S. 34*

sehen
Ich sehe nichts. Mach bitte das Licht an.
Hast du Paco gesehen?

> **TIPP:** *Mit* **ver** *wird die Sinneswahrnehmung beschrieben, während* **mirar** *bewusstes Hinsehen bedeutet.*

mirar *v*
Mire bien todas las fotos: ¿reconoce al asesino?

Esa chica te **está mirando** a ti, y no a mí. → *odiar TIPP S. 34*

ansehen
Sehen Sie sich die Fotos alle genau an. Erkennen Sie den Täter?

Das Mädchen sieht dich an, nicht mich.

escuchar *v*
Pedro, **escucha** lo que te digo porque es muy importante.
Mi abuela decía que los jóvenes deberían **escuchar** más a los mayores. → *odiar TIPP S. 34*

zuhören; hören auf
Pedro, hör zu, was ich dir sage. Es ist nämlich sehr wichtig.
Meine Großmutter sagte, dass junge Menschen mehr auf die Älteren hören sollten.

oír *v* ⚠ *irr 19*
Yo no **oigo** ningún ruido; aquí no hay nadie.
Oigo a alguien intentando abrir la puerta. → *odiar TIPP S. 34*

hören
Ich höre kein einziges Geräusch; hier ist niemand.
Ich höre, dass jemand gerade versucht, die Tür zu öffnen.

> **TIPP:** *Mit* **oír** *wird die Sinneswahrnehmung beschrieben, während* **escuchar** *bewusstes Zuhören bedeutet.*

el ruido
He oído un **ruido**, creo que hay ratones en el sótano.
No soporto el **ruido** de las motos.
No hagas **ruido**.

Geräusch *n;* **Lärm** *m*
Ich habe ein Geräusch gehört, ich glaube im Keller sind Mäuse.
Ich ertrage keinen Motorradlärm.
Mach keinen Lärm!

sonar *v* ⚠ *irr* 7

Emilio, el teléfono **está sonan-do**. ¿No vas a contestar?
¿Oyes cómo **suenan** las campanas de la iglesia?
No me gusta cómo **suena** la guitarra eléctrica.
Tu voz **sonaba** insegura, ¿estabas mintiendo?

klingeln, läuten; klingen

Emilio, das Telefon klingelt. Gehst du nicht dran?
Hörst du, wie die Kirchenglocken läuten?
Ich mag den Klang der Elektrogitarre nicht.
Deine Stimme klang unsicher. Hast du etwa gelogen?

---

el sonido

¿Oyes también ese **sonido** extraño? No sé que puede ser.

Tu equipo estéreo tiene un **sonido** extraordinario.

Ton *m*; **Klang** *m*; **Laut** *m*

Hörst du auch diesen merkwürdigen Ton? Was das wohl sein mag?
Deine Stereoanlage hat einen tollen Klang.

---

tocar *v* ⚠ **toque, toqué**

No **toques** la comida con las manos sucias.

anfassen

Fass das Essen nicht mit schmutzigen Händen an.

---

oler *v* ⚠ *irr* 20

¡Ya es primavera! ¿No **hueles** las flores del campo?
¡Qué bien **hueles**! ¿Te has puesto colonia?

riechen; duften

Es ist Frühling! Riechst du auch die Wiesenblumen?
Du duftest aber gut! Hast du Kölnischwasser benutzt?

TIPP: *Wörtern, die im Spanischen mit* **ue-** *beginnen, wird ein* **h** *vorangestellt.*

---

el olor

Hay **olor** a gas, ¿no se habrá roto una tubería?

¿Qué has tirado a la basura? ¡Vaya **olor**!

Geruch *m*

Es riecht nach Gas. Da wird doch nicht eine Rohrleitung geplatzt sein?
Was hast du denn in den Abfall geworfen? So ein Gestank!

---

el sabor

Estos chicles tienen **sabor** a fresa.

Geschmack *m*

Diese Kaugummis sind mit Erdbeergeschmack.

---

saber *v* ⚠ *irr* 28

La comida no me **sabe** a nada. Será por el resfriado.

schmecken

Ich schmecke bei dem Essen überhaupt nichts. Das liegt wohl an meiner Erkältung.

parecer *v* ⚠ *irr* 5
Pareces cansado, ¿has tenido mucho trabajo?
Esta tela **parece** de algodón, pero es sintética.
Me **parece** (⚠ *auch:* **Creo**) que Julio tiene problemas en el trabajo.

aussehen; glauben
Du siehst erschöpft aus. Hast du viel Arbeit gehabt?
Dieser Stoff sieht aus wie Baumwolle, aber es ist Kunstfaser.
Ich glaube, dass Julio Probleme am Arbeitsplatz hat.

---

bajo, a *adj, adv*
Raquel me lo dijo en voz **baja** para que nadie lo oyera.
Habla más **bajo**. Si hacemos ruido, los niños se despertarán.

leise
Raquel hat es mir leise gesagt, damit es niemand hören sollte.
Sprich leiser! Sonst wachen die Kinder auf, wenn wir laut sind.

alto, a *adj, adv*
Has puesto la música demasiado **alta** y no puedo estudiar.

¿Puedes leer este texto en voz **alta**, por favor?
No te oigo; habla un poco más **alto**, por favor.

laut
Du hast die Musik dermaßen laut gestellt, dass ich so nicht lernen kann.
Kannst du den Text laut lesen?

Ich höre dich nicht. Sprich bitte etwas lauter.

«2001–4000»

reconocer *v* ⚠ *irr* 5
Cierra los ojos e intenta **reconocer** este objeto sólo con el tacto.

Un perro **reconoce** a su dueño por el olfato. → *odiar TIPP S. 34*

erkennen
Mach deine Augen zu und versuche, diesen Gegenstand nur durch Ertasten zu erkennen.
Ein Hund erkennt seinen Herrn mit dem Geruchssinn.

---

el sentido
El **sentido** más desarrollado del ser humano es la vista.

Sinn *m*
Der beim Menschen am besten entwickelte Sinn ist das Sehvermögen.

---

la vista
Si no me hubieran operado a tiempo, habría perdido la **vista**.

Entre tanta gente he perdido de **vista** a mi hermano.

Sehvermögen *n*
Wenn man mich nicht rechtzeitig operiert hätte, hätte ich das Sehvermögen verloren.
Ich habe meinen Bruder bei den vielen Menschen aus den Augen verloren.

el oído
Clara tiene muy buen **oído** musical.
Te voy a decir un secreto al **oído**. → *oreja S. 13*

Gehör *n*
Clara hat ein sehr gutes musikalisches Gehör.
Ich sage dir ein Geheimnis ins Ohr.

el tacto
Sólo con el **tacto** no sabría decir si esto es de vidrio o de plástico.

Tastsinn *m*
Nur über den Tastsinn könnte ich nicht sagen, ob das hier aus Glas oder aus Kunststoff ist.

el olfato
El hombre no tiene tan buen **olfato** como el perro.

Geruchssinn *m*
Der Geruchssinn des Menschen ist nicht so gut ausgeprägt wie bei einem Hund.

el gusto
Con este resfriado he perdido el sentido del **gusto**.

Ha sido una broma de mal **gusto**, no lo vuelvas a hacer.

Geschmack *m*
Bei dieser Erkältung habe ich gar keinen Geschmackssinn mehr.
Das war ein geschmackloser Scherz, mach das nicht noch einmal.

1.1.2.3 KÖRPERPFLEGE

«1–2000»

lavarse *v*
Después de levantarme, **me lavo** la cara y los dientes.

sich waschen
Nach dem Aufstehen wasche ich mir das Gesicht und putze mir die Zähne.

bañarse *v*
Sandra lee un libro mientras **se baña**.

baden
Während Sandra in der Badewanne liegt, liest sie ein Buch.

la ducha
Yo siempre canto en la **ducha**.

Voy a darme una **ducha**.

Dusche *f*
Unter der Dusche singe ich immer.
Ich gehe duschen.

ducharse *v*
Dúchate con agua fría si tienes tanto calor.

(sich ab)duschen
Wenn dir so heiß ist, dusch dich doch mit kaltem Wasser ab.

arreglarse v
Jaime **está arreglándose** para salir.

sich zurechtmachen
Jaime macht sich zum Ausgehen zurecht.

el peine
¿Me prestas un momento tu **peine**?

Kamm m
Leihst du mir mal kurz deinen Kamm?

peinarse v
Con el pelo tan corto seguro que no necesitas **peinarte**, ¿verdad?

sich kämmen
Mit so kurzen Haaren musst du dich sicher nicht kämmen, stimmts?

«2001–4000»

el jabón ⚠ pl **los jabones**
Este **jabón** es para pieles secas.

Seife f
Diese Seife ist für trockene Haut.

el champú ⚠ pl **los champús**
Lávate la cabeza con este **champú**.

Haarwaschmittel n
Wasch dir die Haare mit diesem Shampoo.

la toalla
Llévate a la piscina dos **toallas**.

Handtuch n
Nimm zwei Handtücher mit ins Schwimmbad.

el cepillo
Me tengo que peinar y no encuentro el **cepillo** por ninguna parte.

Bürste f
Ich muss mich noch kämmen und finde nirgendwo die Bürste.

el cepillo de dientes
¡Pero no uses mi **cepillo de dientes**! Cómprate uno.

Zahnbürste f
Nimm aber nicht meine Zahnbürste! Kauf dir selbst eine.

la pasta de dientes
Esta **pasta de dientes** es especial para fumadores.

Zahncreme f
Diese Zahncreme ist speziell für Raucher.

maquillarse v
Antes de ir al fotógrafo, **maquíllate** un poco.

sich schminken
Schmink dich ein bisschen, bevor du zum Fotografen gehst.

afeitarse v
Gonzalo **se afeita** cada mañana.

sich rasieren
Gonzalo rasiert sich jeden Morgen.

cortarse el pelo *v*

Te veo cambiada, ¿**te has cortado el pelo**?

sich die Haare schneiden (lassen)

Du siehst anders aus. Hast du dir die Haare schneiden lassen?

*TIPP: **cortarse el pelo** kann bedeuten, dass man sich selbst die Haare schneidet oder sie vom Friseur schneiden lässt.*

la **bañera**
Isabel no se puede poner al teléfono, está en la **bañera**.

Badewanne *f*
Isabel kann nicht ans Telefon kommen. Sie ist in der Badewanne.

el **grifo**
Abre un poco más el **grifo** del agua caliente.

(Wasserleitungs)hahn *m*
Dreh den Heißwasserhahn etwas mehr auf.

1.1.2.4 TÄTIGKEITEN

«1–2000»

la **actividad**
En nuestro club hay muchas **actividades**.

Aktivität *f*
In unserem Klub gibt es viele Aktivitäten.

hacer *v* ⚠ *irr* 15
No sé qué podría **hacer** para ayudarte.
No está bien lo que le **has hecho** a tu novio.

machen
Ich weiß nicht, was ich tun könnte, um dir zu helfen.
Was du mit deinem Freund gemacht hast, das ist nicht in Ordnung.

el **plan**
¿Ya habéis hecho **planes** para las vacaciones?
No puedo ir contigo al cine, ya había hecho **planes** para hoy.

Plan *m*
Habt ihr schon Pläne für den Urlaub?
Ich kann nicht mit dir ins Kino gehen, weil ich heute schon etwas vorhabe.

preparar *v*
Estamos preparando la fiesta de esta noche.
Mañana me voy de viaje y aún no **he preparado** las maletas.

vorbereiten; richten
Wir bereiten gerade das Fest für heute Abend vor.
Ich fahre morgen in Urlaub und habe die Koffer immer noch nicht gepackt.

prepararse *v*

¿**Te has preparado** bien el discurso? — Sí, me lo sé de memoria.
Prepárate porque ahora se acercan tiempos difíciles.

sich vorbereiten; sich einstellen auf

Hast du deine Rede gut vorbereitet? — Ja, ich kann sie auswendig.
Es kommen jetzt schwierige Zeiten, stell dich darauf ein.

intentar *v*

No **intentes** mentirme porque lo notaré en seguida.

versuchen

Versuche nicht, mich zu belügen, ich merke das sofort.

realizar *v* ⚠ realice, realicé

Alfredo pudo **realizar** su sueño: ganar mucho dinero trabajando poco.

El trabajo **realizado** por los científicos fue un éxito.

verwirklichen, ausführen

Alfredo konnte seinen Traum, wenig zu arbeiten und dabei viel Geld zu verdienen, verwirklichen.

Die von den Wissenschaftlern ausgeführte Arbeit wurde ein Erfolg.

conseguir *v syn:* lograr ⚠ *irr* 21

Llorando no **conseguirás** nada; tienes que luchar por lo que quieres.
En el mercado negro **se consiguen** artículos ilegales de todo tipo.

erreichen; erwerben

Mit Weinen wirst du nichts erreichen. Denn für das, was du willst, musst du kämpfen.
Auf dem Schwarzmarkt bekommt man alle mögliche illegale Ware.

«2001–4000»

la acción ⚠ *pl* las acciones

Durante el partido de fútbol la policía no pudo controlar las **acciones** violentas de los espectadores.
No eres capaz de hacer una buena **acción**. No quieres ayudar a nadie.

Aktion *f;* **Handlung** *f*

Die Polizei konnte die gewalttätigen Aktionen der Zuschauer während des Fußballspiels nicht unter Kontrolle bringen.
Du bist zu keiner guten Tat fähig. Niemandem willst du helfen.

soler *v* ⚠ *irr* 20

Antes **solíamos** salir los fines de semana, pero ahora preferimos quedarnos en casa y ver la tele.

(regelmäßig zu tun) pflegen

Früher gingen wir an den Wochenenden regelmäßig aus, aber jetzt bleiben wir lieber zu Hause und sehen fern.

el **proyecto**
El **proyecto** no salió como esperábamos.

Projekt *n*
Das Projekt hatte nicht das Ergebnis, das wir uns erhofften.

planear *v* ⚠ **planee, planeé**
Estamos planeando un viaje por Centroamérica.

planen
Wir sind gerade dabei, unsere Reise nach Mittelamerika zu planen.

decidir *v*
Aún no **hemos decidido** si compramos la casa.

entscheiden
Wir haben noch nicht entschieden, ob wir das Haus kaufen.

practicar *v* ⚠ **practique, practiqué**
Vamos a **practicar** los verbos reflexivos.
Yo no **practico** ningún deporte desde hace años.

üben; ausüben

Lasst uns jetzt die reflexiven Verben üben.
Ich mache schon seit Jahren keinen Sport mehr.

la **intención** ⚠ *pl* **las intenciones**
Perdona, mi **intención** era sólo ayudarte.
No te fíes de él, conozco sus **intenciones**.

Absicht *f*

Entschuldige, ich wollte dir nur helfen.
Trau ihm nicht, ich kenne seine Absichten.

el **esfuerzo**
Tus padres han tenido que hacer un gran **esfuerzo** para pagarte los estudios.

El médico me ha dicho que evite el **esfuerzo** físico.

Anstrengung *f*
Deine Eltern haben große Anstrengungen auf sich nehmen müssen, um dir dein Studium zu bezahlen.
Der Arzt hat mir gesagt, ich solle jede körperliche Anstrengung vermeiden.

lograr *v syn:* conseguir
Hemos logrado nuestro objetivo.
¡Después de tanto intentarlo, lo **hemos logrado**!

erreichen
Wir haben unser Ziel erreicht.

Nachdem wir es so lange versucht haben, haben wir es geschafft.

resolver *v* ⚠ *irr* 37
Tienes que aprender a **resolver** tus propios problemas.
No puedo **resolver** este problema (⚠ *auch:* **ejercicio**) de matemáticas.

lösen
Du musst lernen, deine Probleme selbst zu lösen.
Diese Mathematikaufgabe kann ich nicht lösen.

1.1.2.5   UMGANG MIT DINGEN

«1–2000»

necesitar *v*
Si **necesitas** algo, no dudes en
llamarme.

brauchen
Wenn du etwas brauchst, zögere nicht und ruf mich an.

perder *v* ⚠ *irr* 23
¿Puedes prestarme tu lápiz? Es
que **he perdido** el mío.

verlieren
Kannst du mir deinen Stift leihen? Ich habe meinen nämlich
verloren.

buscar *v* ⚠ **busque, busqué**
Busco a una chica que sea alta
y morena. → *odiar TIPP S. 34*

suchen
Ich suche ein Mädchen, das
groß und dunkelhaarig sein soll.

*TIPP: Wenn unbekannt ist, ob es die Person oder Sache, die man
sucht, überhaupt gibt, dann steht der Nebensatz im Konjunktiv. Wenn
klar ist, welche Person oder Sache gesucht wird, steht der Nebensatz
im Indikativ: **Busco a una chica que es alta y morena. ¿Sabe Ud.
si vive aquí?** Ich suche ein großes, dunkelhaariges Mädchen. Wissen Sie, ob es hier wohnt?*

encontrar *v* ⚠ *irr* 7
Llevo dos días buscando mis
llaves, pero no las **encuentro**.

finden
Ich suche meine Schlüssel
schon seit zwei Tagen, aber ich
finde sie nicht.

usar *v*
En el examen podéis **usar** el
diccionario.
Puedes **usar** mi despertador si
no tienes ninguno.
Tus pantalones se han roto de
tanto **usarlos**.

benutzen; tragen
In der Prüfung dürft ihr das Wörterbuch benutzen.
Du kannst meinen Wecker nehmen, wenn du keinen hast.
Deine Hose ist vom vielen Tragen ganz kaputt.

el uso
En esta zona está prohibido el
uso de cadenas para la nieve.
El **uso** de sprays daña la capa
de ozono.

Gebrauch *m*
In diesem Gebiet sind Schnee-
ketten nicht erlaubt.
Der Gebrauch von Sprays be-
schädigt die Ozonschicht.

*TIPP: **spray** spricht man „esprai" aus.*

abrir *v* ⚠ **abierto**
¿A qué hora **abren** las tiendas en este barrio?
Ábrele la puerta a Teodoro, él no tiene llaves.

öffnen
Wann öffnen in diesem Viertel die Läden?
Mach Teodoro die Tür auf. Er hat keinen Schlüssel.

---

cerrar *v* ⚠ *irr* 22
Esta puerta **está cerrada** con llave.

schließen
Diese Tür ist abgeschlossen.

---

tapar *v*
Tapa bien al niño con la manta para que no pase frío esta noche.
Será mejor que **tapes** la olla mientras el agua hierve.
→ *odiar TIPP S. 34*

zudecken
Deck den Kleinen gut zu, damit er heute Nacht nicht friert.

Tu lieber den Deckel auf den Topf, während das Wasser kocht.

---

cambiar *v*
Quisiera **cambiar** esta blusa. Es que me queda estrecha.

Te **cambio** mi anillo por tu pulsera.
Buenos días. Quisiera **cambiar** euros en dolares.
Creo que voy a **cambiar** de trabajo.

(um)tauschen; wechseln
Ich möchte diese Bluse gern umtauschen. Sie ist mir nämlich zu eng.
Ich tausche meinen Ring gegen dein Armband.
Guten Tag. Ich hätte gern Euro in Dollar gewechselt.
Ich glaube, ich werde die Arbeit wechseln.

---

llenar *v*
¿Puedes **llenar** la jarra de agua?

(ab)füllen
Füllst du mal den Krug mit Wasser?

---

cortar *v*
Estas tijeras no **cortan**, dame otras.
Nos **han cortado** el agua. ¡Pero si hemos pagado todas las facturas!

(ab)schneiden; abstellen
Diese Schere schneidet nicht gut. Gib mir eine andere.
Das Wasser ist abgestellt worden. Dabei haben wir doch alle Rechnungen bezahlt!

---

quemar *v*
No juegues con fuego, un día vas a **quemar** toda la casa.

(ab)brennen
Spiel nicht mit dem Feuer. Eines Tages wirst du noch das ganze Haus abbrennen.

romper *v* ⚠ **roto**
Has roto mi cámara de fotos, ¿y
ahora qué hago?

Alguien **rompió** un vidrio del coche y robó todo lo que había
dentro.

kaputtmachen; (zer)brechen
Du hast meinen Fotoapparat ka-
puttgemacht. Und was mache
ich jetzt?
Jemand hat eine Fensterschei-
be am Auto eingeschlagen und
alles gestohlen, was drin war.

arreglar *v*
No te preocupes. Seguro que
podremos **arreglar** este aparato.

reparieren
Mach dir keine Gedanken. Wir
werden dieses Gerät sicher reparieren können.

guardar *v*
¿Dónde **habré guardado** las fotos del viaje? No las encuentro.

auf(bewahren)
Wo habe ich bloß die Fotos von
der Reise aufbewahrt? Ich finde
sie nicht.

conservar *v*
Para **conservar** los alimentos
se usan por ejemplo latas.

aufbewahren
Um Lebensmittel aufzubewah-
ren, benützt man zum Beispiel
Dosen.

«2001–4000»

utilizar *v* ⚠ **utilice, utilicé**
Para cortar la carne se **utilizan**
el cuchillo y el tenedor.

Para fotografiar paisajes debes
utilizar una cámara adecuada.

benutzen
Man benutzt Messer und Gabel,
um das Fleisch klein zu schneiden.
Für Landschaftsfotografien
brauchst du eine entsprechende
Kamera.

manejar *v*
¿Sabes **manejar** este tipo de ordenadores?

bedienen, umgehen mit
Kannst du mit so einem Computer umgehen?

TIPP: In Lateinamerika heißt *manejar* auch ein Auto fahren *Carlos
aprendió a manejar hace un año.* Carlos hat vor einem Jahr Auto
fahren gelernt.

mojar *v*
El vaso de agua se me cayó y
mojé el sofá.

nass machen
Ich habe das Glas Wasser fallen
lassen und so das Sofa nass gemacht.

secar *v* ⚠ **seque, sequé**
Si quieres, te **seco** el pelo.

trocknen
Wenn du willst, trockne ich dir
die Haare.

encender *v* ⚠ *irr* 23

Has dejado la luz **encendida** toda la noche.
Pedro **encendió** un cigarrillo.

einschalten; anzünden

Du hast die ganze Nacht das Licht brennen lassen.
Pedro zündete sich eine Zigarette an.

*TIPP: In Lateinamerika sagt man **prender**.*

apagar *v* ⚠ **apague, apagué**
Apaga la luz del comedor.

Los bomberos pudieron **apagar** el fuego a tiempo.

ausschalten; löschen
Mach das Licht im Esszimmer aus.
Die Feuerwehrleute konnten das Feuer rechtzeitig löschen.

añadir *v*
Después de freír la cebolla, hay que **añadir** las patatas.

Hay que **añadir** un poco más de sal a la sopa.

hinzufügen
Nach dem Anbraten der Zwiebeln gibt man die Kartoffeln dazu.
An die Suppe gehört etwas mehr Salz.

borrar *v*
Borra todos los archivos del disquete.
Pásame la goma de **borrar**.

löschen; (aus)radieren
Lösch alle Dateien der Diskette.

Gib mir den Radiergummi.

mantener *v* ⚠ *irr* 32
El frigorífico **mantiene** los alimentos frescos.

(er)halten
Im Kühlschrank bleiben die Lebensmittel frisch.

estropear *v* ⚠ **estropee, estropeé**
El motor del coche **está estropeado**.

beschädigen, kaputtmachen

Der Motor des Wagens ist kaputt.

reparar *v*
El aparato se puede **reparar**, pero te saldrá muy caro.

reparieren
Man kann das Gerät reparieren, aber es wird sehr teuer für dich.

pegar *v* ⚠ **pegue, pegué**
Voy a **pegar** estas fotos en mi álbum.
Javier es incapaz de **pegar** a nadie.

kleben; schlagen
Diese Fotos werde ich noch in mein Album kleben.
Javier könnte keinen Menschen schlagen.

arrancar *v* ⚠ arranque, arranqué

Alguien **ha arrancado** todas las plantas del jardín.

Hay que **arrancar** el papel de la pared.

El motor no **arranca**.

herausreißen; herunterreißen; starten, anspringen

Jemand hat im Garten alle Pflanzen herausgerissen.

Diese Tapeten da müssen noch von der Wand entfernt werden.

Der Motor springt nicht an.

---

cubrir *v* ⚠ cubierto

Cúbrelo con una tela para que no lo vea nadie.

He puesto el sillón en el sótano y lo **he cubierto** con una tela para que no se ensucie.

Mira, todo **está cubierto** de nieve.

bedecken

Decke es mit einem Tuch zu, damit niemand es sieht.

Ich habe den Sessel in den Keller gebracht und ihn mit einem Tuch abgedeckt, damit er nicht schmutzig wird.

Sieh mal, alles ist mit Schnee bedeckt.

---

colgar *v* ⚠ *irr 7*, cuelgue, colgué

Puedes **colgar** tu chaqueta en el armario.

hängen

Du kannst dein Jackett in den Schrank hängen.

---

apoyar *v*

Puedes **apoyar** la bici en (⚠ *auch:* **contra**) la pared.

anlehnen

Du kannst das Rad an die Wand lehnen.

---

pintar *v*

Vamos a **pintar** las paredes de blanco.

(an)malen

Wir malen die Wände weiß an.

---

envolver *v* ⚠ *irr 37*

¿Podría **envolverlo** para regalo?

einpacken

Könnten Sie es als Geschenk einpacken?

---

atar *v*

Átate bien las zapatillas de deporte.

zubinden

Binde dir deine Sportschuhe gut zu.

---

doblar *v*

El papel se puede **doblar**.

falten

Papier kann man falten.

---

*TIPP: doblar kann auch „abbiegen" heißen, z. B. **doblar a la derecha/izquierda** rechts oder links abbiegen.*

torcer *v* ⚠ *irr* 20, **tuerzo, tuerza**

El hierro resulta difícil de **torcer**.
¿Dónde hay una cabina?
— Siga todo recto y luego **tuerza** a la derecha.

biegen; abbiegen

Eisen lässt sich schlecht biegen.
Wo ist eine Telefonzelle?
— Gehen Sie weiter geradeaus und dann biegen Sie rechts ab.

---

apretar *v* ⚠ *irr* 22

Estos zapatos me **aprietan**, son demasiado estrechos.

drücken

Diese Schuhe drücken mich. Sie sind viel zu eng.

---

golpear *v* ⚠ **golpee, golpeé**

En lugar de **golpear** el clavo con el martillo, me **he golpeado** el dedo, ¡qué dolor!
Primero **golpearon** a la víctima y después la ataron.

schlagen

Statt den Nagel zu treffen, habe ich mir mit dem Hammer auf den Finger geschlagen. Das tat weh!
Zuerst schlugen sie das Opfer, und dann fesselten sie es.

1.1.2.6 BEWEGEN VON GEGENSTÄNDEN

«1–2000»

mover *v* ⚠ *irr* 20

No sé si podrás **mover** ese armario tú solo.

Intenta no **mover** la cabeza.

rücken; bewegen

Ich weiß nicht, ob du diesen Schrank wirst allein wegrücken können.
Versuche, den Kopf nicht zu bewegen.

---

poner *v* ⚠ *irr* 25

La lámpara puedes **ponerla** junto al sofá.
Si quieres, **pon** la tele.

setzen, stellen, legen; einschalten

Du kannst die Lampe neben das Sofa stellen.
Wenn du willst, mach den Fernseher an.

---

colocar *v syn:* poner ⚠ **coloque, coloqué**

No sé dónde **colocar** la nueva estantería.

anbringen

Ich weiß nicht, wo ich das neue Regal anbringen soll.

llevar _v_
Llévale este regalo a la abuelita.

¿Podrías **llevar** a Paqui a su casa?

Dolores siempre **lleva** ropa cara.

Mi tía **lleva** sola su negocio.

bringen; tragen; führen
Bring Omi das Geschenk.

Könntest du Paqui nach Hause bringen?

Dolores trägt immer teure Kleider.

Meine Tante führt ihr Geschäft allein.

---

llevarse _v_
Llévate el paraguas por si llueve.

mitnehmen
Nimm den Regenschirm mit, falls es regnet.

---

traer _v_ ⚠ _irr_ 33
Me voy a Honduras. ¿Quieres que te **traiga** algo típico de allí?

(mit)bringen
Ich reise nach Honduras. Möchtest du, dass ich dir von dort ein Souvenir mitbringe?

---

mandar _v syn:_ enviar
Que tengas buen viaje, y **mándame** una postal cuando puedas.

schicken
Ich wünsche dir eine gute Reise und schick mir eine Postkarte, wenn du Lust und Zeit hast.

---

tirar _v_
No **tires** la comida a la basura, ponla en la nevera.
¡No **tires** de ese cable!
Los espectadores empezaron a **tirarle** piedras al árbitro.

(weg)werfen; ziehen; werfen
Wirf das Essen nicht in den Abfall, tu es in den Kühlschrank.
Zieh nicht an diesem Kabel da!
Die Zuschauer fingen an, mit Steinen nach dem Schiedsrichter zu werfen.

TIPP: _In manchen Ländern Lateinamerikas sagt man für „wegwerfen"_ **botar**.

---

quitar _v_
Hay que **quitar** esas cajas de ahí.

wegräumen, entfernen
Die Kartons müssen da weggeräumt werden.

---

recoger _v_ ⚠ **recojo, recoja**
Recoge lo que acabas de tirar al suelo.
Voy a **recoger** la chaqueta que llevé a la tintorería.

aufheben; abholen
Heb das auf, was du gerade auf den Boden geworfen hast.
Ich hole das Jackett ab, das ich zur Reinigung gebracht habe.

---

levantar _v_
Quien tenga alguna pregunta, que **levante** la mano.

heben
Wer Fragen hat, hebe die Hand.

subir *v ant:* bajar

Tendremos que **subir** el sofá por las escaleras.
Los precios **han subido**.
Tenemos que **subir** ya al tren.

hochtragen; steigen; einsteigen

Wir werden das Sofa die Treppen hochtragen müssen.
Die Preise sind gestiegen.
Wir müssen schon in den Zug einsteigen.

---

bajar *v ant:* subir

Habrá que **bajar** los muebles por el balcón con ayuda de una cuerda.
¿En qué estación tenemos que **bajar**?

hinuntertragen; sinken; aussteigen

Die Möbel müssen mithilfe eines Seils über den Balkon hinuntergelassen werden.
An welcher Station müssen wir aussteigen?

«2001–4000»

cargar *v* ⚠ **cargue, cargué**
Ya **hemos cargado** la furgoneta; podemos salir cuando quieras.

beladen
Wir haben den Lieferwagen beladen und können abfahren, wann du willst.

---

la carga
Parte de la **carga** que llevaba el camión se ha caído a la carretera.

Ladung *f*
Ein Teil der Ladung, die der Lastwagen transportierte, ist auf die Straße gefallen.

---

enviar *v syn:* mandar ⚠ *irr* 12
Lo mejor es que **envíes** el paquete por correo.

schicken
Am besten schickst du das Paket per Post.

---

transportar *v*
Hemos alquilado un camión para **transportar** todos los muebles.

transportieren
Wir haben einen Lastwagen gemietet, um die ganzen Möbel zu transportieren.

---

el transporte
Existen camiones especiales para el **transporte** de alimentos.

Transport *m*
Für den Lebensmitteltransport gibt es spezielle Lastwagen.

---

portátil *adj*
Acabo de comprarme un televisor **portátil**. → *cruel TIPP S. 30*

tragbar
Ich habe mir gerade einen tragbaren Fernseher gekauft.

TIPP: „Laptop" und „Notebook" heißen im Spanischen **ordenador portátil**.

sacar *v* ⚠ **saque, saqué** | **herausnehmen**
Cuando llegues al hotel, **saca** toda la ropa de la maleta y ponla en el armario. | Sobald du im Hotel ankommst, nimm deine Sachen aus dem Koffer und tue sie in den Schrank.

meter *v* | **setzen, stellen, legen**
He metido tus libros en esa bolsa. | Ich habe deine Bücher in die Tasche da getan.

acercar *v* ⚠ **acerque, acerqué** | **nähern**
¿Puedes **acercarme** la lámpara? | Kannst du die Lampe näher zu mir stellen?

apartar *v* | **beiseite stellen**
¿Podrías **apartar** esas cajas? Si no, no se puede pasar. | Könntest du bitte diese Schachteln beiseite stellen? Sonst kommt man nicht vorbei.

empujar *v* | **anschieben**
Ayúdame a **empujar** el coche. Es que no arranca. | Hilf mir, das Auto anzuschieben. Es springt nicht an.

agitar *v* | **schütteln**
Antes de abrir la botella, tienes que **agitarla**. | Bevor du die Flasche öffnest, musst du sie schütteln.

echar *v* | **geben, tun; einwerfen; (hinaus)werfen**
Te has olvidado de **echar** sal en la sopa. | Du hast vergessen, Salz in die Suppe zu geben.
¿Puedes comprar sellos y **echar** esta carta, por favor? | Kannst du bitte Briefmarken kaufen und diesen Brief einwerfen?
Si no trabajas, al final te van a **echar** de la empresa. | Wenn du nicht arbeitest, wird man dich schließlich entlassen.

lanzar *v* ⚠ **lance, lancé** | **werfen**
¡Has **lanzado** la pelota demasiado lejos! | Du hast den Ball viel zu weit geworfen!

1.1.2.7 GEBEN UND NEHMEN

«1–2000»

tener *v* ⚠ *irr* 32
¿**Tienes** una aspirina? No soporto este dolor de cabeza.

haben
Hast du ein Aspirin? Ich halte
diese Kopfschmerzen nicht
mehr aus.

dar *v* ⚠ *irr* 9
¿Quién te **ha dado** eso?
— Nadie, lo he cogido yo.

geben
Wer hat dir das gegeben?
— Niemand, das habe ich mir
genommen.

regalar *v*
¿Qué le **has regalado** a Óscar?

schenken
Was hast du Óscar geschenkt?

dejar *v* *syn:* prestar
Por favor, **déjame** mil pesetas;
mañana te las devuelvo.

leihen
Leih mir bitte tausend Peseten.
Du kriegst sie morgen zurück.

tomar *v*
Toma, te lo regalo. Yo ya no lo
uso.

nehmen
Da nimm, das schenke dir. Ich
brauche es nicht mehr.

coger *v* ⚠ **cojo, coja**
A ver si puedes **coger** la pelota.

Hemos ido a **coger** flores.
Coge tus libros y márchate.

Tenemos que **coger** el metro. A
pie tardaremos mucho.

fangen; pflücken; nehmen
Mal sehen, ob du den Ball fangen kannst.
Wir waren Blumen pflücken.
Nimm deine Bücher und mach
dich auf den Weg.
Wir müssen die U-Bahn nehmen. Zu Fuß brauchen wir zu
lang.

TIPP: *In Mexiko, Uruguay und Argentinien u. a. ist **coger** ein absolu-*
*tes Tabuwort. Um es zu vermeiden werden **tomar** (z. B. bei Fahrzeu-*
*gen) und **agarrar** bei Gegenständen benutzt.*

recibir *v* *ant:* dar
Estoy muy orgullosa de **recibir**
este premio.

erhalten
Ich bin sehr stolz, diesen Preis
zu erhalten.

«2001–4000»

quedarse *v*
Armando **se quedó** (con) todo el dinero, y no le dio nada a nadie.

Puedes **quedarte** (con) la revista, yo ya la he leído.

behalten
Armando hat das ganze Geld behalten und niemandem etwas gegeben.
Du kannst die Zeitschrift behalten. Ich habe sie schon gelesen.

---

pedir prestado, a *v ant:* prestar, dejar ⚠ *irr* 21
Yo no tengo cámara de fotos, tendrás que **pedírsela prestada** a Bernardo.

(aus)leihen

Ich habe keinen Fotoapparat, du wirst ihn dir von Bernardo ausleihen müssen.

---

tomar prestado, a *v ant:* prestar, dejar
Tomo prestado el libro, cuando lo haya leído te lo devuelvo.

(aus)leihen

Ich leihe mir das Buch, und ich gebe es dir zurück, wenn ich es gelesen habe.

---

prestar *v syn:* dejar, *ant:* tomar/pedir prestado
¿Me **prestas** tu diccionario?

leihen

Leihst du mir dein Wörterbuch?

---

devolver *v* ⚠ *irr* 37
¿Ya te **han devuelto** el dinero? — ¡Qué va! Aún estoy esperando.

zurückgeben
Haben sie dir das Geld schon zurückgegeben? — Ach was! Darauf warte ich immer noch.

---

repartir *v*
Repartiremos los beneficios a partes iguales.
El cartero **reparte** las cartas.

(aus)teilen, verteilen
Wir werden den Gewinn zu gleichen Teilen verteilen.
Der Briefträger verteilt die Briefe.

---

compartir *v*
Si quieres podemos **compartir** mi casa: tú vivirás en el piso de arriba y yo, en el de abajo.

teilen
Wenn du willst, können wir uns mein Haus teilen. Du wohnst dann im oberen Stock und ich im unteren.

---

agarrar *v*
Pude **agarrar** al niño antes de que se cayera al suelo.

halten
Ich konnte den Kleinen noch halten, bevor er hingefallen ist.

---

ocupar *v*

Puedes **ocupar** mi asiento cuando me vaya.

(in Anspruch) nehmen, besetzen
Du kannst dich auf meinen Platz setzen, wenn ich gehe.

el intercambio
¿Qué te parece si hacemos un **intercambio**?: yo te doy mi moto y tú me das tu coche.

Tausch *m*
Was hältst du davon, wenn wir einen Tausch machen? Ich gebe dir mein Motorrad, und du gibst mir dein Auto.

---

entregar *v syn:* dar ⚠ **entregue, entregué**
Cuando me **entregaron** el premio, empecé a llorar de alegría.

(über)geben

Als man mir den Preis übergab, fing ich vor Freude an zu weinen.

---

ofrecer *v* ⚠ *irr* 5
Ayer me **ofrecieron** un trabajo, pero lo rechacé.

anbieten
Man hat mir gestern eine Arbeit angeboten, aber ich habe sie abgelehnt.

---

aceptar *v ant:* rechazar
¡Estás loco, tendrías que **haberlo aceptado**!

annehmen
Du bist verrückt. Du hättest sie annehmen müssen.

1.1.3   LERNEN UND WISSEN

«1–2000»

estudiar *v*
Ayer no pude **estudiar** porque tuve visita.
Estoy estudiando Medicina en la Universidad de Barcelona.

lernen, studieren
Gestern konnte ich nicht mehr lernen, weil ich Besuch bekam.
Ich studiere derzeit Medizin an der Universität von Barcelona.

*TIPP: **estudiar** bedeutet meistens eher „lernen" als „studieren".*

---

aprender *v*
Estoy aprendiendo (⚠ *auch:* **estudiando**) japonés en una academia de idiomas.
Mi hijo **aprendió** a nadar a los tres años.

lernen
Ich lerne gerade Japanisch in einer Sprachenschule.

Mein Sohn hat mit drei Jahren schwimmen gelernt.

*TIPP: Bei der Anwendung/Übersetzung des Verbs **aprender** ist zu beachten, dass „lernen" ohne zeitliche Vorgabe gemeint ist, während auf ein Ziel, z. B. „ein Examen hin lernen" mit **estudiar** übersetzt wird.*

el tema
El **tema** de la conferencia es el descubrimiento de América.

Thema *n*
Thema der Konferenz ist die Entdeckung Amerikas.

el texto
Primero tienes que leer este **texto** y luego comentarlo.

Text *m*
Zuerst sollst du den Text lesen und ihn dann kommentieren.

leer *v*
En vacaciones quiero **leer** las obras completas de Quevedo.

lesen
Ich möchte in den Ferien die Gesamtausgabe von Quevedo lesen.

escribir *v* ⚠ **escrito**
¿Quién **escribió** "Cien años de soledad"?

schreiben
Wer schrieb „Hundert Jahre Einsamkeit"?

copiar *v*
¿**Has copiado** en el examen?

He copiado el libro entero.

abschreiben; kopieren
Hast du bei der Prüfung abgeschrieben?

Ich habe das ganze Buch kopiert.

el libro
En Cataluña es tradición regalar un **libro** y una rosa el 23 de abril.

Buch *n*
In Katalonien ist es Tradition, am 23. April ein Buch und eine Rose zu verschenken.

el escritor, la **escritora**

Uno de mis **escritores** favoritos es Gabriel García Márquez.

Autor(in) *m(f)*; **Schriftsteller(in)** *m(f)*
Gabriel García Márquez ist einer meiner Lieblingsautoren.

la biblioteca
La **biblioteca** de nuestra universidad es muy moderna.

Bibliothek *f*
Unsere Universitätsbibliothek ist sehr modern.

la letra
La última **letra** del abecedario es la Z.
¿Recuerdas la **letra** de "Bésame mucho"?

Buchstabe *m*; **(Lieder)text** *m*
Der letzte Buchstabe des Alphabets ist das Z.
Kennst du den Text von „Bésame mucho"?

la palabra
¿Qué significa la **palabra** "emigrante"?

Wort *n*
Was bedeutet das Wort „Emigrant"?

la frase
La primera **frase** del Quijote es muy conocida.

Satz *m*
Der erste Satz aus dem „Don Quichotte" ist sehr bekannt.

el **ejemplo**
España es un país de grandes
pintores, por **ejemplo**, Picasso,
Dalí y Goya.

Beispiel *n*
Spanien ist ein Land hervorra-
gender Maler, wie zum Beispiel
Picasso, Dalí und Goya.

TIPP: *Oft wird* **por ejemplo** *mit* **p. ej.** *abgekürzt.*

la **línea**
Hay una palabra que no entiendo en la segunda **línea** de este
texto.
Para entender este poema hay
que leer "entre **líneas**".

Zeile *f*
In der zweiten Zeile dieses Textes gibt es ein Wort, das ich nicht
verstehe.
Um dieses Gedicht zu verstehen, muss man zwischen den
Zeilen lesen.

la **página**
Abrid el libro por la **página** 54.
En la **página** 6 hay un poema de
Neruda.

Seite *f*
Öffnet das Buch auf Seite 54.
Auf Seite 6 steht ein Gedicht von
Neruda.

la **hoja**
Apunta en esta **hoja** tu nombre
y apellidos.

Blatt *n*
Schreibe deinen Vor- und Nachnamen auf dieses Blatt.

el **papel**
Necesito **papel** para envolver el
regalo de Sofía.
¿Tienes **papel** y lápiz para
apuntar mi teléfono?

Papier *n*
Ich brauche Papier, um das Geschenk für Sofía einzupacken.
Hast du Papier und Bleistift pa-
rat, um meine Telefonnummer
zu notieren?

«2001–4000»

el **punto**
Después de un **punto** se escri-
be siempre mayúscula.

Punkt *m*
Nach einem Punkt wird immer
großgeschrieben.

la **coma**
El uso correcto de la **coma** es
importante.

Komma *n*
Es ist wichtig, das Komma richtig zu setzen.

el **acento**
La palabra "río" lleva **acento** en
la i.

Akzent *m*
Das Wort „río" hat einen Akzent
auf dem i.

TIPP: *Kann auch den Akzent bezeichnen, mit dem jemand spricht.*

la (letra) mayúscula
Los nombres propios se escriben con (⚠ *auch:* **en**) **mayúscula**.

Großbuchstabe *m*
Eigennamen werden großgeschrieben.

la (letra) minúscula
¿Por qué en alemán los sustantivos no se escriben en (⚠ *auch:* **con**) **minúscula**?

Kleinbuchstabe *m*
Warum werden Substantive im Deutschen nicht kleingeschrieben?

la ortografía

En este texto he encontrado muchas faltas de **ortografía**.

Rechtschreibung *f*, **Orthografie** *f*
In diesem Text habe ich viele Rechtschreibfehler gefunden.

la experiencia
Para hacer bien este trabajo hay que tener **experiencia**.

Erfahrung *f*
Man muss Erfahrung haben, um diese Arbeit gut zu machen.

la cultura
Sólo puedo responder a preguntas de **cultura** general.
La **cultura** griega me parece muy interesante.

Bildung *f*; **Kultur** *f*
Ich kann nur auf Fragen der Allgemeinbildung antworten.
Ich finde die griechische Kultur sehr interessant.

la lectura
Una de mis aficiones es la **lectura**.
Para el examen hay que preparar tres **lecturas**.

Lesen *n*; **Lektüre** *f*
Lesen ist eines meiner Hobbys.

Für die Prüfung muss man drei Lektüren vorbereiten.

el lector, **la lectora**
Han hecho una encuesta a los **lectores** de la revista.

Leser(in) *m(f)*
Bei den Lesern der Zeitschrift wurde eine Umfrage gemacht.

averiguar *v* ⚠ **averigüe**, **averigüé**
¿Cuántas novelas ha publicado Vargas Llosa?
— No lo sé, tendré que **averiguarlo**.

nachsehen, ausfindig machen

Wie viele Romane hat Vargas Llosa veröffentlicht?
— Das weiß ich nicht, da muss ich auch erst nachsehen.

el conocimiento
El nuevo profesor de ingles tiene también **conocimientos** de alemán.

Kenntnis *f*
Der neue Englischlehrer kann auch Deutsch.

la base
Tienes muy mala **base** en gramática.

Basis *f*, **Grundwissen** *n*
Dein Grundwissen in Grammatik ist sehr schlecht.

de memoria *adv*
La niña se ha aprendido **de memoria** un poema.
Sabemos **de memoria** la letra de esta canción.

auswendig
Das Mädchen hat ein Gedicht auswendig gelernt.
Den Text dieses Liedes können wir auswendig.

---

la capacidad
Me falta la **capacidad** de concentración y no puedo estudiar más de media hora.

Fähigkeit *f*
Mir fehlt die Fähigkeit, mich zu konzentrieren, und ich kann nicht länger als eine halbe Stunde lang lernen.

---

capaz *adj ant:* incapaz ⚠ *pl*
capaces
¿Eres **capaz** de estudiar durante horas y sin pausa?

tun können; fähig, in der Lage

Kannst du stundenlang und ohne Pause lernen?

---

la facilidad
Roberto tiene **facilidad** para los idiomas.

Begabung *f*
Roberto hat eine Begabung für Sprachen.

---

el experto, la experta
En el congreso se reunieron **expertos** de todo el mundo.

Experte, Expertin *m, f*
Bei dem Kongress trafen sich Experten aus aller Welt.

TIPP: experto *wird sowohl substantivisch als auch adjektivisch benützt:* **Ana es una experta en literatura.** *Ana ist eine Expertin in Sachen Literatur;* **Ana es una mujer experta en literatura.** *Ana kennt sich in der Literatur sehr gut aus.*

---

la práctica
No sé hablar en público.
— Te falta la **práctica**.

Übung *f;* **Praxis** *f*
Ich kann in der Öffentlichkeit keine Rede halten. — Dir fehlt die Übung.

---

la teoría
En la universidad aprendemos mucha **teoría**, pero nada de práotica.

Theorie *f*
Wir lernen an der Uni viel Theorie aber keine Praxis.

---

describir *v* ⚠ **descrito**
¿Podrías **describir** tu carácter?
— Pues creo que soy alegre y comunicativo.

beschreiben
Könntest du deinen Charakter beschreiben? — Also, ich glaube, ich bin fröhlich und kontaktfreudig.

---

la descripción ⚠ *pl* **las descripciones**
El policía me pidió una **descripción** del ladrón.

Beschreibung *f*

Der Polizist bat mich um eine Beschreibung des Diebes.

apuntar *v syn:* anotar
Voy a **apuntar** tu número de teléfono en mi agenda porque si no, seguro que lo olvido.

eintragen, notieren
Ich trage deine Telefonnummer in mein Notizbuch ein, denn sonst vergesse ich sie sicher.

---

anotar *v syn:* apuntar
Pedro, **anota** la fecha del examen en tu agenda.

notieren, eintragen
Pedro, notiere dir das Examensdatum in deinem Kalender.

---

la **nota**
Sr. García, su secretaria ha dejado una **nota** encima de su escritorio.

Notiz *f*
Herr García, Ihre Sekretärin hat eine Notiz auf Ihrem Schreibtisch gelassen.

---

cultural *adj*
Mis padres hacen muchas actividades **culturales**.

kulturell
Meine Eltern nehmen an vielen kulturellen Aktivitäten teil.

---

la **literatura**
García Márquez recibió el Premio Nobel de **Literatura** en 1982.

Literatur *f*
García Márquez erhielt 1982 den Nobelpreis für Literatur.

---

el **autor**, la **autora**
El **autor** del Quijote es Cervantes.

Autor(in) *m(f)*
Cervantes ist der Autor des Don Quichotte.

---

el **poeta**, la **poetisa**
Federico García Lorca fue un gran **poeta**.

Dichter(in) *m(f)*
Federico García Lorca war ein großartiger Dichter.

---

el **poema**
Este **poema** es muy romántico.

Gedicht *n*
Dieses Gedicht ist sehr romantisch.

---

la **poesía**
¿Qué te gusta más: la **poesía** o la novela?

Lyrik *f;* **Gedicht** *n*
Was magst du mehr: Lyrik oder Romane?

---

la **novela**
Estoy leyendo una **novela** de Agatha Christie.

Roman *m*
Ich lese gerade einen Roman von Agatha Christie.

---

el **cuento**
De pequeño, mi abuela siempre me contaba un **cuento** todas las noches.

Geschichte *f;* **Märchen** *n*
Als ich klein war, erzählte mir meine Großmutter abends immer eine Geschichte.

---

descubrir *v* ⚠ **descubierto**
Colón **descubrió** América.

entdecken
Kolumbus hat Amerika entdeckt.

el descubrimiento
El **descubrimiento** del átomo fue un avance para la ciencia.

Entdeckung *f*
Die Entdeckung des Atoms war ein Fortschritt für die Wissenschaft.

---

inventar *v*
No sé quién **inventó** la rueda.

erfinden
Ich weiß nicht, wer das Rad erfunden hat.

---

el invento
El reloj es un **invento** fantástico.

Erfindung *f*
Die Uhr ist eine fantastische Erfindung.

---

investigar *v* ⚠ **investigue, investigué**
Los científicos **están investigando** desde hace años para encontrar una vacuna contra el sida.

forschen; ermitteln

Wissenschaftler forschen schon seit Jahren, um einen Impfstoff gegen Aids zu finden.

---

la investigación ⚠ *pl* **las investigaciones**
El profesor ha publicado sus **investigaciones** en medicina.

Untersuchung *f;* **Forschung** *f*

Der Professor hat seine medizinischen Untersuchungen veröffentlicht.

1.1.4 VERHALTEN

1.1.4.1 ALLGEMEINES VERHALTEN

«1–2000»

esperar *v*
Llevamos media hora **esperando** el autobús.
No **esperes** más a Fabián, ha dicho que no viene. → *odiar* TIPP S. 34

warten
Wir warten schon eine halbe Stunde auf den Bus.
Warte nicht mehr auf Fabián, er hat gesagt, dass er nicht kommt.

---

el asunto
Necesito hablar con el director por un **asunto** urgente.

Angelegenheit *f*
Ich muss mit dem Direktor wegen einer dringenden Angelegenheit sprechen.

acostumbrado, a *adj*
No estoy **acostumbrada** a levantarme temprano.

gewohnt
Ich bin nicht gewohnt, früh aufzustehen.

acostumbrarse a *v*
Tengo que **acostumbrarme a** comer menos.

sich (an)gewöhnen
Ich muss mir angewöhnen, weniger zu essen.

depender *v*
¿Te gusta bailar?
— **Depende**. La salsa me encanta, pero el tango lo odio.

Desde que trabajo sola ya no **dependo** de nadie.

ankommen auf; abhängen von
Tanzt du gern?
— Das kommt darauf an. Salsa finde ich gut, aber Tango mag ich absolut nicht.
Seit ich allein arbeite, bin ich von niemandem abhängig.

la **atención**
Perdón, ¿puede repetirlo? Es que no he prestado **atención**.

Gracias por su **atención**.

Aufmerksamkeit *f*
Verzeihung, können Sie das noch einmal wiederholen? Ich habe leider nicht aufgepasst.
Danke für Ihre Aufmerksamkeit.

atender a *v* ⚠ *irr* 23
Atiende a lo que te dice tu madre porque es importante.
El médico **atiende a** los enfermos.

achten auf; behandeln
Achte darauf, was deine Mutter dir sagt, denn es ist wichtig.
Der Arzt behandelt die Kranken.

cuidar *v*
¿Puedes **cuidar** del niño mientras me voy a comprar?

No puedo salir, tengo que **cuidar** a mi hermano.

aufpassen auf
Kannst du auf den Kleinen aufpassen, solange ich einkaufen bin?

Ich kann nicht aus dem Haus, ich muss auf meinen Bruder aufpassen.

*TIPP: Man kann sowohl die Präposition **de** als auch **a** verwenden.*

vigilar *v*
Hay que **vigilar** a los alumnos para que no copien en los exámenes.

beaufsichtigen
Schüler müssen beaufsichtigt werden, damit sie bei den Klassenarbeiten nicht abschreiben.

proteger *v* ⚠ **protejo, proteja**
El Estado nos **protege** a todos mediante la ley.
¿Sabe Ud. cómo **proteger** su casa de los ladrones?

(be)schützen
Der Staat schützt uns durch das Gesetz.
Wissen Sie, wie man sein Haus vor Dieben schützt?

protegerse v ⚠ **protejo, proteja**	**sich schützen**
Los excursionistas entraron en una cueva para **protegerse** del frío.	Die Ausflügler gingen in eine Höhle hinein, um sich vor der Kälte zu schützen.
la protección	**Schutz** m
La **protección** del medio ambiente es tarea de todos.	Umweltschutz geht alle an.
esconder v	**verstecken**
¿Dónde **habrá escondido** Teresa el regalo de Rocío?	Wo wird Teresa wohl das Geschenk für Rocío versteckt haben?
esconderse v	**sich verstecken**
Te encontraré aunque **te escondas**.	Ich werde dich finden, auch wenn du dich versteckst.
Raúl **se ha escondido** y no lo encuentro.	Raúl hat sich versteckt, und ich finde ihn nicht.
abandonar v syn: dejar	**verlassen**
Todos sus amigos le **han abandonado**.	Er wurde von allen Freunden verlassen.
Fue muy triste para nosotros **abandonar** nuestro pueblo.	Unser Dorf zu verlassen, war für uns alle sehr traurig.

«2001–4000»

portarse v syn: comportarse	**sich benehmen**
Si **te portas** mal, no te llevaré al circo.	Wenn du dich schlecht benimmst, nehme ich dich nicht mit in den Zirkus.
comportarse v syn: portarse	**sich benehmen, sich verhalten**
¡A veces **te comportas** como un niño!	Manchmal benimmst du dich wie ein kleines Kind!
el comportamiento	**Benehmen** n
Tu maestra se queja de tu **comportamiento** en la escuela.	Deine Lehrerin beklagt sich über dein Benehmen in der Schule.
los modales	**Sitten** pl, **Manieren** pl
Pero, ¿qué **modales** son esos? ¡No hables con la boca llena!	Aber was sind das für Manieren? Du sollst nicht mit vollem Mund sprechen!
la costumbre	**Angewohnheit** f
Tengo la **costumbre** de levantarme a las ocho.	Ich habe die Angewohnheit, um acht Uhr aufzustehen.

la **responsabilidad**
Mantener limpia la calle es **responsabilidad** de todos.

Verantwortung *f*
Jeder Einzelne trägt die Verantwortung dafür, die Straße sauber zu halten.

responsable *adj* *ant:* irresponsable
Martín es un chico muy **responsable**: nunca hay que recordarle sus obligaciones.

verantwortungsbewusst

Martín ist ein sehr verantwortungsbewusster Junge: man muss ihn nie an seine Aufgaben erinnern.

organizar *v* ⚠ organice, organicé
Tuve que **organizar** la fiesta yo sola.

organisieren

Ich musste das Fest ganz allein organisieren.

atreverse *v*
¿Cómo **te atreves** a hablarme así?

sich wagen
Wie kannst du es wagen, so mit mir zu reden?

aguantar *v* *syn:* soportar
¡No hay quien pueda **aguantar** este ruido!
No **aguanto** más a la vecina. No para de hablar.

aushalten, ertragen
Es gibt wohl niemanden, der diesen Lärm aushalten kann!
Ich ertrage die Nachbarin nicht länger. Sie redet ununterbrochen.

soportar *v*
No **soporto** tu forma de hablar.

ertragen
Ich ertrage deine Art zu reden nicht.

observar *v*
Estamos observando el comportamiento de estos animales.
Llevo diez minutos **observando** a la vecina, pero aún no se ha dado cuenta.

beobachten
Wir beobachten gerade das Verhalten dieser Tiere.
Ich beobachte die Nachbarin schon zehn Minuten, aber sie hat es noch nicht gemerkt.

fijarse en *v*
¿**Te has fijado en** el peinado de esos chicos?

beachten, bemerken
Hast du die Frisur dieser Jungen bemerkt?

1.1.4.2 VERHALTEN GEGEN MENSCHEN

«1–2000»

ayudar *v*
¿Me **ayudas** a cargar las cosas
en el coche?

helfen
Hilfst du mir, die Sachen ins Auto zu laden?

la ayuda
Gracias por tu **ayuda**.

Hilfe *f*
Vielen Dank für deine Hilfe.

prometer *v*
Te **prometo** que no volveré a
hacer una cosa así nunca más.

versprechen
Ich verspreche dir, dass ich so
etwas nie wieder tun werde.

la promesa
No has cumplido tu **promesa**.

Versprechen *n*
Du hast dein Versprechen nicht
gehalten.

perdonar *v*
Perdóname. No quería hacerte
daño.

verzeihen
Verzeih mir. Ich wollte dir nicht
wehtun.

el perdón
Perdón por las molestias.

Verzeihung *f*
Entschuldigen Sie die Störung.

la culpa
No te preocupes; tú no tienes la
culpa de lo que ha pasado.

Schuld *f*
Mach dir keine Sorgen; du hast
keine Schuld an dem, was passiert ist.

la disculpa
Por favor acepta mis **disculpas**.

Entschuldigung *f*
Nimm bitte meine Entschuldigung an.

disculparse *v*
Pablo llegó tarde a la cena, pero
no **se disculpó**.

sich entschuldigen
Pablo kam zu spät zum Abendessen, entschuldigte sich aber
nicht.

seguir *v* ⚠ *irr* 21
¿Son Uds. los señores que vienen a ver el piso? **Síganme**.

folgen
Sind Sie die Herrschaften, die
die Wohnung ansehen wollen?
Bitte folgen Sie mir.

perseguir *v* ⚠ *irr* 21
El ladrón **fue perseguido** por
varios coches de policía, pero
logró escapar.

verfolgen
Der Dieb wurde von mehreren
Polizeiwagen verfolgt, es gelang
ihm aber zu entkommen.

molestar *v*
No **molestes** al abuelo. ¿No ves que está descansando?

stören
Störe Großvater nicht. Siehst du nicht, dass er sich gerade ausruht?

pegar *v* ⚠ **pegue, pegué**
¿Que el maestro te **ha pegado**? Ahora mismo voy a hablar con el director del colegio.

schlagen
Der Lehrer hat dich geschlagen? Ich gehe sofort zum Direktor eurer Schule.

«2001–4000»

la influencia
La **influencia** árabe es muy fuerte en España.

Einfluss *m*
Der arabische Einfluss in Spanien ist sehr stark.

influir *v* ⚠ **influyó, influyeron, influyendo**
Vuestra opinión no **influyó** para nada en mi decisión.

beeinflussen

Eure Meinung beeinflusst meine Entscheidung überhaupt nicht.

guiar *v* ⚠ *irr* 12
Antonio nos **guiará** hasta el Museo del Prado.

führen
Antonio wird uns zum Prado führen.

imitar *v*
Mi hermano **imita** perfectamente el grito de Tarzán.

imitieren
Mein Bruder macht Tarzans Schrei perfekt nach.

impresionar *v*

Barcelona me **ha impresionado**.
A mí me **impresiona** ver sangre.

beeindrucken; erschüttern, aus der Fassung bringen
Barcelona hat mich beeindruckt.

Es bringt mich aus der Fassung, wenn ich Blut sehe.

confundir *v*
A menudo me **confunden** con mi hermana gemela.
No hay que **confundir** "coche-litera" con "coche-cama".

verwechseln
Ich werde oft mit meiner Zwillingsschwester verwechselt. Liegewagen ist nicht mit Schlafwagen zu verwechseln.

confundirse de *v*
Me confundí de calle y me perdí.

sich täuschen in, sich irren in
Ich habe mich in der Straße geirrt und mich verlaufen.

convencer v ⚠️ **convenza, convenzo**

Me **has convencido**. Dejaré de fumar.
Julián me **convenció** para que fuera con él al fútbol.

überzeugen; überreden

Du hast mich überzeugt. Ich werde aufhören zu rauchen.
Julián hat mich überredet, mit ihm zum Fußball zu gehen.

el **control**

El conductor perdió el **control** de su vehículo y se salió de la carretera.

Kontrolle f

Der Fahrer verlor die Kontrolle über sein Fahrzeug und geriet von der Fahrbahn ab.

controlar v

En esta autovía la velocidad **está controlada** por radar.

No me preguntes más adónde voy o qué hago; deja de **controlarme**.

überwachen

Auf dieser Schnellstraße wird die Geschwindigkeit per Radar überwacht.
Frag mich nicht mehr, wohin ich gehe und was ich tue; hör auf, mich zu kontrollieren.

castigar v ⚠️ **castigue, castigué**

Hoy en día los adultos ya no **castigan** tanto a los niños.

bestrafen

Heutzutage bestrafen Erwachsene ihre Kinder nicht mehr so oft.

tratar v

A los niños hay que **tratarlos** con cariño.

umgehen mit, behandeln

Mit Kindern muss man sanft umgehen.

mimar v

Es un niño **mimado**: tiene todo lo que quiere.

verwöhnen

Das ist ein verwöhntes Kind. Es bekommt alles, was es sich wünscht.

animar v ant: desanimar

Tenemos que **animar** a Javier; desde que le dejó su novia está muy deprimido. → *paciencia TIPP S. 27*

aufmuntern

Wir müssen Javier aufmuntern; seit seine Freundin ihn verlassen hat, ist er sehr bedrückt.

confiar v ant: desconfiar ⚠️ irr 12

Confío en ti; no me decepciones. → *paciencia TIPP S. 27*

vertrauen

Ich vertraue dir; enttäusche mich nicht.

la **confianza** ant: desconfianza

Ramón, ten **confianza** en mí. No te decepcionaré. → *paciencia TIPP S. 27*

Vertrauen n

Ramón, hab Vertrauen zu mir. Ich werde dich nicht enttäuschen.

fiarse de *v* ⚠ *irr* 12
Desde que me robaron el bolso
no **me fío de** nadie.

trauen
Seit mir meine Handtasche gestohlen wurde, traue ich niemandem mehr.

---

el favor
¿Me puedes hacer un **favor**?
¿Puedes llevar este paquete a
la oficina de correos?

Gefallen *m*
Kannst du mir einen Gefallen
tun? Kannst du dieses Paket zur
Post bringen?

---

el respeto
Las personas mayores se mere-
cen nuestro **respeto**.

Respekt *m*
Alte Menschen verdienen unseren Respekt.

respetar *v*
Los alumnos deben **respetar** a
los profesores.

respektieren
Schüler müssen ihre Lehrer respektieren.

---

el silencio
En la biblioteca hay que guardar
silencio para no molestar a los
demás.
Silencio, niños. El abuelo está
durmiendo.

Ruhe *f*
In der Bibliothek muss man ruhig sein, um die anderen nicht
zu stören.
Ruhe, Kinder. Großvater schläft.

---

el secreto
No le digas a nadie lo que te
acabo de contar. Es un **secreto**
entre tú y yo.

Geheimnis *n*
Sag keinem, was ich dir gerade
erzählt habe. Es ist ein Geheimnis zwischen dir und mir.

mentir *v* ⚠ *irr* 30
Creo que el niño nos **está mintiendo**. No me creo nada de esa
historia.

(be)lügen
Ich glaube, dass der Junge uns
belügt. Ich glaube kein Wort von
dieser Geschichte.

---

la mentira *ant:* verdad
Al principio te creímos, pero luego descubrimos que todo era
mentira.

Lüge *f*
Am Anfang haben wir dir ge-
glaubt, aber dann haben wir entdeckt, dass alles eine Lüge war.

---

engañar *v*
¡Nos **han engañado** otra vez!
Te he dicho mil veces que es
mejor cambiar dinero en el banco.

betrügen
Man hat uns schon wieder betrogen! Tausend Mal habe ich dir
gesagt, dass es besser ist, Geld
auf der Bank zu wechseln.

---

insultar *v*
¡No me vuelvas a **insultar**!

beleidigen
Beleidige mich nicht noch mal!

el insulto
El político abandonó la sala entre gritos e **insultos** por parte de
los presentes.

Beleidigung *f,* **Beschimpfung** *f*
Der Politiker verließ den Saal
unter Geschrei und Beschimp-
fungen der Anwesenden.

ofender *v*
Tus palabras me **han ofendido**.

kränken, beleidigen
Deine Worte haben mich ge-
kränkt.

la amenaza
Esta calle está cerrada al tráfico
debido a una **amenaza** de bomba.

Drohung *f*
Wegen einer Bombendrohung
ist diese Straße für den Verkehr
gesperrt.

amenazar *v* ⚠ **amenace,
amenacé**
Unos chicos **han amenazado** a
mi hermano en la escuela.

(be)drohen

Einige Jungen haben meinen
Bruder in der Schule bedroht.

obligar *v* ⚠ **obligue, obligué**
Mis padres me **obligan** a ir a misa todos los domingos.

zwingen
Meine Eltern zwingen mich, jeden Sonntag in die Kirche zu gehen.

la pelea
En este bar hay **peleas** todas
las noches.

Rauferei *f;* **Streit** *m*
In dieser Kneipe sind jede Nacht
Raufereien.

pelearse *v*
Mi hermano y yo **nos peleamos**
cada vez que queremos ver la
tele.

sich streiten; sich raufen
Mein Bruder und ich streiten uns
jedes Mal, wenn wir fernsehen
wollen.

el honor
Es un gran **honor** para mí hablar con Ud., señor presidente.

Ehre *f*
Es ist eine große Ehre für mich,
mit Ihnen zu reden, Herr Präsident.

1.1.5   SPRACHE UND SPRECHABSICHTEN

1.1.5.1   SPRACHE

«1–2000»

hablar *v ant:* callarse
No **hablemos** más de este asunto.

sprechen
Sprechen wir nicht mehr über dieses Thema!

---

conversar *v*
Si tienes tiempo podemos tomar un café juntos y **conversar**.

reden; sich unterhalten
Wenn du Zeit hast, können wir einen Kaffee trinken gehen und uns unterhalten.

---

el **diálogo** *syn:* conversación
¿Has entendido el **diálogo** del casete?

Dialog *m*
Hast du den Dialog auf der Kassette verstanden?

---

callarse *v ant:* hablar
¡**Cállate** de una vez!

schweigen
Halt mal den Mund!

---

decir *v* ⚠ *irr* 10
¿Cómo se **dice** en español "Entschuldigung"?

sagen
Wie sagt man auf Spanisch „Entschuldigung"?

---

explicar *v* ⚠ **explique, expliqué**
¿Me puedes **explicar** qué significa esta palabra?

erklären

Kannst du mir erklären, was dieses Wort bedeutet?

---

contar *v* ⚠ *irr* 7
Andrés me **ha contado** lo del accidente.

(er)zählen
Andrés hat mir das von dem Unfall erzählt.

---

la **lengua** *syn:* idioma
En España se hablan cuatro **lenguas**: castellano, catalán, euskera y gallego.

Sprache *f*
In Spanien spricht man vier Sprachen: Kastilisch, Katalanisch, Baskisch und Galicisch.

---

el **idioma** *syn:* lengua
Para este puesto de trabajo hay que saber dos **idiomas**.

Sprache *f*
Für diese Arbeitsstelle muss man zwei Sprachen können.

«2001–4000»

el **lenguaje**
Un grupo de expertos estudia el **lenguaje** de los delfines.

Sprache *f*
Eine Gruppe von Experten erforscht die Sprache der Delfine.

TIPP: **lengua** bezeichnet normalerweise eine natürliche Sprache, während man Sondersprachen, wie z. B. die Zeichensprache, die Bienensprache oder die Sprache einer bestimmten Sondergruppe, mit **lenguaje** bezeichnet.

---

expresar v
Quisiera **expresarle** mi amor, pero no sé cómo.

ausdrücken
Ich würde ihm gern meine Liebe zum Ausdruck bringen, weiß aber nicht wie.

---

la **expresión** ⚠ pl las **expresiones**
La **expresión** "hablar por los codos" significa hablar mucho.

Ausdruck m; **Redewendung** f

Die Redewendung „hablar por los codos" (mit den Ellenbogen reden) bedeutet viel reden.

---

mencionar v
En toda la tarde Julia no **mencionó** el tema de su divorcio.

erwähnen
Julia erwähnte den ganzen Abend über das Thema ihrer Scheidung nicht.

---

discutir v
No vale la pena **discutir** sobre este tema.

diskutieren
Es lohnt sich nicht, über dieses Thema zu diskutieren.

---

la **discusión** ⚠ pl las **discusiones**
Las **discusiones** sobre política me dan dolor de cabeza.

Diskussion f

Von politischen Diskussionen bekomme ich Kopfschmerzen.

---

gritar v
No hace falta que **grites**. No soy sorda.

schreien
Schrei doch nicht so. Ich bin nicht taub.

---

la **voz** ⚠ pl las **voces**
Por teléfono tienes una **voz** muy agradable.
No pude oír su conversación porque hablaban en **voz** baja.

Stimme f
Am Telefon hast du eine sehr angenehme Stimme.
Ich konnte ihre Unterhaltung nicht verstehen, weil sie leise sprachen.

---

charlar v syn: conversar
Ayer estuve **charlando** con Paqui.

sich unterhalten
Gestern habe ich mich mit Paqui unterhalten.

---

la **conversación** ⚠ pl las **conversaciones**
Me gustaría mantener una **conversación** con el Papa.

Unterhaltung f

Ich würde mich sehr gern einmal mit dem Papst unterhalten.

pronunciar *v*
Me cuesta mucho **pronunciar** la "ch" alemana.

aussprechen
Ich finde es sehr schwierig, das deutsche „ch" auszusprechen.

---

el acento
Klaus habla español con **acento** alemán.

Akzent *m*
Klaus spricht Spanisch mit deutschem Akzent.

---

el adjetivo
Gerardo, ¿me podrías decir cuáles son los **adjetivos** demostrativos?

Adjektiv *n*
Gerardo, kannst du mir bitte sagen, wie die demonstrativen Adjektive heißen?

---

el adverbio
"Ayer", "hoy" y "mañana" son **adverbios** de tiempo.

Adverb *n*
„Gestern", „heute" und „morgen" sind Zeitadverbien.

---

femenino, a *adj*
Todos los sustantivos acabados en "-dad" son **femeninos**.

weiblich
Alle Substantive, die auf „-dad" enden, sind weiblich.

---

masculino, a *adj*
En español existen sólo dos géneros: **masculino** y femenino.

männlich
Im Spanischen gibt es nur zwei Geschlechter: männlich und weiblich.

---

el género
¿De qué **género** es la palabra "coche"?

Geschlecht *n*
Welches Geschlecht hat das Wort „coche"?

---

la gramática
Para hablar y escribir correctamente un idioma hay que dominar la **gramática**.

Grammatik *f*
Um eine Sprache richtig zu sprechen und zu schreiben, muss man ihre Grammatik beherrschen.

---

el participio
El **participio** del verbo "romper" es "roto".

Partizip *n*
Das Partizip des Verbs „romper" heißt „roto".

---

el plural
La palabra "gafas" se utiliza siempre en **plural**.

Plural *m*
Das Wort „gafas" (Brille) benützt man immer im Plural.

---

el singular
La palabra "crisis" tiene la misma forma para el **singular** y el plural.

Singular *m*
Das Wort „crisis" hat im Singular und Plural dieselbe Endung.

el **sustantivo**
En español los **sustantivos** se escriben casi siempre con minúscula.

Substantiv *n*
Im Spanischen werden Substantive fast immer kleingeschrieben.

el **verbo**
En español hay muchos **verbos** irregulares.

Verb *n*
Im Spanischen gibt es viele unregelmäßige Verben.

el **vocabulario**
Para aprender **vocabulario** te recomiendo que leas todos los días el periódico en español.

Wortschatz *m*
Ich empfehle dir, jeden Tag eine spanische Zeitung zu lesen, um deinen Wortschatz zu erweitern.

deletrear *v*
¿Puede Ud. **deletrear** su apellido, por favor?

buchstabieren
Buchstabieren Sie bitte Ihren Familiennamen.

TIPP: *Im Spanischen werden folgende Buchstaben anders als im Deutschen buchstabiert: c, f, g, h, j, l, m, n, r, s, v, w, x, y, z* [θe, efe, xe, atʃe, xota, ele, eme, ene, ere, ese, uβe, uβe doβle, ekis, i γrieγa, θeta].

1.1.5.2   *SPRECHABSICHTEN*

1.1.5.2.1 *Auskunft*

«1–2000»

preguntar *v ant:* contestar, responder
Pregúntale a Juan si quiere venir con nosotros al cine.

fragen

Frag Juan, ob er mit uns ins Kino gehen will.

TIPP: *Das Dativobjekt wird im Spanischen durch ein Dativpronomen wieder aufgenommen. Im bejahten Imperativ wird dieses Pronomen an das Verb angehängt.*

la **pregunta** *ant:* respuesta
Algunas de las **preguntas** del examen eran muy difíciles.

Frage *f*
Einige der Prüfungsfragen waren sehr schwer.

la **solución** ⚠ *pl* **las solucio-**
nes
En este libro de ejercicios no
aparecen las **soluciones**.
Tenemos que encontrar una **so-**
lución a este problema.

Lösung *f*
In diesem Übungsbuch kommen
keine Lösungen.
Für dieses Problem muss man
eine Lösung finden.

---

contestar *v syn:* responder,
ant: preguntar
Todavía estoy esperando que
me **contestes**.

antworten

Ich warte immer noch darauf,
dass du mir antwortest.

---

responder *v syn:* contestar,
ant: preguntar
Intentaré **responder** a todas tus
preguntas.

(be)antworten

Ich werde versuchen, alle deine
Fragen zu beantworten.

---

la **respuesta** *ant:* pregunta
Hoy he recibido la **respuesta** a
mi solicitud de trabajo. ¡Me dan
el puesto!

Antwort *f*
Ich habe heute die Antwort auf
meine Bewerbung erhalten. Sie
geben mir die Arbeitsstelle.

---

el **consejo**
Si quieres un buen **consejo**: no
hagas caso de lo que digan los
demás.

Rat *m*
Wenn du einen guten Rat willst:
Kümmere dich nicht darum, was
die anderen sagen.

---

aconsejar *v syn:* recomendar
El médico me **ha aconsejado**
que deje de fumar.

raten
Der Arzt hat mir empfohlen, mit
dem Rauchen aufzuhören.

---

mostrar *v* ⚠ *irr* 7
En el aeropuerto hay que **mos-**
trar el pasaporte.

zeigen
Am Flughafen muss man den
Reisepass zeigen.

---

enseñar *v*
María José me va a **enseñar** a
bailar sevillanas.
Federico **enseña** español en
una academia.

beibringen; unterrichten
María José bringt mir Sevillanas
tanzen bei.
Federico unterrichtet Spanisch
an einer Privatschule.

---

la **información** ⚠ *pl* **las infor-**
maciones
¿Dónde puedo obtener **infor-**
mación sobre los vuelos a Bilbao?

Auskunft *f*, **Information** *f*

Wo kann ich Auskunft über Flüge nach Bilbao erhalten?

informar *v*
Te **informaremos** sobre la fecha de nuestro viaje en cuanto la sepamos.

mitteilen, informieren
Wir werden dir unseren Reisetermin mitteilen, sobald wir ihn wissen.

avisar *v*
Avísame cuando llegues.

Bescheid sagen
Sag mir Bescheid, wann du ankommst.

informarse *v*
Ahora mismo no puedo responderle esa pregunta, pero **me** voy a **informar**.

sich informieren
Die Frage kann ich Ihnen im Moment nicht beantworten, aber ich werde mich informieren.

la noticia
¿Sabéis ya la última **noticia**? Rafael se casa.
¿A qué hora dan las **noticias** en la tele?

Neuigkeit *f;* **Nachricht** *f*
Wisst ihr schon das Neueste? Rafael heiratet.
Um wie viel Uhr kommen im Fernsehen die Nachrichten?

significar *v* ⚠ **signifique, signifiqué**
¿Qué **significa** la palabra "parásito"?

bedeuten

Was bedeutet das Wort „parásito"?

el significado
La palabra "planta" tiene varios **significados**.

Bedeutung *f*
Das Wort „planta" hat mehrere Bedeutungen.

«2001–4000»

la novedad
Tengo muchas **novedades** que contarte.

Neuigkeit *f*
Ich habe dir viele Neuigkeiten zu erzählen.

enterarse de *v*
Me he enterado de que te vas al extranjero.

erfahren
Ich habe erfahren, dass du ins Ausland gehst.

comentar *v*
Quisiera **comentar** contigo la película que acabamos de ver.

Susana me **comentó** que quería dejar el trabajo.

sprechen über; sagen
Ich würde gern mit dir über den Film sprechen, den wir gerade gesehen haben.
Susanne hat mir gesagt, dass sie mit ihrer Arbeit aufhören wolle.

el comentario
¡Sin **comentarios**!

Kommentar *m*
Kein Kommentar!

comunicar *v* ⚠ comunique, comuniqué
Le **comunico** que está Ud. despedido.

mitteilen
Ich teile Ihnen mit, Sie sind entlassen.

advertir *v* ⚠ *irr* 30
Le **advierto** que aquí no se puede aparcar.

aufmerksam machen auf
Ich mache Sie darauf aufmerksam, dass Parken hier nicht erlaubt ist.

el mensaje

He llamado a Luis pero no estaba en casa, así que le he dejado un **mensaje** (⚠ *nicht:* **noticia**) en el contestador.

En la playa me he encontrado este **mensaje** en una botella.
→ *noticia S. 85*

Mitteilung *f,* **Nachricht** *f;* **Botschaft** *f*
Ich habe Luis angerufen, aber er war nicht zu Hause; deshalb habe ich ihm eine Nachricht auf dem Anrufbeantworter hinterlassen.
Am Strand habe ich diese Botschaft in einer Flasche gefunden.

el recado
El Sr. García no está en estos momentos. ¿Quiere dejarle algún **recado** (⚠ *auch:* **mensaje**)?

Botschaft *f*
Herr García ist gerade nicht im Haus. Kann ich ihm etwas ausrichten?

la explicación ⚠ *pl* las explicaciones
Exijo una **explicación**.

Erklärung *f*
Ich verlange eine Erklärung.

exagerar *v*
¡No **exageres**! Seguro que no te duele tanto.

übertreiben
Übertreib nicht so! Bestimmt hast du gar nicht solche Schmerzen.

indicar *v* ⚠ indique, indiqué
Por favor, ¿podría **indicarme** el camino para ir a la estación?

(an)zeigen
Bitte, können Sie mir den Weg zum Bahnhof zeigen?

señalar *v*
No **señales** a la gente con el dedo; es de mala educación.

deuten (auf), (hin)weisen
Du, man zeigt nicht mit dem Finger auf andere, das ist unhöflich.

referirse a *v* ⚠ *irr* 30
El ministro **se refirió al** problema del desempleo.

sich beziehen auf
Der Minister bezog sich auf das Problem der Arbeitslosigkeit.

recomendar *v syn:* aconsejar | **empfehlen**
⚠ *irr 22*
¿Me puede Ud. **recomendar** un buen restaurante? | Können Sie mir ein gutes Restaurant empfehlen?

---

la **recomendación** ⚠ *pl* **las recomendaciones** | **Empfehlung** *f;* **Hinweis** *m*
¿Necesita Ud. una carta de **recomendación** para su próximo trabajo? | Brauchen Sie für Ihre nächste Arbeit ein Empfehlungsschreiben?
Lea las **recomendaciones** (⚠ *auch:* **consejos**) del prospecto. | Lesen Sie die Hinweise in dem Prospekt.

1.1.5.2.2 Zustimmung und Ablehnung

«1–2000»

la **opinión** ⚠ *pl* **las opiniones** | **Meinung** *f*
No comparto su **opinión** en este punto. | In diesem Punkt teile ich Ihre Meinung nicht.

---

a favor de *prep* | **für**
Que levante la mano quien esté **a favor de** la propuesta. | Wer für diesen Vorschlag ist, hebe die Hand.

---

en contra de *prep* | **gegen**
Los ecologistas están **en contra de** las centrales nucleares. | Die Umweltschützer sind gegen Kernkraftwerke.

---

sí *adv* | **ja**
¿Me prestas el diccionario de español? — **Sí**, pero mañana me lo devuelves, ¿de acuerdo? | Leihst du mir dein Spanischwörterbuch? — Ja, aber morgen gibst du es mir wieder zurück, einverstanden?

---

no *adv* | **nein**
¿Es Ud. el padre de Daniel? — **No**, ¡soy su hermano! | Sind Sie der Vater von Daniel? — Nein, ich bin sein Bruder.

---

claro *adv* | **klar**
Entonces, ¿vendrás a mi fiesta de cumpleaños? — ¡**Claro** que sí! | Also kommst du dann zu meinem Geburtstagsfest? — Aber klar doch!
¿Te quedas a cenar con nosotros? — ¡**Claro**! Con mucho gusto. | Bleibst du zum Abendessen? — Klar. Sehr gern.

naturalmente *adv syn:* por supuesto
¿Puedo llamar a casa un momento? — **Naturalmente**; el teléfono está en la sala de estar.

natürlich, selbstverständlich

Kann ich kurz zu Hause anrufen? — Natürlich; das Telefon ist
im Wohnzimmer.

por supuesto *adv syn:* naturalmente
¿Se puede fumar?
— **Por supuesto**. Estamos en el
vagón de fumadores.

selbstverständlich, natürlich

Darf man hier rauchen?
— Selbstverständlich. Wir sind
im Raucherabteil.

correcto, a *adj*
Tu comportamiento no me parece **correcto**.

korrekt
Ich finde dein Verhalten nicht
korrekt.

exacto, a *adj*
El avión sale al mediodía. Para
ser más **exacto** (⚠ *auch:* **exactos**), a las 12.45 h.

genau
Das Flugzeug geht mittags. Um
genauer zu sein: um 12.45 h.

TIPP: *exacto* und ***exactos*** werden austauschbar benützt, egal, ob es
sich um einen oder mehrere Sprecher handelt. Da ***exacto*** ein Adjektiv ist, kann es sich in der obigen Wendung auch an das Geschlecht
des Sprechers anpassen, d. h. eine Frau kann auch sagen ***Para ser***
más exacta.

exactamente *adv*
Si he entendido bien, acabamos
de heredar 150 millones de pesetas. — **Exactamente**.

genau
Wenn ich richtig verstanden habe, haben wir gerade 150 Millionen Peseten geerbt. — Genau!

real *adj*
La historia de esta novela es tan
real como la vida misma.
→ *cruel TIPP S. 30*

wirklich
Die Geschichte dieses Romans
ist so wirklich wie das Leben
selbst.

cierto, a *adj*
Lo que te ha contado Asunción
no es **cierto**.

richtig
Was Asunción dir erzählt hat,
stimmt nicht ganz.

la verdad *ant:* mentira
Diego siempre dice la **verdad**.
¿De **verdad** piensas que estoy
loco?

Wahrheit *f*
Diego sagt immer die Wahrheit.
Denkst du tatsächlich, dass ich
verrückt bin?

tener razón *v* ⚠ *irr 32*
Sergio **tiene razón**: no deberías
gastar tanto dinero.

Recht haben
Sergio hat Recht, du solltest
nicht so viel Geld ausgeben.

admitir *v*
He de **admitir** que tienes razón; yo estaba equivocado.

zugeben
Ich muss zugeben, dass du Recht hast. Ich habe mich geirrt.

equivocado, a *adj*
¡Estás muy **equivocada** si piensas que te he mentido!

irrig, unrichtig
Da irrst du dich gewaltig, wenn du denkst, dass ich dich angelogen habe.

equivocarse *v* ⚠ **me equivoque, me equivoqué**
Todo el mundo se **equivoca** alguna vez.

sich irren

Jeder Mensch irrt sich mal.

el error
Casarme contigo fue el mayor **error** de mi vida.

Fehler *m*
Dich zu heiraten war der größte Fehler meines Lebens.

«2001–4000»

el punto de vista *syn:* opinión
Es imposible que nos entendamos. Nuestros **puntos de vista** son totalmente opuestos.

Standpunkt *m*
Unmöglich, dass wir uns verstehen. Unsere Standpunkte sind völlig gegensätzlich.

estar de acuerdo *v* ⚠ *irr* 13

Estoy de acuerdo contigo: la película es aburridísima.

einer Meinung sein, einverstanden sein
Ich bin ganz deiner Meinung, der Film ist absolut langweilig.

el argumento
Tus **argumentos** no me convencen.

Argument *n*
Deine Argumente überzeugen mich nicht.

admirar *v*
Admiro a las personas que estudian y trabajan al mismo tiempo. → *odiar TIPP S. 34*

bewundern
Ich bewundere Menschen, die gleichzeitig studieren und arbeiten.

criticar *v* ⚠ **critique, critiqué**
La decisión del gobierno de subir los impuestos **ha sido** muy **criticada** por todos.

kritisieren
Die Entscheidung der Regierung, die Steuern zu erhöhen, wurde von allen sehr kritisiert.

la crítica
El gobierno tiene que soportar duras **críticas** por parte de la oposición.

Kritik *f*
Die Regierung muss harte Kritik vonseiten der Opposition ertragen.

corregir v ⚠ irr 21, **corrijo, co-rrija**
Me he pasado todo el fin de semana **corrigiendo** exámenes.

korrigieren

Ich habe das ganze Wochenende damit verbracht, Prüfungsarbeiten zu korrigieren.

---

importar v
Hace mucho calor. ¿Te **importaría** abrir la ventana?

etwas ausmachen
Es ist sehr heiß. Würde es dir etwas ausmachen, das Fenster aufzumachen?

---

quejarse v syn: protestar
No **te quejes**. A mí me va mucho peor que a ti.

sich beklagen
Beklag dich nicht. Also mir geht es noch viel schlechter als dir.

---

la queja
Las **quejas** de los vecinos obligaron al propietario a cerrar el bar.

Klage f
Die Klagen der Nachbarn zwangen den Eigentümer, die Bar zu schließen.

---

la reclamación ⚠ pl **las reclamaciones**
Nos han llegado muchas **reclamaciones**.

Reklamation f

Wir haben viele Reklamationen erhalten.

---

protestar v syn: quejarse
Los estudiantes **protestan** por la mala calidad de la enseñanza.

protestieren
Die Studenten protestieren wegen der schlechten Unterrichtsqualität.

---

rechazar v ant: aceptar ⚠ **rechace, rechacé**
Hace un mes **rechacé** una oferta de trabajo.

ablehnen

Vor einem Monat habe ich ein Arbeitsangebot abgelehnt.

---

negar v syn: afirmar ⚠ irr 22, **niegue, negué**
El testigo **negó** haber visto al acusado.
El acusado **negó** haber robado el dinero.

verneinen; bestreiten

Der Zeuge verneinte, den Angeklagten gesehen zu haben.
Der Angeklagte bestritt, das Geld gestohlen zu haben.

---

negarse v ⚠ irr 22, **me niegue, me negué**
Me niego a seguir trabajando en estas condiciones.

sich weigern

Ich weigere mich, weiterhin zu diesen Bedingungen zu arbeiten.

1.1.5.2.3 Gewissheit und Zweifel

«1–2000»

la **prueba**
No tienen **pruebas** suficientes para llevarlo a la cárcel.

Beweis *m*
Sie haben nicht genügend Beweise, um ihn einzusperren.

seguro, a *adj*
No te preocupes: estoy **segura** de que todo saldrá bien.

sicher
Mach dir keine Sorgen, ich bin sicher, dass alles gut ausgehen wird.

seguramente *adv*
Seguramente pasaremos las Navidades en casa.

bestimmt, sicherlich
Weihnachten werden wir sicherlich zu Hause verbringen.

TIPP: *Aus der Femininform des Adjektivs lässt sich zusammen mit dem Suffix* **-mente** *das entsprechende Adverb bilden.*

en realidad *adv*
En realidad no sé para qué hemos venido.

eigentlich
Ich weiß eigentlich nicht, warum wir gekommen sind.

suponer *v* ⚠ *irr* 25
Supongo que ya te habrás recuperado de la gripe.

annehmen
Ich nehme an, du hast dich von der Grippe erholt.

probable *adj*
Es poco **probable** que el Real Madrid gane la Liga este año.

wahrscheinlich
Es ist wenig wahrscheinlich, dass Real Madrid dieses Jahr Ligaerster wird.

probablemente *adv*
Probablemente nos veremos en el curso de francés.

wahrscheinlich
Wir werden uns wahrscheinlich im Französischkurs wiedersehen.

posible *adj ant:* imposible
Aún no es seguro, pero es **posible** que nos vayamos a vivir a Montevideo.

möglich
Sicher ist es noch nicht, aber es ist möglich, dass wir in Montevideo leben werden.

posiblemente *adv*
Posiblemente cambiaré de trabajo a finales de año; me han hecho una oferta muy interesante.

möglicherweise
Ich werde möglicherweise zum Jahresende die Stelle wechseln. Man hat mir ein sehr interessantes Angebot gemacht.

imposible *adj ant:* posible
Es **imposible** terminar este trabajo antes de las nueve.

unmöglich
Es ist unmöglich, diese Arbeit
vor neun zu Ende zu bringen.

«2001–4000»

quizá(s) *adv syn:* tal vez, a lo
mejor
Quizá(s) llueva mañana.

vielleicht

Vielleicht regnet es morgen.

*TIPP: Beide Formen, sowohl **quizá** als auch **quizás**, sind gebräuchlich.*

tal vez *adv syn:* quizá(s), a lo
mejor
Tal vez vayamos a esquiar este
fin de semana.

vielleicht

Vielleicht gehen wir dieses Wochenende Ski laufen.

a lo mejor *adv syn:* quizá(s),
tal vez
A lo mejor vamos a la fiesta.

vielleicht

Wir gehen vielleicht auf das
Fest.

evidente *adj*
Es **evidente** que el problema
del paro no tiene fácil solución.

klar, offensichtlich
Es ist klar, dass das Problem der
Arbeitslosigkeit nicht leicht zu
lösen ist.

sin duda (alguna) *adv*
Sin duda alguna, hemos hecho
un buen negocio.

zweifelsohne
Wir haben ohne jeden Zweifel
ein gutes Geschäft gemacht.

demostrar *v* ⚠ *irr 7*
Te repito que estás equivocado,
y te lo voy a **demostrar**.

beweisen
Ich sage dir noch einmal, dass
du dich geirrt hast, und ich werde es dir beweisen.

el hecho
Lo que te cuento no es ninguna
historia inventada; son **hechos**
reales.

Tatsache *f*
Was ich dir erzähle, ist nicht erfunden; das sind echte Tatsa-
chen.

la realidad
La **realidad** es muy distinta de lo
que todos esperábamos.

Wirklichkeit *f*
Die Wirklichkeit unterscheidet
sich sehr von dem, was wir uns
alle erhofften.

decidirse v
¡**Decídete** de una vez! ¿Quieres helado de fresa o de chocolate?

sich entscheiden
Jetzt entscheide dich mal! Möchtest du Erdbeer- oder Schokoladeneis?

la decisión ⚠ pl **las decisiones**
Tenemos que tomar una **decisión** ahora mismo.

Entscheidung f
Wir müssen jetzt sofort eine Entscheidung treffen.

afirmar v ant: negar
El testigo **afirmó** que el acusado había estado en su casa aquella noche.

bestätigen
Der Zeuge bestätigte, dass der Angeklagte in jener Nacht in seinem Haus war.

asegurar v
El médico me **ha asegurado** que estoy sana.

versichern
Der Arzt hat mir versichert, dass ich gesund bin.

confirmar v
¿Podrían **confirmarme** la reserva?

bestätigen
Könnten Sie mir bitte die Reservierung bestätigen?

calcular v
Calculo que la reparación de la lavadora nos va a costar mucho.

rechnen
Ich rechne damit, dass die Reparatur der Waschmaschine uns viel kosten wird.

adivinar v
Adivina quién ha llamado por teléfono esta tarde.

raten
Rate mal, wer heute Nachmittag angerufen hat.

acertar v ⚠ irr 22
Si **aciertas** la respuesta, te daré un regalo.

erraten
Wenn du die Antwort errätst, bekommst du ein Geschenk von mir.

determinado, a adj
¿Desea Ud. los pantalones de una marca **determinada**?

bestimmt
Soll es eine Hose einer bestimmten Marke sein?

dudar v
Cristina está segura de que aprobará el examen, pero yo lo **dudo**.
Si tienes problemas, no **dudes** en llamarme.

bezweifeln; zögern
Cristina ist sicher, dass sie die Prüfung bestehen wird, aber ich bezweifle das.
Wenn du Probleme hast, zögere nicht, mich anzurufen.

la duda
Sin **duda**, ir en bicicleta es más sano que ir en coche.
Si tienes alguna **duda**, puedes preguntarme.

Zweifel m
Rad fahren ist ohne Zweifel gesünder als Auto fahren.
Wenn du irgendwelche Zweifel hast, kannst du mich fragen.

1.1.5.2.4 Wertung und Urteil

«1–2000»

preferir *v* ⚠ *irr* 30
¿Quieres gazpacho o **prefieres** una ensalada?

lieber mögen, vorziehen
Möchtest du Gazpacho oder lieber Salat?

> *TIPP:* **Gazpacho** *ist eine Gemüsesuppe aus Tomaten, Gurken und Paprikaschoten, die kalt serviert im Sommer eine herrliche Erfrischung ist.*

elegir *v* ⚠ *irr* 21, **elijo, elija**
Elija Ud. las fotos que más le gusten.

(aus)wählen
Wählen Sie die Fotos aus, die Ihnen am besten gefallen.

encantar *v*
Me **encanta** pasear por el bosque en otoño.

begeistern
Ich liebe es, im Herbst durch den Wald zu gehen.

> *TIPP:* **encantar** *wird nicht durch das Adverb* **mucho** *ergänzt, im Gegensatz zu* **gustar:** **me gusta mucho***.*

bueno, a *adj ant:* malo
Aunque es una tienda barata, la calidad de los productos es muy **buena**.

gut
Die Qualität der Produkte ist sehr gut, obwohl der Laden billige Preise hat.

> *TIPP:* **estar bueno, a** *drückt aus, wie gut etwas schmeckt:* **¡Qué buena está la sopa!** *Die Suppe schmeckt aber gut! Vor maskulinen Substantiven im Singular wird* **bueno** *zu* **buen: Eres un buen amigo***. Du bist ein guter Freund.*

bien *adv ant:* mal
La abuela ha dormido muy **bien** durante toda la noche.

gut
Großmutter hat die ganze Nacht gut durchgeschlafen.

mejor *adj ant:* peor
En esta frutería los melones son **mejores** que en aquélla.

Se suele decir que el perro es el **mejor** amigo del hombre.

Será **mejor** que volvamos a casa antes de que empiece a llover. → *cruel TIPP S. 30*

besser
In diesem Obstladen sind die Honigmelonen besser als in dem anderen da.
Man sagt für gewöhnlich, der Hund sei der beste Freund des Menschen.
Es wird besser sein, wenn wir nach Hause gehen, bevor es anfängt zu regnen.

TIPP: mejor (que) ist der Komparativ von **bien** *und* **bueno** *und* **el/la mejor** *ist der Superlativ von* **bueno**.

---

estupendo, a *adj*
Hemos pasado un día **estupendo**.

fantastisch, toll
Wir haben einen fantastischen Tag gehabt.

TIPP: Dieses Adjektiv bildet keinen Komparativ oder Superlativ, da es schon die Bedeutung eines Superlativs hat.

---

excelente *adj*
El vino que nos ha recomendado el camarero es **excelente**.

ausgezeichnet
Der Wein, den uns der Ober empfohlen hat, ist ausgezeichnet.

TIPP: Dieses Adjektiv bildet keinen Komparativ oder Superlativ, da es schon die Bedeutung eines Superlativs hat.

---

malo, a *adj ant:* bueno
¡Qué **malos** son los niños del vecino!
Esta ropa es de **mala** calidad.

frech, böse; schlecht
Wie frech die Nachbarskinder sind!
Das Kleidungsstück hier, das ist schlechte Qualität.

TIPP: **estar malo, a** *drückt aus, dass etwas schlecht schmeckt. Vor maskulinen Substantiven im Singular wird* **malo** *zu* **mal: Eres un mal amigo.** *Du bist ein schlechter Freund.*

---

mal *adv ant:* mal
Habla más alto, te oigo muy **mal**.
En tu examen todas las respuestas estaban **mal**.

schlecht; falsch
Sprich lauter, ich verstehe dich sehr schlecht.
Alle Antworten bei deiner Prüfung waren falsch.

---

peor *adj ant:* mejor
Julia toca el piano **peor** que yo.

Es el **peor** chiste que he oído en mi vida. → *cruel TIPP S. 30*

schlechter
Julia spielt schlechter Klavier als ich.

Das ist der schlechteste Witz, den ich je in meinem Leben gehört habe.

TIPP: **peor (que)** *ist der Komparativ von* **mal** *und* **malo** *und* **el/la peor** *ist der Superlativ von* **malo**.

horrible *adj*
¿Te gusta este cuadro? A mí me parece **horrible**.
Hace un frío **horrible** en este pueblo.

schrecklich
Gefällt dir dieses Bild? Also ich finde es schrecklich.
In diesem Dorf herrscht eine schreckliche Kälte.

interesante *adj*
Te recomiendo que leas este libro; es muy **interesante**.

interessant
Das Buch hier kann ich dir empfehlen. Es ist sehr interessant, das solltest du lesen.

raro, a *adj*
Su comportamiento me parece muy **raro**.
Esta película es muy **rara**, no vas a entender nada.
Es **raro** que llueva en esta zona.

merkwürdig, seltsam; selten
Ich finde, er benimmt sich wirklich merkwürdig.
Dieser Film ist sehr seltsam, du wirst nichts verstehen.
In dieser Gegend regnet es selten.

original *adj*
¡Qué pendientes tan **originales**!

originell
Was für originelle Ohrringe!

aburrido, a *adj*
¡Qué fiesta más **aburrida**!

langweilig
Was für ein langweiliges Fest!

TIPP: es aburrido *heißt, dass eine Person oder Sache an sich langweilig ist. Aber* **una persona que se aburre** *oder* **está aburrida** *bedeutet, dass ein Mensch sich gerade langweilt.*

importante *adj*
El Sr. Domínguez ocupa un cargo **importante** en el Banco Central.

wichtig
Herr Domínguez hat eine wichtige Aufgabe in der Zentralbank.

útil *adj*
Me gusta hacer regalos **útiles**.

nützlich
Ich schenke gern nützliche Dinge.

práctico, a *adj*
Las tarjetas de crédito son muy **prácticas**.

praktisch
Kreditkarten sind sehr praktisch.

simple *adj syn:* sencillo
La solución es muy **simple**.

einfach
Die Lösung ist sehr einfach.

fácil *adj ant:* difícil
No es **fácil** engañar a Alfonso.

leicht
Es ist nicht leicht, Alfonso etwas vorzumachen.

difícil *adj ant:* fácil
El examen de matemáticas ha sido más **difícil** que el de historia.

schwierig
Die Prüfung in Mathematik ist schwieriger als die in Geschichte gewesen.

«2001–4000»

sencillo, a *adj syn:* simple
Tengo una receta muy **sencilla** para hacer flan.

einfach
Ich habe ein ganz einfaches Rezept für einen Karamellpudding.

complicado, a *adj*
Mi profesor de matemáticas siempre nos pone ejercicios **complicados**.

kompliziert
Mein Mathematiklehrer gibt uns immer komplizierte Übungen auf.

escoger *v* ⚠ **escojo, escoja**
Entre todas estas ofertas tenemos que **escoger** la mejor.

auswählen
Unter all diesen Angeboten müssen wir das beste auswählen.

la elección ⚠ *pl* **las elecciones**
Tendré que comprar esta radio, no tengo otra **elección**. Las otras son carísimas.

Wahl *f*

Ich werde dieses Radio kaufen müssen, da habe ich keine andere Wahl. Die anderen sind sehr teuer.

la conclusión ⚠ *pl* **las conclusiones**
Siempre sacas **conclusiones** falsas.

Schluss *m*

Du ziehst immer falsche Schlüsse.

verdadero, a *adj ant:* falso
El vasco es una lengua románica: ¿**verdadero** o falso?

richtig
Baskisch ist eine romanische Sprache. Ist das richtig oder falsch?

merecer(se) *v* ⚠ *irr* 5
Hemos trabajado todo el verano; creo que **nos merecemos** unas vacaciones.

verdienen
Wir haben den ganzen Sommer über gearbeitet; ich glaube, dass wir uns Ferien verdient haben.

satisfactorio, a *adj*
Últimamente, tu trabajo no ha sido muy **satisfactorio**.

zufriedenstellend
Deine Arbeit war in der letzten Zeit nicht sehr zufriedenstellend.

mejorar *v*
La situación económica **está mejorando** en algunos países.

verbessern
In einigen Ländern verbessert sich die wirtschaftliche Lage zusehends.

perfecto, a *adj*
Nadie es **perfecto**. → *tranquilo TIPP S. 28*

perfekt
Niemand ist perfekt.

ideal *adj*
Hace un tiempo **ideal** para ir a la playa.

ideal
Das Wetter ist ideal, um an den Strand zu gehen.

increíble *adj*
Es **increíble** lo que pueden hacer los ordenadores modernos.

unglaublich
Es ist unglaublich, was die modernen Computer leisten können.

impresionante *adj*
Los espectáculos de La Fura dels Baus son **impresionantes**.

beeindruckend
Die Vorstellungen der Gruppe La Fura dels Baus sind beeindruckend.

TIPP: *La Fura dels Baus ist eine katalanische Theatergruppe, deren Auftritte von avantgardistischer Ästhetik sind. Sie spielen nicht auf Bühnen, sondern in großen Räumen oder auf Plätzen, inmitten der Zuschauer.*

extraordinario, a *adj*
Tu marido es **extraordinario**, ¿dónde lo conociste?

großartig
Dein Mann ist großartig. Wo hast du ihn kennen gelernt?

fantástico, a *adj*
Me parece **fantástico** que hayas aprobado el examen.

fantastisch
Ich finde es fantastisch, dass du die Prüfung bestanden hast.

maravilloso, a *adj*
Hicimos una excursión **maravillosa** por el Amazonas.

wunderbar
Wir haben einen wunderbaren Ausflug durch den Amazonas gemacht.

valioso, a *adj*
Mi abuela tiene un anillo de oro muy **valioso**.

wertvoll
Meine Großmutter hat einen sehr wertvollen goldenen Ring.

precioso, a *adj*
Llevas un vestido **precioso**.

wunderschön
Du hast ein wunderschönes Kleid an.

el **éxito** *ant:* fracaso
La obra de teatro ha tenido mucho **éxito**.
Felicidades: tu exposición de pintura ha sido un **éxito**.

Erfolg *m*
Das Theaterstück hatte großen Erfolg.
Ich gratuliere dir. Die Ausstellung mit deinen Bildern war ein Erfolg.

---

adecuado, a *adj*
Éste es el método más **adecuado** para aprender vocabulario.

geeignet
Das ist die geeignetste Methode, um Vokabeln zu lernen.

conveniente *adj*
Sería **conveniente** que estudiaras más.

ratsam
Es wäre wirklich ratsam, dass du mehr lernst.

TIPP: *Statt* ser conveniente *kann man genauso* conviene que *sagen:* Conviene que arreglemos el piso antes de venderlo. *Wir sollten die Wohnung renovieren, bevor wir sie verkaufen.*

---

la **importancia**
Hasta ahora no habíamos reconocido la **importancia** de tu trabajo.
No tiene **importancia**.

Bedeutung *f*
Bisher war uns nicht bewusst, welche Bedeutung deine Arbeit hat.
Das ist nicht wichtig.

gracias a *prep*
Lo hemos conseguido **gracias a** tu ayuda.

dank
Wir haben es dank deiner Hilfe geschafft.

enorme *adj*
La casa de Yolanda es **enorme**.

riesig
Yolandas Haus ist riesig.

---

extraño, a *adj*
Me parece muy **extraño** que no venga hoy a visitarme mi sobrino; viene todos los domingos.

merkwürdig
Ich finde es sehr merkwürdig, dass mein Neffe mich heute nicht besuchen kommt; er kommt sonst jeden Sonntag.

---

falso, a *adj*
Este diamante es **falso**.
"Los pingüinos viven en el polo norte": ¿verdadero o **falso**?

unecht; falsch
Dieser Diamant ist unecht.
„Pinguine leben am Nordpol". Ist das richtig oder falsch?

---

inútil *adj*
Todas estas cosas son totalmente **inútiles**; tíralas de una vez a la basura.
Es **inútil** que hables con ella, no quiere escuchar a nadie.

nutzlos, unnütz; zwecklos
Diese Sachen sind alle völlig unnütz; wirf sie endlich auf den Müll.
Es ist zwecklos, dass du mit ihr redest, sie will auf niemanden hören.

el **fracaso** *ant:* éxito El negocio ha sido un **fracaso**.	**Fiasko** *n*, **Misserfolg** *m* Das Geschäft war ein Fiasko.
valer la pena *v* ⚠ *irr* 34 ¿Crees que **vale la pena** comprar un coche nuevo?	**sich lohnen** Glaubst du, dass es sich lohnt, ein neues Auto zu kaufen?
ridículo, a *adj* Es **ridículo** pensar que los políticos pueden resolver el problema de la sequía.	**lächerlich** Es ist lächerlich zu denken, dass die Politiker das Dürreproblem lösen können.

1.1.5.2.5 Befehl und Verbot

«1–2000»

deber *v* **Deberías** estudiar más.	**sollen; müssen** Du solltest mehr lernen.
el **deber** Para que una sociedad funcione, cada ciudadano tiene que cumplir con su **deber**.	**Pflicht** *f* Jeder Bürger muss seine Pflicht tun, damit eine Gesellschaft funktioniert.
poder *v* ⚠ *irr* 24 Aquí no se **puede** fumar.	**dürfen** Hier darf man nicht rauchen.
permitir *v syn:* dejar No **está permitido** fumar en las habitaciones. Ana no le **permite** a su hijo salir por la noche.	**erlauben** Es ist nicht erlaubt, in den Zimmern zu rauchen. Ana erlaubt ihrem Sohn nicht, spät abends auszugehen.
el **permiso** Mi padre me ha dado **permiso** para usar su coche. Con su **permiso**, voy a abrir la ventana.	**Erlaubnis** *f* Mein Vater hat mir erlaubt, sein Auto zu benutzen. Ich werde das Fenster öffnen, wenn Sie erlauben.

«2001–4000»

dejar *v ant:* proibir Mis padres no me **dejan** salir esta noche; estoy castigada.	**erlauben** Meine Eltern erlauben mir nicht, heute Abend auszugehen. Ich habe Hausarrest.
mandar *v* Haremos lo que Ud. **mande**.	**befehlen** Wir werden tun, was Sie uns befehlen.

prohibir *v ant:* permitir

El profesor nos **ha prohibido** comer chicle durante las clases.

Está prohibido vender tabaco a (los) menores de 16 años.

verbieten

Der Lehrer hat uns verboten, während des Unterrichts Kaugummi zu kauen.

Es ist verboten, Tabak an Jugendliche unter 16 zu verkaufen.

---

la obligación ⚠ *pl* **las obligaciones**

Alonso nunca cumple sus **obligaciones**.

No me gusta madrugar; lo hago porque es mi **obligación**.

Pflicht *f*

Alonso tut seine Pflicht nicht.

Ich stehe nicht gern früh auf. Ich tue es, weil ich muss.

---

obligatorio, a *adj*

Matemáticas, lengua española e inglés son asignaturas **obligatorias**.

No es **obligatorio**, puedes hacerlo sólo si quieres.

Pflicht-

Mathematik, Spanisch und Englisch sind Pflichtfächer.

Es besteht keine Pflicht. Du brauchst es nur zu machen, wenn du willst.

---

obedecer *v syn:* hacer caso ⚠ *irr* 5

Tus hijos no me **obedecen**. Tendrás que hablar seriamente con ellos.

gehorchen

Deine Kinder gehorchen mir nicht. Du wirst ein ernstes Wort mit ihnen reden müssen.

---

hacer caso *v syn:* obedecer ⚠ *irr* 15

Te he dicho mil veces que te pongas los guantes. ¿Por qué no me **haces caso** de una vez?

gehorchen

Ich habe dir tausend Mal gesagt, du sollst die Handschuhe anziehen. Warum gehorchst du mir nicht mal?

TIPP: hacer caso kann auch bedeuten, beachten, was jemand sagt.

---

evitar *v*

Para **evitar** errores tienes que leer dos veces lo que escribes.

vermeiden

Um Fehler zu vermeiden, musst du das, was du schreibst, zweimal lesen.

---

impedir *v* ⚠ *irr* 21

La policía **impidió** la manifestación.

Nadie me **impedirá** ir a verte.

verhindern; abhalten

Die Polizei verhinderte die Demonstration.

Niemand wird mich davon abhalten, dich zu besuchen.

1.1.5.2.6 Wunsch und Bitte

«1–2000»

querer v ⚠ *irr* 26
¿Qué **quieres** tomar: vino o cerveza?
Quiero que me digas la verdad.

möchten; wollen
Was möchtest du trinken, Bier oder Wein?
Ich will, dass du mir die Wahrheit sagst.

---

esperar v
Espero que nos veamos pronto.

hoffen
Ich hoffe, dass wir uns bald sehen.

---

desear v
Os **deseo** unas felices fiestas.

wünschen
Ich wünsche euch fröhliche Weihnachten.

TIPP: *auch: **feliz Navidad**.*

---

el **deseo**
Uno de mis mayores **deseos** es ser abuelo.

Wunsch m
Großvater zu werden ist mein größter Wunsch.

pedir v ⚠ *irr* 21
Sandra me **pidió** que la acompañara al médico.

bitten
Sandra hat mich gebeten, dass ich mit ihr zum Arzt gehe.

gustar v *(+ infinitivo)*
El próximo verano me **gustaría** ir de vacaciones al Caribe.

gern tun
Nächsten Sommer würde ich gern in der Karibik Urlaub machen.

---

necesario, a adj
Cada vez es más **necesario** saber idiomas para encontrar trabajo.

notwendig
Um Arbeit zu finden, wird es immer notwendiger, Sprachen zu können.

hacer falta v ⚠ *irr* 15
No **hace falta** que vengas.
Nos **hacen falta** tres cosas del supermercado: leche, azúcar y mantequilla.

brauchen
Du brauchst nicht zu kommen.
Drei Sachen brauchen wir aus dem Supermarkt, und zwar Milch, Zucker und Butter.

«2001–4000»

el **objetivo**
El **objetivo** principal de este curso es aprender vocabulario.

Ziel *n*
Das Hauptziel dieses Kurses ist, Wortschatz zu erlernen.

---

el **fin** *syn:* objetivo
Mandé dinero con el **fin** de ayudar a esa pobre gente.

Zweck *m*
Ich habe Geld gespendet, um diesen armen Menschen zu helfen.

---

proponer *v* ⚠ *irr* 25
El jefe me **ha propuesto** cambiar de departamento.

vorschlagen
Mein Chef hat mir vorgeschlagen, die Abteilung zu wechseln.

la **propuesta**
Te hago una **propuesta**: vendemos el coche viejo y compramos uno nuevo, ¿qué te parece?

Vorschlag *m*
Ich mache dir einen Vorschlag. Wir verkaufen den alten Wagen und kaufen einen neuen. Was hältst du davon?

---

exigir *v* ⚠ **exijo, exija**
Este trabajo **exige** mucha concentración.
Te **exijo** que me des una respuesta.

(er)fordern, verlangen
Diese Arbeit erfordert viel Konzentration.
Ich verlange von dir, dass du mir eine Antwort gibst.

---

insistir en *v*
El médico **insiste en** llevarte al hospital.

bestehen auf
Der Arzt besteht darauf, dich ins Krankenhaus einzuliefern.

rogar *v* ⚠ *irr* 7, **ruegue, rogué**
Os **ruego** que aceptéis mis disculpas.

bitten
Ich bitte euch, meine Entschuldigung anzunehmen.

*TIPP: In Geschäftsbriefen verwendet man das Verb **rogar** im Konjunktiv ohne „que" **Les rogamos acepten nuestras disculpas.** Wir bitten Sie, unsere Entschuldigung anzunehmen.*

---

solicitar *v*
Voy a **solicitar** una beca.

beantragen
Ich werde ein Stipendium beantragen.

---

preciso, a *adj*
No es **preciso** que me haga una factura.

notwendig
Es ist nicht notwendig, dass Sie mir eine Rechnung ausstellen.

*TIPP: hier Synonym zu **necesario**. Es kann auch Synonym zu **exacto, a** sein in Verbindung mit einem Substantiv.*

convenir v ⚠ irr 35
  Conviene que pintemos el piso antes de venderlo.

ratsam sein
  Wir sollten die Wohnung streichen, bevor wir sie verkaufen.

indispensable adj
  Es **indispensable** haber aprobado el examen final para recibir el diploma.
  Hoy en día es **indispensable** tener ordenador. → amable
  TIPP S. 26

unabdingbar; unentbehrlich
  Man muss die Abschlussprüfung bestanden haben, um das Diplom zu erhalten.
  Heutzutage ist ein Computer unentbehrlich.

1.1.5.2.7 Begrüßung und Abschied

«1–2000»

¡Hola!
¡Mucho gusto!
Buenos días

Hallo!
Sehr erfreut!
Guten Tag

TIPP: In Lateinamerika, z. B. in Argentinien, hört man auch **Buen día**.

Buenas tardes

Guten Tag; Guten Abend

TIPP: Wird gesagt nach dem Mittagessen bis zum Einbruch der Dunkelheit.

Buenas noches

Guten Abend; Gute Nacht

TIPP: Wird gesagt nach Einbruch der Dunkelheit.

¡Adiós!
¡Hasta luego!

Auf Wiedersehen!
Bis dann!, Bis später!

TIPP: In Lateinamerika sagt man auch **Nos vemos**, was soviel heißt wie „Man sieht sich".

¡Hasta mañana!
¡Hasta pronto!

Bis morgen!
Bis bald!

el **señor**, la **señora**

Herr, Frau m, f

TIPP: Wird von jemandem gesprochen, nennt man auch den Artikel: **¿Está la señora Gómez?** Ist Frau Gomez da? Spricht man jemanden direkt an, dann ohne Artikel: **Muchas gracias, señor García.** Vielen Dank, Herr García. Abkürzungen: **Sr., Sra., Sres.**

la **señorita**

Fräulein n

TIPP: Einige Gesprächspartner vermeiden diese Anrede. Abkürzung: **Srta.**

dar recuerdos *v* ⚠ *irr* 9
  Dale muchos **recuerdos** a tu
  madre.

Grüße ausrichten
  Sag deiner Mutter viele Grüße.

«2001–4000»

don, doña

Herr, Frau *m, f*

> **TIPP:** *Man spricht z. B. von **doña Ana**. Es handelt sich um die höfliche Anrede, die ohne Artikel und nur in Verbindung mit dem Vornamen benützt wird.*

¡Felicidades!
igualmente

Herzlichen Glückwunsch!
gleichfalls

¡Que vaya bien!
¡Que te diviertas!
¡Que lo pases bien!
¡Buen viaje!

Alles Gute!
Viel Vergnügen!
Viel Spaß!
Gute Reise!

1.1.5.3 HÄUFIGE REDEWENDUNGEN

«1–2000»

¿Cómo está Ud.?
¿Qué tal?
¿Cómo dice(s)?
(muchas) gracias
por favor
de nada
¡Perdón!, ¡Perdone!, ¡Perdona!
Lo siento.
¡Mucho gusto!, ¡Encantado, a!

Wie geht es Ihnen?
Wie gehts?
Wie bitte?
(vielen) Dank
bitte
bitte sehr, keine Ursache
Verzeihung!, Verzeihen Sie bitte!, Verzeih mir bitte!
Es tut mir Leid.
sehr erfreut!

«2001–4000»

¡Vamos!, ¡Vámonos!
no hay de qué
con mucho gusto
vale, de acuerdo

Auf gehts!, Los, gehen wir!
bitte sehr, gern geschehen
gern
in Ordnung, einverstanden

¡Eso es!	**Genau!, Stimmt!, So ist es!**
ojalá	**hoffentlich**

TIPP: Da ein Satz mit **ojalá** einen Wunsch ausdrückt, steht das betreffende Verb im Konjunktiv: **Ojalá (que) no llueva** Hoffentlich regnet es nicht.

¡Que aproveche!	**Guten Appetit!**
¡Salud!	**Prost!**

TIPP: In Lateinamerika sagt man **salud**, wenn jemand niest, in Spanien sagt man dafür **¡Jesús!**

¡Qué lástima!, ¡Qué pena!	**Wie schade!**
¡Qué horror!	**Wie schrecklich!**
¡Qué va!	**Ach was!**
¿Y qué?	**Na und?**
es que	**nämlich; denn**
¡Anoche llegaste tarde!	Gestern Abend warst du spät
— **Es que** perdí el bus.	dran. — Ja, ich habe nämlich den Bus verpasst.
¿**Es que** te has vuelto loco?	Bist du denn verrückt geworden?
a ver	**mal sehen**
por cierto, a propósito	**übrigens**
por si acaso	**für alle Fälle**
¡Atención!	**Achtung!**
¡Ojo!	**Aufgepasst!**
¡Oiga!	**Hören Sie zu!, Zuhören!**
¡Silencio!	**Ruhe!**
¡Socorro!	**Hilfe!**
¡Por Dios!	**Um Gottes willen!**
¡Madre mía!	**Ach du meine Güte!**
¡Vaya!	**Na so was!**
¡Anda!	**Sieh mal einer an!**
¡Basta!	**Schluss damit!, Genug!**
¡Hombre!, ¡Mujer!	**Mensch(enskind)!**

TIPP: Wenn man überrascht oder empört ist, benützt man meist **hombre**, auch in der Anrede zu Frauen und Kindern.

¡Cómo no!	**Aber klar!**
¡Diga!/¡Dígame!	**Hallo!** *(sagt der Angerufene am Telefon)*
¡Hola!, ¡Aló!, ¡Bueno!	**Hallo!** *(am Telefon in Lateinamerika)*
¿De parte de quién?	**Wer ist am Apparat?**
estimado, a	**geehrt**

TIPP: *Zu Beginn eines Briefes heißt es z. B.:* **Estimada Sra. Ramos:**
Bei Freunden schreibt man: **querido, a** *„liebe(r)".*

atentamente   **mit freundlichen Grüßen**

TIPP: *Schlussformel eines Geschäftsbriefes.*

1.1.6   DER MENSCH UND DIE GESELLSCHAFT

1.1.6.1 IDENTIFIZIERUNG

«1–2000»

llamarse *v*   **heißen**
¿Cómo **te llamas**?   Wie heißt du?

el nombre   **Name** *m*
¿Cuál es tu **nombre**?   Wie ist dein Name?

el apellido   **Nachname** *m*
García es un **apellido** muy co-   García ist ein sehr häufiger
rriente en España.   Nachname in Spanien.

TIPP: *In Spanisch sprechenden Ländern trägt man zwei Nachnamen,
und zwar ist der erste vom Vater und der zweite ist der Name der Mutter.*

la edad   **Alter** *n*
¿Qué **edad** tienen sus hijos?   Wie alt sind Ihre Kinder?

el niño, **la niña**   **Kind** *n*; **Junge**, **Mädchen** *m, n*
Tengo dos **niños**: la mayor tiene   Ich habe zwei Kinder. Die Ältere
nueve años y el pequeño, seis.   ist neun Jahre alt und der Kleine
                                         ist sechs.

el bebé   **Baby** *n*
El **bebé** ha llorado toda la no-   Das Baby hat die ganze Nacht
che.   geweint.

el chico, **la chica**   **Junge**, **Mädchen** *m, n*
En mi instituto hay más **chicas**   An meiner Schule sind mehr
que **chicos**.   Mädchen als Jungen.

la **mujer** *ant:* hombre	**Frau** *f*
En mi departamento hay más hombres que **mujeres**.	In meiner Abteilung sind mehr Männer als Frauen.

el **hombre** *ant:* mujer	**Mann** *m*
Mucha gente opina que los mejores cocineros son **hombres**.	Viele sind der Ansicht, dass Männer die besseren Köche sind.

la **persona**	**Person** *m*
En este ascensor sólo caben dos **personas**.	In diesen Aufzug passen nur zwei Personen.

«2001–4000»

la **identidad**	**Identität** *f*
La policía acaba de dar a conocer la **identidad** del asesino.	Die Polizei hat gerade erst die Identität des Täters bekannt gegeben.

el **ser humano**	**Mensch** *m*, **menschliches Wesen**
El **ser humano** no puede vivir sin aire.	Der Mensch kann ohne Luft nicht leben.

la **raza**	**Rasse** *f*
No hay que discriminar a las personas de otras **razas**.	Menschen anderer Rassen darf man nicht diskriminieren.

el **sexo**	**Geschlecht** *n*
Hoy en día se puede conocer el **sexo** de un niño antes del nacimiento.	Heutzutage kann man das Geschlecht eines Kindes vor der Geburt bestimmen.

1.1.6.2 *FAMILIE*

«1–2000»

la **familia**	**Familie** *f*
Para celebrar el cumpleaños de mi abuelo nos reuniremos toda la **familia**.	Zur Geburtstagsfeier meines Großvaters wird die ganze Familie zusammenkommen.

el, la **familiar**	**Verwandte(r)** *f(m)*
Al entierro asistieron **familiares** y amigos.	Am Begräbnis nahmen Verwandte und Freunde teil.

el padre
Mi **padre** me enseñó a pescar cuando yo tenía once años.

Vater *m*
Mein Vater zeigte mir, wie man angelt, als ich elf war.

TIPP: **papá** *sagt man in der Familie.* **padres** *bedeutet „Eltern" und „Väter".*

la madre
Esta mañana he ido de compras con mi **madre**.

Mutter *f*
Heute früh bin ich mit meiner Mutter einkaufen gegangen.

TIPP: **mamá** *sagt man in der Familie.*

el hijo, la hija
Mis **hijos** me ayudan mucho en las tareas de la casa.

Sohn, Tochter *m, f*
Meine Kinder helfen mir sehr bei den Hausarbeiten.

TIPP: **hijos** *bedeutet „Kinder" und „Söhne".*

el hermano, la hermana
Tengo un **hermano** mayor.

Bruder, Schwester *m, f*
Ich habe einen älteren Bruder.

TIPP: **hermanos** *bedeutet „Brüder" und „Geschwister".*

el tío, la tía
Pasaremos las vacaciones en casa de mis **tíos**.

Onkel, Tante *m, f*
Wir werden die Ferien bei meinem Onkel und meiner Tante verbringen.

TIPP: **tíos** *bedeutet auch „Onkel und Tante(n)".*

el sobrino, la sobrina
Sólo tengo un **sobrino**: el hijo de mi hermana.

Neffe, Nichte *m, f*
Ich habe nur einen Neffen, den Sohn meiner Schwester.

TIPP: **sobrinos** *bedeutet auch „Neffen und Nichten".*

el primo, la prima
Mis **primos** del pueblo vendrán a Barcelona este verano. ¡Qué ganas tengo de verlos!

Vetter, Kusine *m, f*
Meine Vettern und Kusinen vom Land kommen im Sommer nach Barcelona. Ich freue mich sehr darauf, sie wiederzusehen.

TIPP: **primos** *bedeutet auch „Vettern und Kusinen".*

el abuelo, la abuela
¿Es verdad que tu **abuelo** murió en la Guerra Civil?

Großvater, Großmutter *m, f*
Stimmt es, dass dein Großvater im Bürgerkrieg fiel?

TIPP: **abuelos** *bedeutet „Großväter" und „Großeltern".*

el nieto, la **nieta**
Al abuelo le encanta ir al circo con sus **nietos**.

Enkel(in) *m(f)*
Großvater geht sehr gern mit seinen Enkeln in den Zirkus.

*TIPP: **nietos** bedeutet auch „Enkelkinder".*

casado, a *adj*
Todas mis hijas están **casadas**, menos la pequeña.

verheiratet
Alle meine Töchter sind verheiratet bis auf die Jüngste.

soltero, a *adj*
Unos días antes de la boda celebraremos la despedida de **soltero** de José Luis.

ledig
Ein paar Tage vor der Hochzeit werden wir José Luis' Abschied vom Junggesellendasein feiern.

el marido *syn:* esposo, *ant:* mujer, esposa
El **marido** de Sofía es mucho mayor que ella.

(Ehe)mann *m*

Der Mann von Sofía ist viel älter als sie.

«2001–4000»

el, la pariente
En este pueblo todos somos **parientes**.

Verwandte(r) *f(m)*
Hier im Dorf sind wir alle miteinander verwandt.

el esposo, la **esposa** *syn:* marido, mujer
Muchos saludos a su **esposa**.

Ehemann, Ehefrau *m, f*

Viele Grüße an Ihre Frau.

la pareja
Inés y Fernando hacen muy buena **pareja**.

Paar *n*
Inés und Fernando geben ein gutes Paar ab.

el novio, la **novia**

El padre de mi **novia** es cirujano.
El **novio** llegó a la iglesia con media hora de retraso.

fester Freund, feste Freundin; Bräutigam, Braut *m, f*
Der Vater meiner Freundin ist Chirurg.
Der Bräutigam kam eine halbe Stunde zu spät zur Kirche.

*TIPP: Für „feste(r) Freund(in)" benützt man nicht **amigo/a**. **los novios** bedeutet auch „Brautpaar".*

el suegro, la **suegra**	**Schwiegervater, Schwieger-mutter** *m, f*
De momento estamos viviendo en casa de mis **suegros**, hasta que encontremos piso.	Bis wir eine Wohnung gefunden haben, wohnen wir bei meinen Schwiegereltern.

TIPP: suegros bedeutet auch „Schwiegereltern".

la **nuera**	**Schwiegertochter** *f*
Mi hijo y mi **nuera** se van de viaje y me han pedido que cuide de los niños.	Mein Sohn und meine Schwiegertochter verreisen, und da haben sie mich gebeten, auf die Kinder aufzupassen.

el **yerno**	**Schwiegersohn** *m*
A mi **yerno** le queremos como a un hijo.	Wir lieben unseren Schwiegersohn wie unseren eigenen Sohn.

el **cuñado**, la **cuñada**	**Schwager, Schwägerin** *m, f*
No me digas que viene la pesada de tu **cuñada**.	Erzähl mir bloß nicht, dass deine nervige Schwägerin kommt.

el **bisabuelo**, la **bisabuela**	**Urgroßvater, Urgroßmutter** *m, f*
→ *abuelo S. 109*	

el **bisnieto**, la **bisnieta**	**Urenkel(in)** *m(f)*
→ *nieto S. 110*	

gemelo, a *adj*	**Zwillings-**
Mi hermana **gemela** canta mejor que yo.	Meine Zwillingsschwester singt besser als ich.

TIPP: Wird auch als Substantiv gebraucht.

viudo, a *adj*	**verwitwet**
Desde que se quedó **viuda** casi nunca sale de casa.	Seit sie Witwe geworden ist, geht sie fast nie mehr aus.

TIPP: viudo, a, separado, a und divorciado, a werden auch substantivisch gebraucht.

separado, a *adj*	**getrennt**
El nuevo vecino está **separado** y tiene tres hijos.	Der neue Nachbar lebt getrennt und hat drei Kinder.

divorciado, a *adj*	**geschieden**
Mis padres están **divorciados**.	Mein Eltern sind geschieden.

heredar *v*
Tengo mucho cariño a esta pulsera; la **heredé** de mi abuela.

erben
Ich hänge sehr an diesem Arm-
band. Ich habe es von meiner
Großmutter geerbt.

1.1.6.3 *SOZIALE BINDUNGEN*

«1–2000»

la gente
Hoy había mucha **gente** en el
mercado.

Menschen *pl*
Auf dem Markt waren heute viele Menschen.

TIPP: Achtung! **gente** *wird im Spanischen im Singular benutzt.*

la sociedad
Odio la **sociedad** de consumo.

Gesellschaft *f*
Ich hasse die Konsumgesellschaft.

el vecino, **la vecina**
Ve a pedirle a la **vecina** un poco
de harina. Se me ha terminado.

Nachbar(in) *m(f)*
Geh bitte zur Nachbarin und bitte sie um ein bisschen Mehl. Ich
habe keines mehr.

el amigo, **la amiga**
Julia y yo somos muy buenas
amigas.
Carlos es **amigo** nuestro.
→ *novio, novia S. 110*

Freund(in) *m(f)*
Julia und ich sind sehr gute
Freundinnen.
Carlos ist unser Freund.

las amistades

Entre nuestras **amistades** hay
muchos maestros.
Estas vacaciones he hecho nue-
vas **amistades**.

Freundeskreis *m;* **Bekannt-
schaft** *f*
In unserem Freundeskreis gibt
es viele Lehrer.
In diesem Urlaub habe ich neue
Bekanntschaften gemacht.

el conocido, **la conocida**
En la piscina me he encontrado
con unos **conocidos**.

Bekannte(r) *f(m)*
Im Schwimmbad habe ich mich
mit Bekannten getroffen.

el desconocido, **la descono-
cida**
¿Cuántas veces te he dicho que
no hables con **desconocidos**?

Fremde(r) *f(m)*

Wie oft habe ich dir gesagt, du
sollst nicht mit Fremden reden?

privado, a *adj*
Este es un club **privado**, y para entrar hay que tener carnet de socio.

privat
Dies ist ein Privatklub. Man braucht einen Mitgliedsausweis, um hineinzukommen.

«2001–4000»

la amistad
Te prometo que entre ella y yo sólo hay **amistad**.

Freundschaft *f*
Ich verspreche dir, dass sie und ich eine rein freundschaftliche Beziehung haben.

la compañía
¿Quieres que te haga **compañía** mientras tu marido está de viaje?

Gesellschaft *f*
Möchtest du, dass ich dir Gesellschaft leiste, während dein Mann auf Geschäftsreise ist?

la comunidad
En Andalucía hay una importante **comunidad** islámica.

Gemeinde *f*
In Andalusien gibt es eine bedeutende islamische Gemeinde.

común *adj* ⚠ *pl* **comunes**
Andrés y yo nos conocimos a través de unos amigos **comunes**.

gemeinsam
Andrés und ich habe uns über gemeinsame Freunde kennen gelernt.

colectivo, a *adj*

En nuestro edificio han instalado una antena **colectiva**.

Gemeinschafts-, gemeinschaftlich
An unserem Haus wurde eine Gemeinschaftsantenne angebracht.

el, la colega
En el congreso me encontré con varios **colegas**.

Kollege, Kollegin *m, f*
Auf dem Kongress habe ich mehrere Kollegen und Kolleginnen getroffen.

el compañero, la **compañera**
María, he invitado a cenar al jefe y a dos **compañeros** de trabajo.

Kollege, Kollegin *m, f*
María, ich habe meinen Chef und zwei Arbeitskollegen zum Abendessen eingeladen.

el, la miembro
Miguel Delibes es **miembro** de la Real Academia Española.

Mitglied *n*
Miguel Delibes ist Mitglied der Real Academia Española.

el club ⚠ *pl* **los club(e)s**
Somos socios de un **club** de tenis.

Verein *m*
Wir sind Mitglieder im Tennisklub.

1.1.6.4   BERUFE

«1–2000»

trabajar *v*	**arbeiten**
El jefe nos ha pedido que vayamos a **trabajar** este fin de semana.	Der Chef hat uns darum gebeten, dass wir dieses Wochenende arbeiten.
el trabajo	**Arbeit** *f*
Mi **trabajo** me gusta mucho.	Meine Arbeit gefällt mir sehr.
el, la representante	**Vertreter(in)** *m(f)*
Los **representantes** viajan muy a menudo.	Vertreter reisen sehr viel.
el dependiente, **la dependienta**	**Verkäufer(in)** *m(f)*
La **dependienta** de esta boutique nos ha atendido muy bien.	Die Verkäuferin in dieser Boutique hat uns sehr gut beraten.
el panadero, **la panadera**	**Bäcker(in)** *m(f)*
Los **panaderos** trabajan por la noche.	Bäcker arbeiten nachts.
el cocinero, **la cocinera**	**Koch, Köchin** *m, f*
El restaurante "Mejías" busca un nuevo **cocinero**.	Das Restaurant „Mejías" sucht einen neuen Koch.
el ingeniero, **la ingeniera**	**Ingenieur(in)** *m(f)*
Los **ingenieros** decidirán si el puente se puede reparar.	Die Ingenieure werden entscheiden, ob man die Brücke reparieren kann oder nicht.
el mecánico, **la mecánica**	**Mechaniker(in)** *m(f)*
Tendré que llevar el coche al **mecánico**.	Ich werde das Auto zum Mechaniker bringen müssen.
el peluquero, **la peluquera**	**Friseur(in)** *m(f)*
Mi amiga Gema trabaja de **peluquera** en televisión.	Meine Freundin Gema arbeitet als Friseurin beim Fernsehen.
el, la periodista	**Journalist(in)** *m(f)*
El ministro respondió a las preguntas de los **periodistas**. → *artista TIPP S. 179*	Der Minister antwortete auf die Fragen der Journalisten.
el secretario, **la secretaria**	**Sekretär(in)** *m(f)*
Mi **secretaria** le llamará para informarle sobre la fecha de la reunión.	Meine Sekretärin wird Sie anrufen und Ihnen den Termin der Besprechung mitteilen.

la **profesión** ⚠ *pl* **las profesio-**
nes
Una de las **profesiones** mejor
pagadas es la de programador
informático.

Beruf *m*

Programmierer ist einer der
bestbezahlten Berufe.

el, la **profesional**
Prefiero que esto lo repare un
profesional.

Fachmann, Fachfrau *m, f*
Ich möchte lieber, dass das ein
Fachmann repariert.

TIPP: profesional wird auch als Adjektiv gebraucht.

el, la **especialista**
La empresa SEAT busca **espe-**
cialistas en informática.

Spezialist(in) *m(f)*
Die Firma SEAT sucht Informa-
tikspezialisten.

«2001–4000»

el **ejecutivo**, la **ejecutiva**
Desde que tiene un puesto de
ejecutiva, Lorena sólo viaja en
primera clase.

Manager(in) *m(f)*
Seit sie im Management ist, reist
Lorena nur erster Klasse.

el **ama de casa** *f* ⚠ *pl* **las amas**
¡Qué duro es el trabajo del **ama**
de casa! → *alma TIPP S. 205*

Hausfrau *f*
Hausfrauenarbeit ist anstren-
gend!

el **campesino**, la **campesina**
Pobres **campesinos**, este año
la cosecha ha sido muy mala.

Bauer, Bäuerin *m, f*
Arme Bauern; dieses Jahr ist die
Ernte sehr schlecht gewesen.

el, la **electricista**
Para cambiar una bombilla no
hace falta que llames al **electri-**
cista. → *artista TIPP S. 179*

Elektriker(in) *m(f)*
Nur um eine Birne auszuwech-
seln, brauchst du doch nicht den
Elektriker kommen lassen.

el **fontanero**, la **fontanera**
Tuvimos que llamar al **fontane-**
ro porque la tubería del agua estaba rota.

Klempner(in) *m(f)*
Wir mussten den Klempner kommen lassen, weil das Wasser-
rohr kaputt war.

el **sastre**, la **sastra**
El **sastre** me ha hecho un traje
nuevo.

Schneider(in) *m(f)*
Der Schneider hat mir einen
neuen Anzug gemacht.

el **modisto**, la **modista**
Verino es mi **modisto** favorito.

Modedesigner(in) *m(f)*
Verino ist mein Lieblingsmode-
designer.

TIPP: Man sagt auch el modista.

el **farmacéutico**, la **farma-céutica**	**Apotheker(in)** *m(f)*
En caso de duda, consulte a su **farmacéutico**.	Im Zweifelsfall fragen Sie Ihren Apotheker.
el, la **intérprete**	**Dolmetscher(in)** *m(f)*
Necesitamos un **intérprete** de ruso.	Wir brauchen einen Russisch-dolmetscher.
el, la **bombero**	**Feuerwehrmann, Feuerwehr-frau** *m, f*
El **bombero** encontró a dos niños que aún estaban con vida.	Der Feuerwehrmann fand zwei Kinder, die noch am Leben waren.

TIPP: los bomberos *ist die Feuerwehr. Die Form* **la bombera** *wird selten benützt.*

el **zapatero**, la **zapatera**	**Schuster(in)** *m(f)*
He llevado tus botas al **zapatero**.	Ich habe deine Stiefel zum Schuster gebracht.
el **carpintero**, la **carpintera**	**Schreiner(in)** *m(f)*
El **carpintero** me ha hecho un armario muy práctico.	Der Schreiner hat mir einen äußerst praktischen Schrank gemacht.
el **carnicero**, la **carnicera**	**Fleischer(in)** *m(f)*
Este **carnicero** vende las mejores salchichas de todo el barrio.	Dieser Fleischer verkauft die besten Würstchen im ganzen Viertel.

dedicarse *v* ⚠ dedique, dedi-qué	**tätig sein**
Me dedico a la enseñanza desde 1985.	Ich bin seit 1985 im Lehramt tätig.
el **oficio**	**Handwerk** *n*
Mi padre aprendió el **oficio** de zapatero.	Mein Vater erlernte das Schusterhandwerk.
el **título**	**Titel** *m*
Me quiero sacar el **título** de profesor de idiomas.	Ich möchte einen Abschluss als Sprachenlehrer machen.
laboral *adj*	**Arbeits-**
Han cambiado las leyes sobre contratos **laborales**.	Die Gesetze bezüglich Arbeitsverträgen wurden geändert.

1.1.6.5   SOZIALE SITUATION

«1–2000»

pobre *adj ant:* rico
En nuestro viaje también visitamos los barrios **pobres** de la ciudad.

arm
Auf unserer Reise haben wir auch die Elendsviertel der Stadt gesehen.

---

rico, a *adj ant:* pobre
Yolanda sueña con ser **rica** algún día.

reich
Yolanda träumt davon, eines Tages reich zu sein.

---

libre *adj*
Eres **libre** de pensar lo que quieras.
Mañana es mi día **libre**, y pienso salir a pescar.

frei
Es steht dir frei zu denken, was du willst.
Morgen ist mein freier Tag, und ich habe vor, angeln zu gehen.

---

el **dueño**, la **dueña**
¿Puedo hablar con el **dueño** del bar?

Inhaber(in) *m(f)*
Kann ich den Inhaber des Lokals sprechen?

---

el **jefe**, la **jefa**
El **jefe** está reunido. ¿Quiere dejar algún recado?

Chef(in) *m(f)*
Der Chef hat eine Besprechung. Möchten Sie eine Nachricht hinterlassen?

«2001–4000»

el **derecho**
En muchos países no se respetan los **derechos** humanos.

Recht *n*
In vielen Ländern werden die Menschenrechte nicht respektiert.

---

el **ciudadano**, la **ciudadana**
El alcalde es elegido por los **ciudadanos**.

Bürger(in) *m(f)*
Der Bürgermeister wird von den Bürgern gewählt.

---

el **mendigo**, la **mendiga**
En esta calle siempre hay **mendigos** pidiendo dinero.

Bettler(in) *m(f)*
In dieser Straße sind ständig Bettler, die um Geld bitten.

---

poderoso, a *adj*
El presidente del Banco Central es una de las personas más **poderosas** del país.

mächtig
Der Präsident der Zentralbank ist eine der mächtigsten Personen des Landes.

la **posición** ⚠ *pl* **las posicio-nes**
Nicolás ha alcanzado una buena **posición** en la empresa.

Position *f*
Nicolás hat in seiner Firma eine gute Position erreicht.

la **categoría**
Para celebrar la boda fuimos a un restaurante de primera **categoría**.

Kategorie *f*
Zur Hochzeitsfeier waren wir in einem erstklassigen Restaurant.

1.1.6.6   SOZIALES VERHALTEN

«1–2000»

social *adj*

Uno de los principales problemas **sociales** es el paro.

Gesellschafts-,   gesellschaftlich, sozial
Arbeitslosigkeit ist eines der wesentlichen Probleme in unserer Gesellschaft.

la **tradición** ⚠ *pl* **las tradiciones**
En muchos hogares españoles es **tradición** comer paella los domingos.

Tradition *f*

In vielen spanischen Familien ist es Tradition, sonntags Paella zu essen.

tradicional *adj*
El vestido de novia **tradicional** es de color blanco.

traditionell
Das traditionelle Brautkleid ist weiß.

quedar *v*
He quedado con Carmen esta noche a las nueve para ir al teatro.

sich verabreden
Ich bin heute Abend um neun mit Carmen verabredet, um ins Theater zu gehen.

encontrarse *v* ⚠ *irr* 7
Ayer **me encontré** a tu hermano en el supermercado.
La empresa **se encuentra** en una etapa de crisis.

treffen; sich befinden
Gestern traf ich deinen Bruder im Supermarkt.
Die Firma befindet sich in einer Krise.

la **reunión** ⚠ *pl* **las reuniones**
El lunes por la tarde tenemos una **reunión** de vecinos.

Treffen *n;* Versammlung *f*
Am Montag Nachmittag haben wir ein Nachbarschaftstreffen.

reunirse *v*
¿Os parece bien que **nos reunamos** en mi casa?

sich treffen, sich versammeln
Was haltet ihr davon, wenn wir uns bei mir treffen?

la cita
¡No te olvides de nuestra **cita**!

Verabredung *f*
Vergiss unsere Verabredung nicht!

la invitación ⚠ *pl* **las invitaciones**
¿Has mandado ya las **invitaciones** de boda?

Einladung *f*

Hast du schon die Hochzeitseinladungen verschickt?

invitar *v*
Te **invito** a un helado.

einladen
Ich lade dich zu einem Eis ein.

el invitado, la invitada
En casa tenemos una habitación para los **invitados**.

Gast *m*
Wir haben zu Hause ein Gästezimmer.

visitar *v*
En mayo me gustaría **visitar** Granada.
Ayer **visitamos** a la abuela.

besichtigen; besuchen
Im Mai würde ich mir gern Granada ansehen.
Gestern besuchten wir Großmutter.

la visita
Por la mañana haremos una **visita** al museo.
No sabía que tenías **visita**, si quieres vengo más tarde.

Besichtigung *f;* **Besuch** *m*
Vormittags werden wir ins Museum gehen.
Ich wusste nicht, dass du Besuch hast. Wenn du willst, komme ich später wieder.

la fiesta
La **fiesta** de cumpleaños acabó de madrugada.

Fest *n*
Das Geburtstagsfest ging bis in den frühen Morgen.

el regalo
¿Puedo abrir ya mi **regalo**?

Geschenk *n*
Kann ich mein Geschenk schon aufmachen?

«2001–4000»

el contacto
Seguiremos en **contacto**.

Kontakt *m*
Wir werden in Kontakt bleiben.

la relación ⚠ *pl* **las relaciones**
Santi y yo tenemos muy buena **relación**.

Beziehung *f*
Santi und ich haben eine sehr gute Beziehung.

participar en *v*
Clara y yo vamos a **participar en** un debate de televisión.

teilnehmen an
Clara und ich werden an einer Fernsehdiskussion teilnehmen.

asistir a *v*
Siento mucho no poder **asistir a** su conferencia.

teilnehmen an
Ich bedaure sehr, an Ihrer Konferenz nicht teilnehmen zu können.

el encuentro
No pude asistir al **encuentro**.

Treffen *n*
Ich konnte an dem Treffen nicht teilnehmen.

acompañar *v*
Te **acompaño** a la estación.

begleiten
Ich begleite dich zum Bahnhof.

agradecer *v* ⚠ *irr* 5
Estimado Sr. Gómez: Le **agradecemos** su carta del 24 de octubre.

danken für
Sehr geehrter Herr Gómez, wir danken Ihnen für Ihr Schreiben vom 24. Oktober.

bienvenido, a *adj*
¡**Bienvenido** a casa! Te hemos echado mucho de menos.

willkommen
Willkommen zu Hause! Wir haben dich sehr vermisst.

saludar *v*
Saluda a Patricia de mi parte.

grüßen
Grüß Patricia von mir.

el saludo
Muchos **saludos** de parte de mi madre.

Gruß *m*
Viele Grüße von meiner Mutter.

presentar *v*
Le **presento** al Sr. Vega.
— Encantado de conocerle.

vorstellen
Darf ich Ihnen Herrn Vega vorstellen? — Sehr erfreut, Sie kennen zu lernen.

despedirse *v* ⚠ *irr* 21
Vendré a **despedirme** de vosotros antes de irme.

sich verabschieden
Ich werde mich von euch verabschieden, bevor ich abreise.

la despedida
Todas las **despedidas** son tristes.

Abschied *m*
Jeder Abschied ist traurig.

el beso
Dale un **beso** a la abuela de mi parte.

Kuss *m*
Gib Großmutter einen Kuss von mir.

el abrazo
Nos despedimos dándonos un **abrazo**.

Umarmung *f*
Wir umarmen uns zum Abschied.

felicitar *v*
Voy a **felicitar** a Rafael; hoy es su cumpleaños.

gratulieren
Ich möchte Rafael gratulieren. Er hat heute Geburtstag.

celebrar *v*
Mañana **celebro** mi cumpleaños.

feiern
Morgen feiere ich meinen Geburtstag.

cumplir *v*
Tienes que **cumplir** con tu deber.

erfüllen
Du musst deine Pflicht erfüllen.

llevarse bien/mal *v*
Rosa María y yo siempre **nos hemos llevado** muy **bien**.

sich gut/schlecht vertragen
Rosa María und ich haben uns immer sehr gut vertragen.

entenderse *v* ⚠ *irr* 23
Ella habla en catalán y yo en castellano, pero **nos entendemos**.

sich verstehen
Sie spricht Katalanisch und ich Kastilisch, aber wir verstehen uns.

casarse *v*
Hoy hace 15 años que **nos casamos**.

heiraten
Heute vor 15 Jahren haben wir geheiratet.

el matrimonio
Somos un **matrimonio** feliz.

Ehepaar *n*
Wir sind ein glückliches Ehepaar.

la boda
Nos han invitado a la **boda** de mi prima.

Hochzeit *f*
Wir sind zur Hochzeit meiner Kusine eingeladen.

separarse *v*
Clara **se** quiere **separar** de su marido.

sich trennen
Clara möchte sich von ihrem Mann trennen.

divorciarse *v*
Después de 26 años de matrimonio, Daniel y Sara han decidido **divorciarse**.

sich scheiden lassen
Nach 26 Ehejahren haben Daniel und Sara beschlossen, sich scheiden zu lassen.

la amabilidad
¿Tendría la **amabilidad** de ayudarme a cruzar la calle?

Freundlichkeit *f*
Wären Sie so freundlich, mir über die Straße zu helfen?

la actitud
Si no cambias de **actitud**, tendrás que marcharte de la empresa.

Einstellung *f*
Wenn du deine Einstellung nicht änderst, wirst du die Firma verlassen müssen.

contar con *v* ⚠ *irr 7*
Sé que puedo **contar contigo**.

zählen auf, rechnen mit
Ich weiß, dass ich mich auf dich verlassen kann.

atento, a *adj*
El personal de este hotel es muy **atento** con los clientes.

aufmerksam
Das Hotelpersonal hier ist sehr aufmerksam gegenüber den Gästen.

formal *adj ant:* informal
Mi jefe es un señor muy **formal**.

korrekt
Mein Chef ist ein sehr korrekter Mensch.

la excusa
Tus **excusas** son ridículas.

Ausrede *f*
Deine Ausreden sind lächerlich.

reaccionar *v*
No esperaba que **reaccionaras** así.

reagieren
Ich habe nicht erwartet, dass du so reagierst.

tolerante *adj*
Tendrías que ser más **tolerante** con tus hijos.

tolerant
Du solltest deinen Kindern gegenüber toleranter sein.

tratar de tú/usted *v*
Mi jefe me **trata de usted**.

duzen/siezen
Mein Chef siezt mich.

TIPP: *Man sagt auch* **tutear** *für „duzen".*

1.1.7   SCHICKSAL UND ZUFALL

«1–2000»

pasar *v syn:* ocurrir, suceder
¿Por qué lloras? ¿Qué **ha pasado**?

passieren, geschehen
Warum weinst du? Was ist passiert?

ocurrir *v syn:* pasar, suceder
Vámonos de aquí antes de que **ocurra** alguna desgracia.

passieren
Gehen wir lieber weg von hier, bevor noch etwas Schlimmes passiert.

la **casualidad**
¡Qué **casualidad**! Ahora mismo
te iba a llamar.
¿Sabe Ud. por **casualidad** qué
autobús pasa por aquí?

Zufall *m*
So ein Zufall! Ich wollte dich gerade anrufen!
Wissen Sie zufällig, welcher Bus
hier fährt?

la **suerte** *ant:* mala suerte
Hemos tenido un accidente, pero por **suerte** no nos ha pasado
nada.

Glück *n*
Wir haben einen Unfall gehabt,
aber zum Glück ist uns nichts
passiert.

salvar *v*
El cinturón de seguridad me **ha
salvado** la vida.

retten
Der Sicherheitsgurt hat mir das
Leben gerettet.

el **problema**
Este **problema** tiene difícil solución.

Problem *n*
Die Lösung dieses Problems ist
schwierig.

el **peligro**
El enfermo está fuera de **peligro**.

Gefahr *f*
Der Kranke ist außer Lebensge-
fahr.

peligroso, a *adj*
¡Cuidado! Esta curva es **peli-
grosa**.

gefährlich
Vorsicht! Diese Kurve ist gefährlich.

la **desgracia**
Ha ocurrido una **desgracia**: el
perro se ha tragado las llaves
del coche.

Unglück *n*
Es ist etwas Schreckliches passiert. Der Hund hat die Auto-
schlüssel verschluckt.

grave *adj*
El accidente no ha sido **grave**.

schlimm
Der Unfall war nicht schlimm.

«2001–4000»

la **situación** ⚠ *pl* **las situaciones**
Hay que mantener la calma en
las **situaciones** críticas.

Situation *f*

In kritischen Situationen muss
man Ruhe bewahren.

el **estado**
Yo nunca compraría una casa
en tan mal **estado**.

Me preocupa tu **estado** de salud.

Zustand *m*
Ich würde nie ein Haus in so ei-
nem schlechten Zustand kau-
fen.
Ich mache mir Sorgen um deine
Gesundheit.

la **posibilidad**	**Möglichkeit** *f*
¿Existe la **posibilidad** de cambiar las fechas de vuelo?	Besteht die Möglichkeit, die Flugtermine zu ändern?
la **oportunidad**	**Gelegenheit** *f*
Tenemos que aprovechar esta excelente **oportunidad**.	Wir müssen diese hervorragende Gelegenheit nutzen.
la **necesidad**	**Notwendigkeit** *f*
Diego no ve la **necesidad** de aprender idiomas.	Diego sieht keine Notwendigkeit, Sprachen zu lernen.
suceder *v syn:* pasar, ocurrir	**vorfallen**
Cuéntame lo que **ha sucedido**.	Erzähl mir, was vorgefallen ist.
el **caso**	**Fall**
Este es un **caso** muy complicado.	Das ist ein sehr schwieriger Fall.
el **acontecimiento**	**Ereignis** *n*
El concierto de los Rolling Stones fue todo un **acontecimiento**.	Das Konzert der Rolling Stones war ein einmaliges Ereignis.
el **destino**	**Schicksal** *n*
¿Crees en el **destino**?	Glaubst du an Schicksal?
misterioso, a *adj*	**rätselhaft**
Últimamente han desaparecido personas de forma **misteriosa**.	In letzter Zeit sind Menschen auf rätselhafte Weise verschwunden.
la **aventura**	**Abenteuer** *n*
Cruzar el desierto a pie es toda una **aventura**.	Die Wüste zu Fuß zu durchqueren ist wirklich ein Abenteuer.
el **riesgo**	**Risiko** *n*
El **riesgo** de incendio en el bosque es mayor en verano.	Das Risiko eines Waldbrandes ist im Sommer größer.
secuestrar *v*	**entführen**
El grupo terrorista **ha secuestrado** a un funcionario.	Die terroristische Gruppe hat einen Staatsbeamten entführt.
el **rescate**	**Rettung** *f*
Los equipos de **rescate** están buscando a los excursionistas desaparecidos.	Die Rettungsmannschaften sind auf der Suche nach den verschollenen Wanderern.
la **ventaja** *ant:* desventaja	**Vorteil** *m*
Tener el trabajo cerca de casa es una gran **ventaja**.	Es ist ein großer Vorteil, den Arbeitsplatz in der Nähe der Wohnung zu haben.

afortunadamente *adv ant:* desgraciadamente
Era una operación complicada, pero **afortunadamente** todo ha ido bien.

glücklicherweise

Es war eine schwierige Operation, aber glücklicherweise ist alles gut gegangen.

desgraciadamente *adv ant:* afortunadamente
Desgraciadamente no pudimos ayudar a esa pobre gente.

leider, unglücklicherweise

Leider konnten wir diesen armen Menschen nicht helfen.

la **dificultad**
Luis está teniendo muchas **dificultades** para sacarse el permiso de conducir.

Schwierigkeit *f*
Luis hat große Schwierigkeiten, den Führerschein zu bekommen.

fatal *adj*
He pasado una noche **fatal**.

schrecklich
Ich habe eine schreckliche Nacht verbracht.

el **golpe**
Sé que fue un **golpe** muy duro que tus padres se separaran.

Schlag *m*
Ich weiß, es war ein sehr schwerer Schlag für dich, dass deine Eltern sich getrennt haben.

el **daño**
El incendio sólo causó **daños** materiales.

Schaden *m*
Der Brand verursachte nur Sachschaden.

destruir *v* ⚠ **destruyo, destruya, destruyendo**
El fuego **destruyó** la fábrica por completo.

zerstören

Das Feuer zerstörte die Fabrik völlig.

la **explosión** ⚠ *pl* las **explosiones**
Hoy se ha producido una **explosión** de gas en el edificio de enfrente.

Explosion *f*

In dem Gebäude gegenüber hat es heute eine Gasexplosion gegeben.

explotar *v*
Por suerte la bomba no **explotó**.

explodieren
Zum Glück explodierte die Bombe nicht.

quemarse *v*
El bosque **se ha quemado**.
Me he quemado la mano.

(ab)brennen; sich verbrennen
Der Wald ist abgebrannt.
Ich habe mir die Hand verbrannt.

1.2 Alltagswelt

1.2.1 DER MENSCH UND SEIN ZUHAUSE

1.2.1.1 HAUS UND WOHNUNG

«1–2000»

la casa
¿Cuánto costará una **casa** pequeña con jardín?
¡Hemos llegado a **casa**!

Haus *n*
Wie viel wird wohl ein kleines Haus mit Garten kosten?
Wir sind zu Hause angekommen!

---

el piso
Estamos buscando un **piso** de alquiler.
¿En qué **piso** (⚠ *auch:* **planta**) vives? — En el segundo.

Wohnung *f;* **Stockwerk** *n*
Wir suchen gerade eine Mietwohnung.
In welchem Stock wohnst du? — Im zweiten.

> **TIPP:** *In Spanien stehen die Namen der Mietparteien nicht an den Klingeln. Man liest nur die Angabe des Stockwerks wie* **4º 1ª (cuarto piso, primera puerta)** *vierter Stock, erste Tür oder* **4º dcha./izda. (cuarto piso derecha/izquierda)** *vierter Stock rechts/links.*

---

el apartamento
Vamos a alquilar por dos semanas un **apartamento** en la playa.

Appartement *n*
Wir mieten für zwei Wochen ein Appartement am Strand.

---

la habitación *syn:* cuarto ⚠ *pl* **las habitaciones**
¿Cuántas **habitaciones** tiene tu piso?

Zimmer *n*

Wie viele Zimmer hat deine Wohnung?

> **TIPP:** *In einigen Ländern Lateinamerikas sagt man auch* **la pieza**.

---

la sala de estar
Acaban de traer los nuevos muebles para la **sala de estar**.

Wohnzimmer *n*
Gerade wurden die neuen Möbel für das Wohnzimmer gebracht.

---

el dormitorio
Lola está descansando en su **dormitorio**.

Schlafzimmer *n*
Lola ruht sich gerade in ihrem Schlafzimmer aus.

la **cocina**
Miguel está en la **cocina** preparando la comida.

Küche f
Miguel ist in der Küche und macht gerade Essen.

el **baño**
Esta semana limpias tú el **baño**.

Bad(ezimmer) n
Diese Woche putzt du das Bad.

*TIPP: Man kann für das Badezimmer auch **el cuarto de baño** sagen.*

el **lavabo**
¿Dónde puedo lavarme las manos? — Ahí está el **lavabo**.

Waschbecken n; **Toilette** f
Wo kann ich mir die Hände waschen? — Dort ist das Waschbecken.

el **váter**
El **váter** no funciona.

Toilette f
Die Toilette funktioniert nicht.

*TIPP: **váter** wird etwa wie „bater" ausgesprochen. Dabei wird die erste Silbe betont. Man kann auch **el WC** [uβeθe] sagen.*

el **comedor**
Pasa, estamos en el **comedor** haciendo la sobremesa.

Esszimmer n
Komm rein, wir sind im Esszimmer und unterhalten uns noch.

*TIPP: Mit **la sobremesa** wird „gemütliches Zusammensitzen" bezeichnet, das sich oft nach dem Essen noch ergibt, meistens bei einem Nachtischlikör oder Kaffee. Das kann Stunden dauern, weshalb es meistens am Wochenende stattfindet, wenn alle Zeit haben.*

el **pasillo**
El lavabo está al final del **pasillo**.

Gang m
Die Toilette ist am Ende vom Gang.

la **pared**
Podríamos colgar un cuadro en aquella **pared**, ¿qué te parece?

Wand f
Wir könnten doch ein Bild an der Wand da aufhängen, oder was meinst du?

el **suelo**
No pases, el **suelo** todavía está mojado.

Fußboden m
Lauf da nicht durch. Der Fußboden ist noch ganz feucht.

*TIPP: In Lateinamerika sagt man auch **el piso**.*

la **ventana**
¿Puedo cerrar la **ventana**? Es que tengo frío.

Fenster n
Kann ich das Fenster zumachen? Mir ist kalt.

la **puerta**
¿Quién ha dejado la **puerta** abierta?

Tür f
Wer hat die Tür offen gelassen?

la **entrada**	**Flur** *m*, **Eingang** *m*
Colgad los abrigos en la **entrada**.	Hängt eure Mäntel im Flur auf.

la **salida**	**Ausgang** *m*
La **salida** es por allí.	Da ist der Ausgang.

la **escalera**	**Treppe** *f*
Prefiero subir por la **escalera** aunque sean seis pisos.	Ich gehe lieber die Treppe hoch, auch wenn es sechs Stockwerke sind.

el **ascensor**	**Fahrstuhl** *m*
Podemos subir en (⚠ *auch:* **con**) el **ascensor**.	Wir können mit dem Fahrstuhl hochfahren.

el **jardín** ⚠ *pl* **los jardines**	**Garten** *m*
¡Qué envidia! Vuestro **jardín** es precioso.	Beneidenswert! Euer Garten ist traumhaft.

la **terraza**	**Terrasse** *f;* **Balkon** *m*
Desde mi **terraza** se ve toda la ciudad.	Von meinem Balkon sieht man die ganze Stadt.

el **balcón** ⚠ *pl* **los balcones**	**kleiner Balkon**
Hemos puesto flores en el **balcón**.	Wir haben Blumen auf den Balkon gestellt.

el **garaje**	**Garage** *f;* **Parkhaus** *n*
Fernando no se ha ido, su coche está aún en el **garaje**.	Fernando ist noch nicht weg. Sein Auto steht noch in der Garage.

TIPP: *Heute kann man auch* **el parking** *sagen.*

la **calefacción**	**Heizung** *f*
Si tenéis frío, podemos encender (⚠ *auch:* **poner**) la **calefacción**.	Wenn ihr friert, können wir die Heizung anmachen.

«2001–4000»

el **hogar**	**Heim** *n*
No hay nada como el propio **hogar**.	Es geht nichts über ein eigenes Heim.

la **vivienda**	**Wohnung** *f*
Aquí están construyendo más **viviendas**.	Hier werden noch mehr Wohnungen gebaut.

el **chalé** ⚠ *pl* **los chalés**
Hemos heredado un **chalé** y cuatro pisos.

(Ferien)haus *n*
Wir haben ein Ferienhaus und vier Wohnungen geerbt.

TIPP: *Man kann auch* **chalet** *(pl* **los chalets***) schreiben.*

---

construir *v* ⚠ *irr* 6
Cerca de aquí **están constru-yendo** unos grandes almacenes.

bauen
Hier ganz in der Nähe wird gerade ein großer Kaufhauskomplex gebaut.

---

la **reforma**
El teatro está cerrado por **reformas**.

Umbau *m*
Das Theater ist wegen Umbaus geschlossen.

---

el **bloque**
Yo vivo en aquel **bloque**.

(Häuser)block *m*
In dem Block da wohne ich.

---

la **fachada**
La **fachada** de esa casa es sencilla, pero bonita.

Fassade *f*
Die Fassade dieses Hauses ist zwar einfach, aber hübsch.

---

el **tejado**
Mira, aquel gato no quiere bajar del **tejado**.

Dach *n*
Sieh mal, die Katze will nicht vom Dach herunterkommen.

---

el **muro**
El ladrón intentó saltar el **muro**.

Mauer *f*
Der Einbrecher versuchte, über die Mauer zu springen.

---

el **patio**
Los niños están jugando en el **patio**.

Hof *m*
Die Kinder spielen im Hof.

TIPP: *In Spanien gibt es nicht nur offen einsehbare Hinterhöfe, sondern auch von außen nicht sichtbare, wunderschöne Innenhöfe.*

---

el **ático** *ant:* planta baja
Los vecinos del **ático** están haciendo una fiesta.

Dachgeschoss *n*
Die Nachbarn im Dachgeschoss feiern gerade.

---

la **planta baja** *ant:* ático
Los señores Figueroa viven en la **planta baja**.

Erdgeschoss *n*
Familie Figueroa wohnt im Erdgeschoss.

---

el **sótano**
La bodega está en el **sótano**.

Untergeschoss *n;* **Keller** *m*
Der Weinkeller ist im Untergeschoss.

el **cuarto** *syn:* habitación
Susana no quiere salir de su **cuarto**, ¿estará enfadada?

Zimmer *n*
Susana will nicht aus ihrem Zimmer kommen. Ob sie wohl verärgert ist?

el **techo**
Las lámparas que hay colgadas en el **techo** son del siglo XVIII.

Zimmerdecke *f*
Die Deckenlampen sind aus dem 18. Jahrhundert.

la **chimenea**
¡Qué frío! Vamos a encender (fuego en) la **chimenea**.

Kamin *m*
Ist das kalt! Wir machen mal den Kamin an.

las **tareas domésticas**
Planchar y lavar los platos son **tareas domésticas**.

Hausarbeit *f*
Bügeln und Spülen ist Hausarbeit.

mudarse *v*
Nos hemos mudado a las afueras de la ciudad.

umziehen
Wir sind an den Stadtrand gezogen.

la **mudanza**
Mañana haremos la **mudanza**.

Umzug *m*
Morgen machen wir den Umzug.

amueblar *v*
Tenemos que **amueblar** la nueva casa, por eso no nos hemos mudado todavía.

möblieren
Wir müssen das neue Haus noch möblieren. Deshalb sind wir noch nicht umgezogen.

la **decoración** ⚠ *pl* **las decoraciones**
La **decoración** de tu piso es muy original.

Einrichtung *f*

Die Einrichtung in deiner Wohnung ist sehr originell.

la **pintura**
¿De qué color compramos la **pintura** para el cuarto de los niños?

Farbe *f*
Welchen Farbton soll die Farbe haben, die wir für das Kinderzimmer kaufen?

la **cerradura**
Tenemos que cambiar la **cerradura**.

Schloss *n*
Wir müssen das Schloss auswechseln.

el **escalón** ⚠ *pl* **los escalones**
Cuidado con el **escalón**.

Stufe *f*
Vorsicht Stufe!

1.2.1.2 EINRICHTUNG

«1–2000»

el **mueble**
Voy a tirar todos estos **muebles** viejos.

Möbel *n*
Ich werfe all diese alten Möbel raus.

la **mesa**
Sentaos a la **mesa**, en seguida traigo la comida.

Tisch *m*
Setzt euch an den Tisch. Ich komme sofort mit dem Essen.

TIPP: *Beim Imperativ der reflexiven Verben wird das Personalprono-men an die Verbform angehängt. In der 1. Person Plural fällt das* **-s** *der Endung vor dem Personalpronomen aus* **irse: vámonos/vayá-monos**. *In der 2. entfällt das* **-d***, z. B.* **sentarse: sentaos**. *Die einzige aber wichtige Ausnahme ist* **¡idos!** *von* **irse**.

---

la **silla**
Siéntate en esa **silla**.

Stuhl *m*
Setz dich auf diesen Stuhl da.

la **cama**
Tenemos que comprar una **ca-ma** de matrimonio nueva.

Bett *n*
Wir müssen ein neues Doppel-bett kaufen.

el **armario**
Guarda toda la ropa limpia en el **armario**, por favor.

Schrank *m*
Tue bitte die ganze saubere Wä-sche in den Schrank.

cómodo, a *adj syn:* conforta-ble
¡Qué **cómodos** son estos sillo-nes!

bequem

Diese Sessel sind ja bequem!

«2001–4000»

el **asiento**
Por favor, tome **asiento**.

(Sitz)platz *m*
Bitte nehmen Sie Platz!

el **sillón** ⚠ *pl* **los sillones**
En ese **sillón** siempre me siento yo.

Sessel *m*
Auf dem Sessel sitze ich immer.

el **sofá** ⚠ *pl* **los sofás**
Hoy he dormido la siesta en el **sofá**.

Sofa *n*
Heute habe ich mein Mittags-schläfchen auf dem Sofa ge-macht.

la **estantería** ¿Podrías poner estos libros en la **estantería**?	**Regal** *n* Könntest du diese Bücher ins Regal stellen?
la **librería** En este cuarto pondremos la **librería**.	**Bücherschrank** *m* In dieses Zimmer stellen wir den Bücherschrank.
el **escritorio** Ahí están las cartas, encima del **escritorio**.	**Schreibtisch** *m* Die Briefe sind da, auf dem Schreibtisch!
el **cajón** ⚠ *pl* **los cajones** Abre aquel **cajón** y saca las llaves del coche.	**Schublade** *f* Mach die Schublade da auf, und nimm die Autoschlüssel heraus.

la **cocina** Prefiero las **cocinas** eléctricas que las de gas.	**Herd** *m* Elektroherde finde ich besser als Gasherde.
el **horno** Deja el pollo en el **horno** diez minutos más.	**Backofen** *m* Lass das Hähnchen noch zehn Minuten im Ofen.
el **frigorífico**, la **nevera** He guardado el queso en el **frigorífico**.	**Kühlschrank** *m* Den Käse hab ich in den Kühlschrank gestellt.

TIPP: *In einigen Ländern Lateinamerikas sagt man auch **la heladera**.*

el **congelador** Vuelve a meter el helado en el **congelador**.	**Gefrierfach** *n;* **Gefrierschrank** *m,* **Gefriertruhe** *f* Leg das Eis wieder in das Gefrierfach zurück.

la **estufa** ¿Serías tan amable de encender la **estufa**?	**Ofen** *m* Wärst du so nett und machst den Ofen an?
el **espejo** Narciso se pasa el día mirándose en el **espejo**.	**Spiegel** *m* Narciso verbringt den ganzen Tag damit, sich im Spiegel zu betrachten.
la **lámpara** Creo que la **lámpara** no funciona. — A lo mejor el interruptor está roto.	**Lampe** *f* Ich glaube die Lampe geht nicht. — Womöglich ist der Schalter kaputt.
la **alfombra** Hemos puesto una **alfombra** oriental en la sala de estar.	**Teppich** *m* Im Wohnzimmer haben wir einen Orientteppich.

la **moqueta**
Vamos a poner **moqueta** en todas las habitaciones.

Teppichboden *m*
Wir verlegen in allen Zimmern
Teppichboden.

la **cortina**
Abre las **cortinas** para que entre un poco de luz.

Vorhang *m*
Öffne die Vorhänge, damit etwas Licht hereinkommt.

la **manta**
En invierno duermo con dos
mantas.

Decke *f*
Ich schlafe im Winter mit zwei
Decken.

TIPP: Zwar sind Steppdecken in Spanien bekannt. Sie heißt **el edre-
dón**. Aber traditionell werden noch häufig Decken und Laken verwendet.

la **almohada**
Paco duerme sin **almohada**.
→ *cojín S. 133*

Kopfkissen *n*
Paco schläft ohne Kopfkissen.

el **colchón** ⚠ *pl* **los colchones**
El **colchón** era tan blando que
me levanté con dolor en todo el
cuerpo.

Matratze *f*
Die Matratze war derart weich,
dass mir beim Aufstehen alles
wehtat.

el **cojín** ⚠ *pl* **los cojines**
Voy a comprar un par de **coji-
nes** para el sofá. → *almohada
S. 133*

Kissen *n*
Ich kaufe ein paar Sofakissen.

confortable *adj syn:* cómodo
Los asientos de este coche son
poco **confortables**. → *amable
TIPP S. 26*

bequem
Die Sitze in diesem Auto sind
nicht gerade bequem.

1.2.1.3   GEGENSTÄNDE UND GERÄTE

«1–2000»

la **cosa**
Tengo que comprar un par de
cosas para el viaje.
¿Qué hacen todas estas **cosas**
en mi cuarto? No son mías.

Sache *f*
Ich muss noch ein paar Sachen
für die Reise kaufen.
Was machen alle diese Sachen
in meinem Zimmer? Das sind
nicht meine.

el **objeto**
Un ovni es un **objeto** volador no identificado.
Si ha perdido algo, vaya a la oficina de **objetos** perdidos.

Gegenstand *m*
Ein Ufo ist ein nicht identifizier-
tes Flugobjekt.
Wenn Sie etwas verloren haben,
gehen Sie ins Fundbüro.

la **caja**
Dentro de esas **cajas** hay cosas viejas que ya no uso.

Schachtel *f;* **Kiste** *f*
In den Schachteln da sind alte Sachen, die ich nicht mehr brauche.

el **bolso**
A mi abuela le han robado el **bolso** cuatro veces. → *bolsa S. 262*

(Hand)tasche *f*
Meiner Großmutter wurde vier-
mal die Handtasche gestohlen.

la **llave**
He perdido las **llaves**.

Schlüssel *m*
Ich habe meine Schlüssel verloren.

el **juguete**
Los Reyes Magos traen **jugue-
tes** para los niños.

Spielzeug *n*
Die Heiligen Drei Könige bringen
den Kindern Spielzeug.

«2001–4000»

el **contenedor**
En nuestra calle hay un **contenedor** de basura.

Container *m*
In unserer Straße steht ein Müll-
container.

TIPP: *In manchen Gegenden hört man auch* **contáiner**.

el **cubo**
¿Dónde tenéis el **cubo** de la ba-
sura?
Llena ese **cubo** de agua.

Eimer *m*
Wo habt ihr euren Abfalleimer?

Lass bitte Wasser ein in den Eimer da.

TIPP: *In manchen Ländern Lateinamerikas sagt man auch* **el balde**.

la **cesta**
Caperucita Roja llevaba una **cesta**.

Korb *m*
Rotkäppchen trug einen Korb.

la **papelera**
Tira todos esos documentos a la **papelera**.

Papierkorb *m*
Wirf bitte all die Unterlagen da in
den Papierkorb.

la **cerilla**
Pásame la caja de **cerillas**.

Streichholz *n*
Gib mir bitte die Streichholz-
schachtel.

*TIPP: In manchen Ländern Lateinamerikas sagt man auch **el fósforo**.*

---

el **encendedor**, el **mechero**
No encuentro mi **encendedor**.
¿Lo tienes tú?

Feuerzeug *n*
Ich finde mein Feuerzeug nicht.
Hast du es?

---

el **cenicero**
Apaga el cigarrillo en el **cenice-ro**.

Aschenbecher *m*
Drücke die Zigarette bitte im Aschenbecher aus.

---

el **monedero**
¡Me han robado el **monedero**!

Geldbeutel *m*
Mir wurde der Geldbeutel gestohlen!

*TIPP: Männer bezeichnen ihren Geldbeutel als **la cartera**.*

---

la **cartera**

El D.N.I. lo llevo siempre en la **cartera**.
Le he comprado a Roberto una **cartera** para el colegio.

Brieftasche *f*; Aktentasche *f*, Schultasche *f*
Ich habe meinen Personalausweis immer in der Brieftasche.
Ich habe Roberto eine Schultasche gekauft.

*TIPP: **D.N.I.** steht für **Documento Nacional de Identidad**. In Latein-amerika heißt der Personalausweis **la cédula**. In einigen Ländern La-teinamerikas ist **la cartera** die Damenhandtasche.*

---

la **agenda**
Creo que tengo tu dirección en mi **agenda**.

Terminkalender *m*
Ich glaube, dass ich deine Adresse in meinem Kalender habe.

---

la **vela**
Si se va la luz, enciende un par de **velas**.

Kerze *f*
Wenn das Licht ausgeht, zünde ein paar Kerzen an.

---

la **bombilla**
Se acaba de romper la **bombi-lla**.

Glühbirne *f*
Die Glühbirne ist gerade kaputtgegangen.

---

la **escalera de mano**
Para cambiar esa bombilla necesito una **escalera de mano**.

Trittleiter *f*
Um die Birne auszuwechseln, brauche ich eine Trittleiter.

---

el **martillo**

Hammer *m*

---

el **clavo**
Ya tengo el martillo, pero ahora me faltan los **clavos**.

Nagel *m*
Jetzt habe ich zwar einen Hammer, aber die Nägel fehlen mir noch.

el **tornillo**
Para montar la estantería hay
que usar un par de **tornillos**.

Schraube *f*
Man braucht ein paar Schrauben, um das Regal anzubringen.

el **destornillador**
Dame el **destornillador**; voy a
abrir la cafetera para arreglarla.

Schraubenzieher *m*
Gib mir den Schraubenzieher.
Ich will die Kaffeemaschine auf-
schrauben, um sie zu reparieren.

las **tijeras**
¿Puedes dejarme las **tijeras** para cortar este papel?

Schere *f*
Kannst du mir die Schere leihen,
damit ich das Papier hier schneiden kann?

TIPP: *Eine Schere heißt* **unas tijeras** *oder auch* **una tijera**.

la **aguja**
Para coser los vaqueros necesitarás una **aguja** gruesa.

Nadel *f*
Um die Jeans zu nähen, wirst du
eine dicke Nadel brauchen.

el **hilo**
No me queda **hilo** rojo, tendré
que ir a comprar.

Faden *m*
Ich habe keinen roten Faden
mehr. Ich werde welchen kaufen
müssen.

la **balanza**
Súbete a la **balanza**; vamos a
ver cuánto pesas.

Waage *f*
Stell dich auf die Waage. Wollen
wir mal sehen, wie viel du
wiegst.

el **despertador**
Anoche puse el **despertador** a
las siete, pero esta mañana no
ha sonado.

Wecker *m*
Gestern Abend habe ich den
Wecker auf sieben Uhr gestellt,
aber heute früh hat er nicht ge-
klingelt.

la **alarma**
¡Está sonando la **alarma** del coche!

Alarmanlage *f*
Die Alarmanlage des Autos ist
losgegangen.

1.2.1.4 SAUBERKEIT

«1–2000»

limpiar *v*
Nosotros **limpiamos** una vez a la semana.

sauber machen
Wir machen einmal in der Woche sauber.

limpio, a *adj syn:* sucio
La casa de Raquel siempre está **limpia**.

sauber
Raquels Haus ist immer sauber.

ensuciarse *v*
El mantel **se ha ensuciado**; mételo en la lavadora.

schmutzig werden
Die Decke ist schmutzig. Tu sie in die Waschmaschine.

sucio, a *adj ant:* limpio
Todos los platos están **sucios**; a ver cuándo los lavas.

schmutzig
Die ganzen Teller sind schmutzig. Mal sehen, wann du sie abwäschst.

lavar *v*
Esta blusa de seda tendrás que **lavarla** a mano.

waschen
Diese Seidenbluse musst du von Hand waschen.

«2001–4000»

el orden *ant:* desorden
Elvira no es capaz de mantener el **orden** en su cuarto.

Ordnung *f*
Elvira kann ihr Zimmer nicht in Ordnung halten.

ordenar *v ant:* desordenar
Deberíamos **ordenar** un poco antes de que lleguen tus padres, ¿no crees?

aufräumen
Wir sollten ein bisschen aufräumen, bevor deine Eltern kommen, meinst du nicht auch?

el desorden *ant:* orden
¿Pero cómo puedes aguantar este **desorden**?

Unordnung *f*
Wir kannst du nur diese Unordnung aushalten?

desordenar *v ant:* ordenar
Has desordenado todo mi escritorio. Ahora mismo lo ordenas.

in Unordnung bringen
Du hast meinen ganzen Schreibtisch in Unordnung gebracht. Das räumst du sofort auf.

la limpieza *ant:* suciedad
Perdone, ¿dónde están los artículos de **limpieza**?

Sauberkeit *f*
Entschuldigung, wo sind die Reinigungsmittel?

la **suciedad** *ant:* limpieza
No has limpiado bien la cocina,
todavía queda **suciedad**.

Schmutz *m*
Du hast die Küche nicht gut ge-
putzt. Da ist immer noch
Schmutz.

el **polvo**
En el sótano hay muebles viejos
llenos de **polvo**.

Staub *m*
Im Keller stehen alte, verstaubte
Möbel.

barrer *v*
Espera, **estoy barriendo** el
comedor; no entres.

fegen
Warte, ich fege gerade das Esszimmer. Komm nicht rein.

la **escoba**
Dame la **escoba**, esto lo puedo
barrer yo.

Besen *m*
Gib mir den Besen. Ich fege das.

fregar *v* ⚠ *irr* 22, **friegue, fre-
gué**
Voy a **fregar** los platos.

spülen; wischen

Ich spüle die Teller.

la **basura**
Tira eso a la **basura**.
El cubo de la **basura** está lleno.

Abfall *m*, **Müll** *m*
Wirf das in den Müll.
Der Abfalleimer ist voll.

la **mancha**
No he podido sacar la **mancha**
de chocolate de tu camisa.

Fleck *m*
Ich habe den Schokoladenfleck
nicht aus deinem Hemd entfernen können.

la **tintorería**
Estos pantalones no se pueden
lavar, hay que llevarlos a la **tintorería**.

Reinigung *f*
Diese Hose kann man nicht waschen. Man muss sie reinigen
lassen.

la **lavandería**
¿A qué hora abren la **lavandería**?

Wäscherei *f;* **Waschsalon** *m*
Wann macht der Waschsalon
auf?

la **lavadora**
Como no tengo **lavadora** en casa, llevo toda la ropa sucia a la
lavandería.

Waschmaschine *f*
Ich habe keine Waschmaschine
zu Hause, und darum bringe ich
meine ganze schmutzige Wä-
sche zur Wäscherei.

TIPP: *In einigen Ländern Lateinamerikas sagt man auch el lavarro-
pas.*

el **lavavajillas** ⚠ *pl* **los lavava-jillas**
Nos hemos comprado un **lava-vajillas** porque estábamos hartos de lavar tantos platos.

Geschirrspülmaschine *f*

Wir haben uns einen Geschirr-spüler gekauft, weil wir es leid waren, so viele Teller zu spülen.

TIPP: *In Lateinamerika sagt man auch* **el lavaplatos**.

1.2.2   KLEIDUNG UND SCHMUCK

«1–2000»

la **moda**
Cada semana compro alguna revista de **moda**.

Mode *f*
Ich kaufe jede Woche irgendeine Modezeitschrift.

moderno, a *adj*
Yolanda siempre lleva ropa **moderna**.

modisch
Yolanda trägt immer modische Kleidung.

clásico, a *adj*
Esta falda es demasiado **clásica** para mí, ¿no tiene una más moderna?

konventionell, klassisch
Dieser Rock ist mir zu klassisch. Haben Sie nichts Modischeres?

nuevo, a *adj*
¡Qué jersey tan bonito! ¿Es **nuevo**?

neu
Was für ein schöner Pulli! Ist der neu?

llevar *v*
Emilio **lleva** siempre camisas de algodón.
Hueles muy bien, ¿qué perfume **llevas**?

tragen; nehmen
Emilio trägt immer Baumwoll-hemden.
Du duftest so gut, was nimmst du für ein Parfüm?

vestirse *v* ⚠ *irr* 21
Vístete rápido, si no, llegaremos tarde.

sich anziehen
Zieh dich bitte schnell an, sonst kommen wir noch zu spät.

ponerse *v* ⚠ *irr* 25
Voy a **ponerme** el vestido que me regalaste.

(sich) anziehen
Ich ziehe das Kleid an, das du mir geschenkt hast.

desnudarse *v*
Tenía tanto sueño, que me metí en la cama sin **desnudarme**.

sich ausziehen
Ich war so müde, dass ich ins Bett gegangen bin, ohne mich auszuziehen.

quitarse *v*
Quítate esa camisa y ponte otra, ¿no ves que está sucia?

(sich) ausziehen
Zieh das Hemd aus und zieh ein anderes an. Siehst du nicht, dass es schmutzig ist?

---

la ropa
El sábado nos fuimos a comprar **ropa**.

Kleidung *f*
Am Samstag sind wir Kleider einkaufen gegangen.

el vestido
En verano prefiero llevar **vestidos**.

Kleid *n*
Im Sommer trage ich lieber Kleider.

el traje
Nuestro jefe siempre lleva **traje** y corbata.

Anzug *m*
Unser Chef trägt immer Anzug und Krawatte.

el pantalón ⚠ *pl* **los pantalones**
Si te sientas en el suelo, vas a ensuciarte los **pantalones**.

Hose *f*

Wenn du dich auf den Fußboden setzt, wirst du deine Hose schmutzig machen.

el jersey ⚠ *pl* **los jerseys**
En invierno llevo una camisa debajo del **jersey**.

Pullover *m*
Im Winter habe ich immer ein Hemd unter dem Pulli an.

TIPP: jersey wird [xer'sei] *ausgesprochen. In manchen Ländern Lateinamerikas sagt man auch* **el pulóver** [pu'loβer].

la falda
No estoy acostumbrada a llevar **falda**, prefiero los pantalones.

Rock *m*
Normalerweise trage ich keinen Rock. Ich trage lieber Hosen.

la blusa
Le hemos regalado a mi madre una **blusa** de seda.

Bluse *f*
Wir haben meiner Mutter eine Seidenbluse geschenkt.

la camisa
Con este traje hay que llevar una **camisa** blanca.

Hemd *n*
Zu diesem Anzug gehört ein weißes Hemd.

la camiseta
Para hacer gimnasia me pongo una **camiseta** y unos pantalones de deporte.

T-Shirt *n*
Wenn ich Gymnastik mache, ziehe ich ein T-Shirt und Gymnastikhosen an.

el abrigo
Mi cuñada lleva en invierno un **abrigo** de piel.

Mantel *m*
Im Winter trägt meine Schwägerin einen Pelzmantel.

la **chaqueta**
Los pantalones del traje te quedan bien, pero la **chaqueta** te
queda estrecha.

Jackett *n*
Die Hose von dem Anzug steht
dir gut, aber das Jackett ist dir zu
eng.

*TIPP: In einigen Ländern Lateinamerikas sagt man auch **el saco**.*

el **zapato**
No sé caminar con **zapatos** de
tacón.

Schuh *m*
In Stöckelschuhen kann ich
nicht laufen.

el **calcetín** ⚠ *pl* los **calcetines**
Cuando tengo frío, me pongo
calcetines de lana.

Socke *f*
Wenn ich friere, ziehe ich Woll-
socken an.

*TIPP: In einigen Ländern Lateinamerikas sagt man auch **la media**,
was in Spanien „Strumpf" bedeutet.*

«2001–4000»

probarse *v* ⚠ *irr* 7
Pruébate este vestido, seguro
que te queda bien.

anprobieren
Probier mal dieses Kleid an. Das
steht dir sicher gut.

cambiarse *v*

Voy a **cambiarme** la camisa, esta tiene una mancha.
Espera, voy a **cambiarme**. No
quiero ir a la fiesta con ropa de
trabajo.

sich etwas anderes anziehen,
sich umziehen
Mein Hemd hat einen Fleck. Ich
ziehe mir ein anderes an.
Warte, ich ziehe mich um. Ich
will doch nicht in Arbeitskleidung
auf das Fest gehen.

pasado, a de moda *adj*
Tira esa camisa, ya está **pasada
de moda**.

aus der Mode, altmodisch
Wirf das Hemd weg, das ist doch
schon aus der Mode.

elegante *adj*
¡Qué vestido tan **elegante**!
¿Dónde lo has comprado?
→ *amable TIPP S. 26*

elegant
Was für ein elegantes Kleid. Wo
hast du das gekauft?

quedar *v*
¿Cómo me **queda** la falda?
— Te **queda** un poco larga.

passen; stehen
Wie passt mir der Rock?
— Der ist etwas zu lang.

la **talla**
Uso la **talla** 42.

Größe *f*
Ich trage Größe 42.

el **pijama**
Le he regalado un **pijama** a mi padre.

Pyjama *m*, **Schlafanzug** *m*
Ich habe meinem Vater einen Schlafanzug geschenkt.

el **camisón** ⚠ *pl* **los camisones**
En verano duermo con **camisón**.

Nachthemd *n*
Im Sommer schlafe ich im Nachthemd.

el **bañador**
En la playa uso **bañador**.

Badeanzug *m*
Am Strand trage ich einen Badeanzug.

los **vaqueros**
Mis hijos sólo llevan **vaqueros**. No les gusta ningún otro tipo de pantalones.

Jeans *f*
Meine Kinder tragen nur Jeans. Andere Hosen mögen sie nicht.

TIPP: *Zu einer Jeans kann man auch* **unos vaqueros** *sagen.*

el **uniforme**
En algunos colegios privados los niños llevan **uniforme**.

Uniform *f*
In einigen Privatschulen tragen die Kinder Uniform.

el **cuello**
No puedo cerrar el **cuello** de la camisa.

Kragen *m*
Ich bekomme den Hemdkragen nicht zu.

la **manga**
Las **mangas** de esta chaqueta son demasiado largas.

Ärmel *m*
Die Ärmel dieses Jacketts sind zu lang.

el **bolsillo**
Como no llevaba guantes, metí las manos en los **bolsillos**.

Tasche *f*
Ich habe meine Hände in die Taschen gesteckt, weil ich keine Handschuhe anhatte.

la **cremallera**
No puedo cerrar la **cremallera** del pantalón; se habrá roto.

Reißverschluss *m*
Ich bekomme den Reißverschluss meiner Hose nicht zu. Der wird kaputtgegangen sein.

TIPP: *In einigen Ländern Lateinamerikas sagt man auch* **el cierre zipper** *oder* **el cierre relámpago**.

el **botón** ⚠ *pl* **los botones**
He perdido un **botón** de la chaqueta.

Knopf *m*
Ich habe einen Knopf am Jackett verloren.

la **bota**
Cómprate un par de **botas** para la lluvia.

Stiefel *m*
Kaufe dir ein paar Gummistiefel.

la **zapatilla**
Para hacer footing llevo **zapatillas** de deporte.

Halbschuh *m*
Zum Joggen trage ich Sportschuhe.

*TIPP: Man sagt auch **zapatillas de tenis**.*

la **sandalia**
Con este calor, será mejor que te pongas **sandalias**.

Sandale *f*
Bei dieser Hitze wird es besser sein, wenn du Sandalen anziehst.

el **calzado**
Si piensas caminar durante muchas horas, deberías llevar un **calzado** cómodo.

Schuhwerk *n*
Wenn du vorhast, lange zu Fuß unterwegs zu sein, solltest du bequemes Schuhwerk tragen.

el **tacón** ⚠ *pl* **los tacones**
Estas sandalias tienen demasiado **tacón**.

Absatz *m*
Der Absatz von diesen Sandalen ist zu hoch.

la **corbata**
A Pepe no le gusta llevar **corbata**.

Krawatte *f*
Pepe trägt nicht gern Krawatten.

la **bufanda**
Afuera hace mucho frío; ponte la **bufanda** y el abrigo.

Schal *m*
Draußen ist es sehr kalt. Zieh deinen Mantel an, und binde dir einen Schal um.

el **pañuelo**
Mi padre siempre lleva un **pañuelo** en el bolsillo de la chaqueta.

Taschentuch *n*
Mein Vater hat immer ein Taschentuch in der Jackentasche.

los **calzoncillos**
En este anuncio de ropa interior, el modelo lleva una camiseta y unos **calzoncillos**.

Unterhose *f*, Slip *m*
In dieser Anzeige für Unterwäsche trägt das Model T-Shirt und Slip.

las **bragas**
Los calzoncillos los llevan los hombres, y las **bragas**, las mujeres.

Schlüpfer *m*, Slip *m*
Männer tragen Unterhosen, Frauen tragen Schlüpfer.

la **media**
En primavera llevo **medias** y sandalias.

Strumpf *m*
Im Frühling trage ich Strümpfe und Sandalen.

el **panty** ⚠ *pl* **los pantys**
Cuando llevo falda siempre me pongo **pantys**.

Strumpfhose *f*
Wenn ich einen Rock trage, ziehe ich immer eine Strumpfhose an.

el **sombrero**
El señor se sacó el **sombrero** para saludar.

Hut *m*
Der Herr zog seinen Hut, um zu grüßen.

el **gorro**
Voy a ponerme el **gorro**, seguro que hace frío.

Mütze *f*
Ich werde meine Mütze aufsetzen. Es ist sicher kalt.

las **gafas**
Ponte las **gafas** de sol.

Brille *f*
Setz deine Sonnenbrille auf.

TIPP: Zu einer Brille kann man auch **unas gafas** *oder* **un par de gafas** *sagen.*

el **paraguas** ⚠ *pl* **los paraguas**
Abre el **paraguas**, está empezando a llover.

Regenschirm *m*
Mach deinen Regenschirm auf. Es fängt an zu regnen.

la **gabardina**

En Madrid se usa mucho la **gabardina**.

Trenchcoat *m*, **Gabardinemantel** *m*
In Madrid sieht man viele Menschen im Trenchcoat.

el **guante**
Tienes las manos heladas, ¿no te has puesto los **guantes**?

Handschuh *m*
Du hast ganz kalte Hände. Hast du deine Handschuhe nicht angehabt?

el **reloj**
Los **relojes** de pulsera me parecen más prácticos que los de bolsillo.

Uhr *f*
Ich finde Armbanduhren praktischer als Taschenuhren.

el **cinturón** ⚠ *pl* **los cinturones**
Los pantalones te quedarán mejor si te pones un **cinturón**.

Gürtel *m*
Die Hose wird besser sitzen, wenn du einen Gürtel umbindest.

el **bastón** ⚠ *pl* **los bastones**
Mi abuelo llevaba **bastón**.

Spazierstock *m*
Mein Großvater nahm einen Spazierstock mit.

el anillo Pepe seguro que está casado. Mira, lleva un **anillo** de oro.	**Ring** *m* Pepe ist sicher verheiratet. Sieh doch, er trägt einen goldenen Ring.
el pendiente Laura lleva **pendientes** desde que nació.	**Ohrring** *m* Laura trägt seit ihrer Geburt Ohrringe.
la pulsera Me han regalado una **pulsera** de plata.	**Armband** *n* Ich habe ein silbernes Armband geschenkt bekommen.
la cadena Mi abuela siempre lleva una **cadena** de oro.	**Kette** *f* Meine Großmutter trägt immer eine Goldkette.
el collar El **collar** te queda muy bien con este vestido.	**Kollier** *n* Das Kollier steht dir sehr gut zu diesem Kleid.

TIPP: *cadena ist eine Kette. Mit* **collar** *wird jeder Halsschmuck bezeichnet. Es kann sowohl ein Synonym für* **cadena** *sein, als auch ein einfaches Lederband oder eben ein Kollier.*

la joya Los ladrones robaron todas las **joyas** y el dinero.	**Schmuckstück** *n* Die Diebe haben den ganzen Schmuck und das Geld gestohlen.
el diamante Este anillo de **diamantes** debe de ser carísimo. → *guapo TIPP S. 18*	**Diamant** *m* Dieser Diamantring muss sehr teuer sein.
la perla ¿Cómo sabes si estas **perlas** son auténticas?	**Perle** *f* Woran merkst du, ob das echte Perlen sind?
el agujero El bolsillo del pantalón tiene un **agujero**.	**Loch** *n* Die Hosentasche hat ein Loch.
coser *v* Estos botones se pueden **coser** en un momento.	**nähen** Diese Knöpfe sind im Nu angenäht.
la plancha Cuidado con la **plancha**; todavía está caliente.	**Bügeleisen** *n* Sei vorsichtig mit dem Bügeleisen. Es ist noch heiß.

planchar *v*
Yo no sé **planchar** camisas.

bügeln
Ich kann keine Hemden bügeln.

a/de cuadros *adv*
José Manuel es el que lleva la
camisa **a cuadros**.

kariert
José Manuel ist der mit dem ka-
rierten Hemd.

a/de rayas *adv*
Estos pantalones **a rayas** te
quedan mejor que a mí.

gestreift
Dir stehen diese gestreiften Hosen besser als mir.

1.2.3   ARBEITSWELT

1.2.3.1   FABRIK UND WERKSTATT

«1–2000»

la **fábrica**
Mi primo trabaja en una **fábrica**
de papel.

Fabrik *f*
Mein Vetter arbeitet in einer Pa-
pierfabrik.

fabricar *v* ⚠ **fabrique, fabri-
qué**
Aquí se **fabrican** coches.

herstellen

Hier werden Autos hergestellt.

*TIPP: Im Spanischen kann das Passiv mit **se** und der 3. Person aus-
gedrückt werden. Die Möglichkeit, das Passiv mit **ser** und Partizip
auszudrücken, wird selten benützt.*

la **herramienta**
El martillo y el destornillador son
herramientas.

Werkzeug *n*
Hammer und Schraubenzieher
sind Werkzeuge.

la **reparación** ⚠ *pl* **las repara-
ciones**
La **reparación** del coche nos ha
salido carísima.

Reparatur *f*

Die Autoreparatur ist sehr teuer
für uns geworden.

la **industria**
La **industria** del petróleo mueve
muchísimo dinero.

Industrie *f*
Die Ölindustrie bringt sehr viel
Geld.

«2001–4000»

industrial *adj*
En las áreas **industriales** hay
mucha inmigración. → *cruel*
TIPP S. 30

Industrie-
Viele Einwanderer kommen in
die Industriegebiete.

montar *v ant:* desmontar
El mecánico volvió a **montar** el
motor del coche.

montieren
Der Mechaniker baute den Motor des Wagens wieder ein.

desmontar *v ant:* montar

He **desmontado** este aparato
para arreglarlo.

**demontieren, auseinander neh-
men**
Ich habe dieses Gerät auseinander genommen, um es zu reparieren.

el taller
Aprendí a reparar coches en el
taller de mi tío.

Werkstatt *f*
Ich habe in der Werkstatt meines Onkels gelernt, Autos zu reparieren.

la pieza de recambio
Esta **pieza de recambio** habrá
que encargarla, aquí no la tenemos.

Ersatzteil *n*
Dieses Ersatzteil muss bestellt
werden. Wir haben es nicht auf
Lager.

el servicio técnico
Gustavo, llama al **servicio técnico** para que vengan a recoger
el televisor.

Reparaturdienst *m*
Gustavo, rufe bitte den Reparaturdienst an, damit sie den Fernseher abholen.

1.2.3.2 WIRTSCHAFTSLEBEN

1.2.3.2.1 Allgemeines

«1–2000»

el negocio
Los **negocios** cierran los domingos.
Te felicito: has hecho un buen
negocio.

Geschäft *n*
Sonntags haben die Geschäfte
geschlossen.
Ich gratuliere dir. Du hast ein gutes Geschäft gemacht.

la empresa
Trabajamos en una gran **empresa** multinacional.

Firma *f*
Wir arbeiten in einer großen mul-
tinationalen Firma.

el puesto de trabajo
No encuentro ningún **puesto de trabajo** adecuado a mis capacidades.

Arbeitsplatz *m*
Ich finde keinen Arbeitsplatz, der meinen Fähigkeiten entspricht.

el empleado, la **empleada**
Rodolfo es **empleado** de oficina.

Angestelle(r) *f(m)*
Rodolfo ist Büroangestellter.

el parado, la **parada**
Lo siento, soy **parado** y no puedo comprarle nada.

Arbeitslose(r) *f(m)*
Tut mir Leid. Ich bin arbeitslos und kann Ihnen gar nichts abkaufen.

el paro *syn:* desempleo
Alberto está en el **paro** desde hace un año.

Arbeitslosigkeit *f*
Alberto ist seit einem Jahr arbeitslos.

el salario
Han anunciado que los **salarios** subirán un 3 %.

Gehalt *n*
Es wurde eine Erhöhung der Gehälter um 3 % angekündigt.

*TIPP: Man sagt **tres por ciento**.*

el sueldo
¿Los bomberos tienen un buen **sueldo**?
— Ni idea.

Lohn *m*
Bekommen Feuerwehrleute einen guten Lohn?
— Keine Ahnung.

la oferta *ant:* demanda
Cada domingo miro en el periódico las **ofertas** de trabajo.

Angebot *n*
Jeden Sonntag sehe ich in der Zeitung die Stellenangebote durch.

Cómprate estos pantalones, están de **oferta**.

Kauf dir diese Hose. Die ist im Angebot.

*TIPP: Nur im ersten Beispiel ist **demanda** ein Antonym zu **oferta**.*

el pedido
El **pedido** que hicimos la semana pasada no ha llegado.

Bestellung *f*
Die Bestellung, die wir letzte Woche aufgegeben haben, ist nicht angekommen.

la venta *ant:* compra
Emilia trabaja en el departamento de **ventas**.

Verkauf *m*
Emilia arbeitet in der Verkaufsabteilung.

«2001–4000»

la economía
Olga es especialista en **economía**.

Wirtschaft f
Olga ist Wirtschaftsexpertin.

---

económico, a adj

Hay países con serios problemas **económicos** y sociales.

La energía solar es **económica** y no contamina.

wirtschaftlich, **Wirtschafts-;** **preiswert**
Es gibt Länder mit ernst zu nehmenden wirtschaftlichen und sozialen Problemen.
Sonnenenergie ist preiswert und umweltschonend.

---

el comercio
Me dedico al **comercio** de coches usados.
Durante la huelga, todos los **comercios** de la capital estaban cerrados.

Handel m; **Geschäft** n
Ich bin im Gebrauchtwagenhandel tätig.
Als gestreikt wurde, waren alle Geschäfte in der Hauptstadt geschlossen.

---

comercial adj
La publicidad tiene fines **comerciales**. → cruel TIPP S. 30

kommerziell
Werbung verfolgt kommerzielle Ziele.

---

el, la comerciante
Los **comerciantes** están satisfechos con las ventas del año pasado.

Händler(in) m(f)
Die Händler sind mit dem Umsatz vom Vorjahr zufrieden.

TIPP: Man kann auch *la comercianta* sagen.

---

pertenecer v ⚠ irr 5
El negocio era de mi abuelo, después fue de mi padre y ahora me **pertenece** a mí.

gehören
Es war das Geschäft meines Großvaters, dann das meines Vaters, und jetzt gehört es mir.

---

propio, a adj
En casa cada uno tiene su **propia** habitación.

eigen
Zu Hause hat jeder sein eigenes Zimmer.

---

la propiedad
Este terreno es **propiedad** privada.

Eigentum n
Dieses Grundstück ist Privateigentum.

---

el propietario, la propietaria
La Sra. Ibáñez es la **propietaria** de todos esos pisos.

Eigentümer(in) m(f)
Frau Ibáñez ist die Eigentümerin all dieser Wohnungen.

el **socio**, la **socia**
En el negocio somos tres **socios**.

Teilhaber(in) *m(f)*
In diesem Geschäft sind wir drei Teilhaber.

el **director**, la **directora**
El **director** del hospital fue el responsable de la mala organización.

Direktor(in) *m(f)*
Der Direktor des Krankenhauses war für die schlechte Organisation verantwortlich.

el, la **gerente**
Sr. Gutiérrez, tendrá que dirigir su queja directamente al **gerente**.

Geschäftsführer(in) *m(f)*
Herr Gutiérrez, leiten Sie Ihre Beschwerde direkt an den Geschäftsführer weiter.

la **mano de obra**
Esta empresa fabrica sus productos en Tailandia porque allí la **mano de obra** es más barata.

Arbeitskraft *f*
Diese Firma stellt ihre Produkte in Thailand her, weil Arbeitskräfte dort billiger sind.

el **contrato**
Deberías leer el **contrato** antes de firmarlo.

Vertrag *m*
Bevor du den Vertrag unterschreibst, solltest du ihn lesen.

contratar *v*
Hemos decidido **contratar** al Sr. Márquez porque tiene mucha experiencia.

einstellen
Wir haben beschlossen, Herrn Márquez einzustellen, weil er viel Erfahrung hat.

ocupado, a *adj*
La Sra. López no le puede atender ahora, está **ocupada**.

beschäftigt
Frau López ist beschäftigt und kann Sie jetzt nicht empfangen.

el **empleo** *syn:* trabajo
¿Sigues buscando **empleo**?

Arbeit *f*
Suchst du noch Arbeit?

el **desempleo** *syn:* paro
El Ministro prometió analizar el tema del **desempleo**.

Arbeitslosigkeit *f*
Der Minister versprach eine Analyse zum Thema Arbeitslosigkeit.

la **oficina de empleo**
Mañana tengo que estar a las nueve en la **oficina de empleo**.

Arbeitsamt *n*
Ich muss morgen um neun Uhr auf dem Arbeitsamt sein.

TIPP: *In Spanien heißt das Arbeitsamt* **el INEM (Instituto Nacional de Empleo)**.

la **pensión** ⚠ *pl* las **pensiones**
Mi abuelo cobra una **pensión** ridícula.

Rente *f*
Mein Großvater bekommt eine lächerlich geringe Rente.

el **jubilado**, la **jubilada**
La abuela de Carmen está **jubilada** desde hace un año.

Rentner(in) *m(f)*
Carmens Großmutter ist seit einem Jahr Rentnerin.

TIPP: *Statt* **jubilado/a** *sagt man auch* **el/la pensionista**.

despedir *v*
No sabemos por qué **han despedido** a Jacobo.

kündigen
Wir wissen nicht, warum man
Jacobo gekündigt hat.

el **sindicato**
El **sindicato** anunció una huelga para el 20 de abril.

Gewerkschaft *f*
Die Gewerkschaft kündigte für
den 20. April einen Streik an.

la **huelga**
Los comerciantes hicieron **huelga** el 3 de febrero.

Streik *m*
Am 3. Februar streikten die
Händler.

producir *v* ⚠ *irr* 4
En La Rioja **se producen** algunos de los mejores vinos españoles.

herstellen, erzeugen
In Rioja werden einige der besten Weine Spaniens erzeugt.

el **producto**
Cataluña produce el 25 % de los
productos industriales españoles.

Produkt *n*
Ein Viertel der Industrieprodukte
Spaniens wird in Katalonien her-
gestellt.

la **producción**
Hemos mejorado la **producción**: ahora es más barata y de
mejor calidad.

Produktion *f*
Wir haben die Produktion verbessert. Jetzt ist sie billiger und
besser.

TIPP: *Der Plural ist nicht gebräuchlich, man würde eher* **diferentes
tipos de producción** *sagen.*

el **artículo**
Lo siento, ya no vendemos ese
tipo de **artículos**.

Artikel *m*
Es tut mir Leid, aber diese Artikel führen wir nicht mehr.

la **ocasión** *syn:* oportunidad
⚠ *pl* **las ocasiones**
En los grandes almacenes
siempre se encuentra algún artículo de **ocasión**.

Mañana, los empleados tendrán
ocasión de hablar en persona
con el director.

günstiger Kauf; Gelegenheit *f*

In Kaufhäusern findet man immer ein Schnäppchen.

Die Mitarbeiter werden morgen
die Möglichkeit haben, persön-
lich mit dem Direktor zu sprechen.

la **marca**
¿De qué **marca** son los pantalones que llevas?

Marke f
Welche Marke ist die Hose, die
du anhast?

disponible *adj*
Este artículo no está **disponible**
en nuestro país.   → *amable*
TIPP S. 26

erhältlich
Dieser Artikel ist hier im ganzen
Land nicht erhältlich.

la **demanda** *ant:* oferta
Los que hacen publicidad estudian la oferta y la **demanda** del
producto.

Nachfrage f
Diejenigen, die die Werbung
machen, studieren Angebot und
Nachfrage der Produkte.

el **almacén** ⚠ *pl* los **almacenes**
Guarda todas esas cajas en el
almacén, por favor.

Lager n

Stell diese Schachteln bitte im
Lager ab.

importar *v*
Alemania **importa** muchos alimentos de España.

importieren
Deutschland importiert viele Lebensmittel aus Spanien.

la **importación** *ant:* exportación ⚠ *pl* las **importaciones**
Los productos químicos y el papel son artículos de **importación** en México.

Import m

Chemische Produkte und Papier sind in Mexiko Importartikel.

exportar *v*
España **exporta**, por ejemplo,
vino, aceite y coches.

exportieren
Spanien exportiert zum Beispiel
Wein, Olivenöl und Autos.

la **exportación** *ant:* importación ⚠ *pl* las **exportaciones**
En México, el algodón es un producto de **exportación** muy importante.

Export m

Baumwolle ist in Mexiko ein sehr
wichtiger Exportartikel.

1.2.3.2.2 Geschäft

«1–2000»

la **tienda**
No sé a qué hora abre esta **tienda**.

Geschäft n
Ich weiß nicht, wann dieses Geschäft aufmacht.

los grandes almacenes
En el centro hay unos **grandes almacenes**.

Kaufhaus *n*
In der Innenstadt gibt es ein Kaufhaus.

---

comprar *v ant:* vender
Tengo que **comprar** una lámpara.

kaufen
Ich muss eine Lampe kaufen.

---

vender *v ant:* comprar
Sandra quería **venderme** su viejo televisor, pero yo quiero uno nuevo.

verkaufen
Sandra wollte mir ihren alten Fernseher verkaufen, aber ich möchte einen neuen.

---

el vendedor, la vendedora
El **vendedor** no consiguió convencerme.

Verkäufer(in) *m(f)*
Der Verkäufer konnte mich nicht überzeugen.

---

el, la cliente
Juan, ayúdame. Yo sola no puedo atender a tantos **clientes**.

Kunde, Kundin *m, f*
Juan, hilf mir bitte. Ich kann nicht so viele Kunden allein bedienen.

TIPP: *Man kann auch la clienta sagen.*

«2001–4000»

el mercado
Este producto todavía no ha salido al **mercado**.
En el **mercado** venden pescado fresco.

Markt *m*
Dieses Produkt ist noch nicht auf dem Markt.
Auf dem Markt gibt es frischen Fisch.

TIPP: *Im ersten Beispiel ist auch möglich:* **Este producto todavía no está en el mercado**.

---

el supermercado
Baja un momento al **supermercado** y compra dos latas de atún.

Supermarkt *m*
Geh mal kurz zum Supermarkt hinunter, und kaufe zwei Dosen Tunfisch.

---

la droguería
En la **droguería** se venden artículos de limpieza.

Drogerie *f*
In der Drogerie gibt es Reinigungsmittel.

---

la farmacia
Perdone, ¿hay una **farmacia** cerca de aquí?

Apotheke *f*
Entschuldigung, gibt es hier in der Nähe eine Apotheke?

---

la peluquería
Voy a pedir hora en la **peluquería**.

Friseurgeschäft *n*
Ich muss einen Termin beim Friseur machen.

la **zapatería**
En la calle Pelayo hay muchas **zapaterías**.

Schuhgeschäft *n*
In der Calle Pelayo gibt es viele Schuhgeschäfte.

la **librería**
Este libro se vende en todas las **librerías**.

Buchhandlung *f*
Dieses Buch wird in allen Buchhandlungen verkauft.

el **estanco**
En el **estanco** venden tabaco y sellos.

Tabakladen *m*
Der Tabakladen verkauft Tabak und Briefmarken.

el **quiosco**
En ningún **quiosco** queda esta revista.

Kiosk *m*
Diese Illustrierte gibt es an keinem Kiosk mehr.

TIPP: auch el kiosko.

la **compra** *ant:* venta
Esta tarde voy a hacer la **compra** (⚠ *auch:* **las compras**).
Hemos ido de **compras** al centro.

Kauf *m*
Ich gehe heute Nachmittag einkaufen.
Wir haben unsere Einkäufe in der Innenstadt erledigt.

*TIPP: **hacer la compra** bedeutet Essen oder andere Artikel des täglichen Lebens einkaufen; **ir de compras** bedeutet größere Artikel wie Kleidung, Fernseher, Geschenke usw. einkaufen.*

encargar *v* ⚠ **encargue, encargué**
He encargado dos libros.

bestellen

Ich habe zwei Bücher bestellt.

la **publicidad**
En la tele ponen demasiada **publicidad**.

Werbung *f*
Im Fernsehen wird zu viel Werbung gezeigt.

la **propaganda**
Los partidos políticos hicieron mucha **propaganda** por radio y televisión antes de las elecciones.

Werbung *f*
Vor den Wahlen machten die politischen Parteien viel Werbung in Rundfunk und Fernsehen.

el **anuncio**
Este **anuncio** para comida de gatos es muy original.
Voy a poner un **anuncio** para vender mi coche.

Anzeige *f*
Diese Anzeige für Katzenfutter ist sehr originell.
Ich werde eine Anzeige aufgeben, um mein Auto zu verkaufen.

TIPP: In Lateinamerika sagt man auch el aviso.

la competencia
Ya hemos analizado el producto de la **competencia**; el nuestro es mejor.
Nadie nos podrá hacer **competencia** si bajamos los precios.

Konkurrenz f
Wir haben das Konkurrenzprodukt bereits analysiert. Unseres ist besser.
Es wird uns niemand Konkurrenz machen können, wenn wir die Preise senken.

---

consumir v
Con la publicidad se busca que **consumamos** más.

Tenemos que encontrar la manera de **consumir** menos electricidad.

verbrauchen
Durch Werbung bringt man uns dazu, dass wir mehr konsumieren.

Wir müssen herausfinden, wie wir weniger Strom verbrauchen können.

---

el consumidor, la consumidora
Ahora los **consumidores** conocen mejor sus derechos.

Verbraucher(in) m(f)

Heutzutage kennen Verbraucher ihre Rechte besser.

---

el consumo
Vivimos en una sociedad de **consumo**.
¿Por qué hay tantos accidentes de tráfico? — El **consumo** de alcohol es una de las causas.

Konsum m
Wir leben in einer Konsumgesellschaft.
Warum gibt es so viele Verkehrsunfälle? — Ein Grund hierfür ist der Alkoholkonsum.

---

la garantía
El reloj tiene un año de **garantía**.

Garantie f
Die Uhr hat ein Jahr Garantie.

1.2.4   GELD

«1–2000»

el dinero
No me queda **dinero**. ¿Podrías prestarme algo (⚠ auch: **un poco**) (de **dinero**)?

Geld(stück) n
Ich habe kein Geld mehr, kannst du mir etwas leihen?

TIPP: In manchen Ländern Lateinamerikas auch **la plata**.

---

la peseta
¿Cuánto es?
— Son 500 **pesetas**.

Pesete f
Wie viel kostet das?
— 500 Peseten.

el **marco**
Cuando llegué al aeropuerto de Lima, sólo llevaba **marcos**.

Mark *f*
Als ich am Flughafen von Lima ankam, hatte ich nur Mark bei mir.

el **euro**
¿Cuántos **euros** son cincuenta marcos?

Euro *m*
Wie viel Euro sind fünfzig Mark?

costar *v syn:* valer ⚠ *irr 7*
¿Cuánto **cuestan** estos pendientes?

kosten
Wie viel kosten diese Ohrringe?

pagar *v ant:* cobrar ⚠ **pague, pagué**
Por favor, **pague** en otra caja. Esta está cerrada.

zahlen

Bitte zahlen Sie an der anderen Kasse. Diese ist geschlossen.

el **precio**
En época de rebajas, los **precios** son (⚠ *auch:* **están**) más bajos.

Preis *m*
Im Schlussverkauf sind die Preise niedriger.

TIPP: *Vorsicht!* **Algo no tiene precio** *bedeutet, dass etwas unbezahlbar ist, wie Freundschaft zum Beispiel:* **La amistad no tiene precio.**

caro, a *adj ant:* barato
¿Has visto qué **caro** está el pescado?

teuer
Hast du gesehen, wie teuer der Fisch ist?

TIPP: **El pescado está caro** *bedeutet, dass Fisch zur Zeit viel kostet, während* **es caro** *darauf hinweist, dass Fisch generell teuer ist.*

barato, a *adj ant:* caro
No compres esos zapatos **baratos**: se te romperán en seguida.
→ *caro TIPP S. 156*

billig
Kauf bloß nicht diese billigen Schuhe. Die werden bald kaputt sein.

ganar *v*
¿Cuánto **ganas** al (⚠ *auch:* **cada**) mes?

verdienen
Wie viel verdienst du im Monat?

gastar *v*
En las fiestas de Navidad, la gente **gasta** muchísimo dinero.

ausgeben
Zu Weihnachten wird ungeheuer viel Geld ausgegeben.

ahorrar *v*
Alberto no **ahorra** nada. En cuanto gana un poco de dinero, se compra algo.

sparen
Alberto spart nichts. Sobald er etwas Geld verdient, kauft er sich etwas.

alquilar _v_
Cuando estuvimos en Roma, **alquilamos** un coche para visitar la ciudad.

mieten; vermieten
Als wir in Rom waren, haben wir uns für die Stadtbesichtigung ein Auto geliehen.

el alquiler
Este año nos han subido el **alquiler**.
¿Cuánto pagas de **alquiler**?

Miete _f_
Dieses Jahr wurde unsere Miete erhöht.
Wie viel Miete zahlst du?

el impuesto
Cuando compramos algo, normalmente tenemos que pagar **impuestos**.

Steuer _f_
Normalerweise müssen wir Steuern zahlen, wenn wir etwas kaufen.

la cuenta
Quisiera abrir una **cuenta**.

Konto _n_
Ich möchte gern ein Konto eröffnen.

deber _v_
Emilio, acuérdate de que me **debes** dinero.

schulden
Emilio, denk daran, dass du mir noch Geld schuldest.

el banco
El **Banco** de España está en Madrid.

Bank _f_
Die „Banco de España" befindet sich in Madrid.

TIPP: Die „Banco de España" entspricht der deutschen Bundesbank.

«2001–4000»

el cheque
Voy un momento al banco para cobrar este **cheque**.

Scheck _m_
Ich gehe kurz zur Bank, um diesen Scheck einzulösen.

en efectivo _adv_
¿Paga **en efectivo** o con tarjeta?

(in) bar
Zahlen Sie bar oder mit Karte?

la tarjeta (de crédito)
¿Puedo pagar con **tarjeta (de crédito)**?

(Kredit)karte _f_
Kann ich mit (Kredit)karte bezahlen?

el cambio
Aquí te cobran demasiado por el **cambio** de moneda extranjera.

¿Tienes **cambio**? Es que tengo que llamar desde una cabina.

Wechsel _m;_ **Kleingeld** _n_
Hier berechnen sie dir zu viel für den Wechsel von ausländischem Geld.
Hast du Kleingeld? Ich muss nämlich von der Telefonzelle aus telefonieren.

valer *v* ⚠ *irr* 34
Estas monedas viejas ya no **valen** nada.

wert sein
Diese alten Münzen sind nichts mehr wert.

---

la **factura**
Han llegado las **facturas** del agua y del teléfono.

(Ab)rechnung *f*
Die Wasserabrechnung und die Telefonrechnung sind gekommen.

---

el **recibo**
Mi madre casi me mata cuando ha visto el **recibo** del teléfono.

Rechnung *f*
Meine Mutter hat mich fast umgebracht, als sie die Telefonrechnung sah.

---

cobrar *v*
En el supermercado se han equivocado y me **han cobrado** menos.
¿Cuánto **cobras** (⚠ *auch:* **ganas**) al mes?

berechnen; verdienen
Im Supermarkt haben sie sich vertan und mir zu wenig berechnet.
Wie viel verdienst du im Monat?

---

ingresar *v*
Ya **he ingresado** en tu cuenta el dinero que te debía.

einzahlen
Das Geld, das ich dir geschuldet habe, habe ich schon auf dein Konto eingezahlt.

---

el **ahorro**
Voy a abrir una cuenta de **ahorros**.

Sparen *n;* **Ersparnis** *f*
Ich werde ein Sparkonto eröffnen.

---

la **caja de ahorros**
La **caja de ahorros** abre a las ocho y media.

Sparkasse *f*
Die Sparkasse öffnet um halb neun.

---

el **cajero (automático)**
Mira, puedes sacar dinero en aquel **cajero (automático)**.

Geldautomat *m*
Sieh mal, du kannst Geld aus dem Automaten dort holen.

---

el **valor**
Estas monedas ya no tienen **valor**. No podrás usarlas.

Wert *m*
Diese Münzen sind wertlos. Du kannst sie nicht verwenden.

---

la **moneda**
La **moneda** de Puerto Rico es el dólar.

Währung *f;* **Münze** *f*
In Puerto Rico ist der Dollar Landeswährung.

---

la **riqueza** *ant:* pobreza
Los conquistadores se llevaron muchas **riquezas** de América.

Reichtum *m*
Die Konquistadoren haben aus Amerika viele Reichtümer mitgebracht.

la **pobreza** *ant:* riqueza
¿Tú crees que algún día dejará de haber **pobreza**?

Armut *f*
Glaubst du, dass es eines Tages keine Armut mehr geben wird?

---

la **caja fuerte**
He guardado el dinero y las joyas en la **caja fuerte**.

Safe *m*
Geld und Schmuck habe ich im Safe aufbewahrt.

---

el **seguro**
Por suerte, el padre tenía un **seguro** de vida.

Versicherung *f*
Glücklicherweise hatte der Vater eine Lebensversicherung.

---

asegurar *v*
Hemos asegurado el coche a todo riesgo.

versichern
Wir haben das Fahrzeug vollkaskoversichert.

---

la **rebaja**
Ya han empezado las **rebajas**.

Sonderangebot *n*
Der Schlussverkauf hat schon begonnen.

---

el **descuento**
Los pasajes tienen un **descuento** del 25% para estudiantes.

Ermäßigung *f*
Für Studenten gibt es bei diesen Tickets eine Ermäßigung von 25%.

---

gratuito, a *adj*
La entrada a esta exposición es **gratuita**.

gratis
Der Eintritt zu dieser Ausstellung ist gratis.

---

el **gasto**
Este mes hemos tenido muchos **gastos**; el mes que viene tendremos que ahorrar.

Ausgabe *f*
Wir haben diesen Monat viele Ausgaben gehabt. Kommenden Monat müssen wir sparen.

---

el **beneficio** *ant:* pérdida
Si no subimos los precios, no tendremos **beneficio(s)**.

Gewinn *m*
Wenn wir die Preise nicht erhöhen, werden wir keinen Gewinn erzielen.

---

la **pérdida** *ant:* beneficio
Tuvimos que cerrar el negocio porque sólo daba **pérdidas**.

Verlust *m*
Wir mussten das Geschäft schließen, weil wir nur Verlust machten.

---

el **crédito**
He pedido un **crédito** en el banco.

Kredit *m*
Ich habe die Bank um einen Kredit gebeten.

el préstamo	**Darlehen** *n;* **Borgen** *n*
Ya nos han dado el **préstamo** que habíamos pedido en el banco.	Man hat uns das Darlehen schon bewilligt, um das wir die Bank gebeten hatten.
Le he pedido un pequeño **préstamo** a Rodrigo.	Ich habe Rodrigo gebeten, mir etwas Geld zu borgen.
el interés ⚠ *pl* **los intereses**	**Zins** *m*
Durante tres años he estado pagando sólo (los) **intereses**.	Drei Jahre lang habe ich nur Zinsen gezahlt.
por ciento	**Prozent** *n*
Tenemos que pagar un 12 **por ciento** de intereses.	Wir müssen zwölf Prozent Zinsen zahlen.
la deuda	**Schulden** *pl*
El negocio salió mal y ahora tenemos **deudas**.	Das Geschäft ging schief, und nun haben wir Schulden.
Con lo que gana un futbolista, se podría pagar la **deuda** externa de varios países.	Mit dem, was ein Fußballspieler verdient, könnte man die Auslandsschulden einiger Länder bezahlen.
el pago	**Bezahlung** *f*
El **pago** del coche también puede realizarse en efectivo.	Die Bezahlung des Fahrzeugs kann auch in bar erfolgen.

1.2.5   ÄMTER UND BEHÖRDEN

«1–2000»

el despacho	**Büro** *n*
La Sra. Navarro está en su **despacho**, puede pasar.	Frau Navarro ist in ihrem Büro. Sie können hineingehen.
la oficina	**Amt** *n;* **Büro** *n*
¿Me acompañas a la **oficina** de correos?	Kommst du mit mir zum Postamt?
Yo no podría trabajar en una **oficina**. — Tienes razón; son muchas horas sentado.	Ich könnte nicht in einem Büro arbeiten. — Du hast Recht, es bedeutet langes Sitzen.
el departamento	**Abteilung** *f*
Trabajo en el **departamento** de ventas y exportaciones.	Ich arbeite in der Verkaufs- und Exportabteilung.

el personal
Mañana tengo una entrevista con el jefe de **personal**.

Personal *n*
Morgen habe ich ein Gespräch mit dem Leiter der Personalabteilung.

---

firmar *v*
Todavía no **he firmado** el contrato de alquiler.

unterschreiben
Den Mietvertrag habe ich immer noch nicht unterschrieben.

---

el documento
Guarda los **documentos** del coche en ese cajón.

Dokument *n*, **Papier** *n*
Hebe die Fahrzeugpapiere in der Schublade auf.

«2001–4000»

la organización ⚠ *pl* **las organizaciones**
La ONU es la **Organización** de las Naciones Unidas.
Les felicito por la excelente **organización** del rescate.

Organisation *f*

Die UNO ist die Organisation der Vereinten Nationen.
Ich beglückwünsche Sie zur hervorragenden Organisation der Rettung.

---

oficial *adj*
Para aparcar en esta calle se necesita un permiso **oficial**.

Todavía no es **oficial**, pero le hemos dado el puesto a Ud.
→ *cruel TIPP S. 30*

offiziell
Man braucht eine offizielle Erlaubnis, um in dieser Straße zu parken.
Es ist noch nicht offiziell, aber wir haben Ihnen die Stelle gegeben.

---

el funcionario, **la funcionaria**
Óscar es **funcionario** y trabaja en un ministerio.

Beamte(r), **Beamtin** *m, f*

Óscar ist Beamter und arbeitet in einem Ministerium.

---

nombrar *v*
Hoy me **han nombrado** directora del departamento.

ernennen
Heute wurde ich zur Abteilungsleiterin ernannt.

---

inscribirse *v* ⚠ **inscrito**
Voy a **inscribirme** en el consulado.

sich anmelden
Ich werde mich im Konsulat anmelden.

---

la lista
Ya he hecho la solicitud; ahora estoy en la **lista** de espera.

Liste *f*
Den Antrag habe ich schon ausgefüllt, und nun bin ich auf der Warteliste.

la **cola**
Para recoger el visado tuve que hacer **cola**.

Schlange *f*
Ich musste Schlange stehen, um das Visum zu bekommen.

la **embajada**
La **embajada** alemana está en Madrid.

Botschaft *f*
Die deutsche Botschaft ist in Madrid.

el **consulado**
Si tiene problemas en el extranjero, puede dirigirse al **consulado** de su país.

Konsulat *n*
Wenn man im Ausland Schwierigkeiten hat, kann man sich an das Konsulat seines Landes wenden.

el **certificado**
Para cambiar de nacionalidad necesitará Ud. el **certificado** de nacimiento.

Urkunde *f;* **Bescheinigung** *f*
Um die Staatsangehörigkeit zu wechseln, werden Sie Ihre Geburtsurkunde benötigen.

el **formulario**
Éstos son los **formularios** para solicitar la beca.

Formular *n*
Das sind die Formulare, um das Stipendium zu beantragen.

la **solicitud**
He hecho una **solicitud** para entrar en la universidad.

Antrag *m*
Ich habe einen Antrag gestellt, um an die Universität zu kommen.

rellenar *v*
Primero tiene que **rellenar** este formulario.

ausfüllen
Zuerst müssen Sie dieses Formular ausfüllen.

la **firma**
En este contrato falta la **firma** del propietario del piso.

Unterschrift *f*
Bei diesem Vertrag fehlt die Unterschrift des Wohnungseigentümers.

1.2.6 POST UND FERNMELDEWESEN

1.2.6.1 POST

«1–2000»

la **oficina de correos**	**Postamt** *n*
A la dos cierran la **oficina de correos**	Das Postamt schließt um zwei Uhr.

TIPP: *Steht* **correos** *allein, kommt davor kein Artikel:* **Voy a correos.** *Ich gehe zur Post.* **Allí está correos.** *Da ist die Post.*

el **cartero**, la **cartera**	**Briefträger(in)** *m(f)*
El **cartero** ha traído un par de cartas para ti.	Der Briefträger hat Post für dich.

el **correo**	**Post** *f*
El **correo** nos llega a la oficina a las ocho de la mañana.	Wir bekommen die Post um acht Uhr ins Büro.

la **carta**	**Brief** *m*
¿Sabes escribir **cartas** comerciales?	Kannst du Geschäftsbriefe schreiben?

la **postal**	**Postkarte** *f*
El otro día llegó una **postal** de Juan. — Está de vacaciones en Santo Domingo, ¿no?	Neulich kam eine Postkarte von Juan. — Macht er nicht Urlaub in Santo Domingo?

TIPP: *auch* **la tarjeta postal.**

el **sobre**	**Briefumschlag** *m*
Mete la carta en el **sobre** y pon un sello, por favor.	Tue bitte den Brief in den Umschlag und klebe eine Briefmarke darauf.

el **sello**	**Briefmarke** *f*
Buenos días, quisiera dos **sellos** para Alemania.	Guten Tag, ich hätte gern zwei Briefmarken für Deutschland.

TIPP: *In einigen Ländern Lateinamerikas sagt man* **la estampilla.**

el **paquete**	**Paket** *n*
Tengo que ir a correos para recoger un **paquete**.	Ich muss zur Post und ein Paket abholen.

«2001–4000»

la **dirección** ⚠ *pl* **las direccio-nes**	**Adresse** *f*
¿Cuál es tu **dirección**?	Wie ist deine Adresse?

el **domicilio**	**Wohnsitz** *m*
El destinatario ha cambiado de **domicilio**.	Der Empfänger hat seinen Wohnsitz geändert.

el **remitente**	**Absender** *m*
¿De quién será esta carta? En el sobre no han puesto **remitente**.	Von wem dieser Brief wohl ist? Es steht kein Absender auf dem Umschlag.

el **destinatario**, la **destinata-ria** *ant:* remitente	**Empfänger(in)** *m(f)*
Escribe el **destinatario** en el sobre, por favor.	Schreib bitte den Empfänger auf den Briefumschlag.

el **código postal**	**Postleitzahl** *f*
No olvides escribir el **código postal**.	Vergiss nicht, die Postleitzahl zu schreiben.

el **buzón** ⚠ *pl* **los buzones**	**Briefkasten** *m*
¿Podrías echar estas cartas al **buzón**?	Könntest du bitte die Briefe in den Briefkasten werfen?
Hoy mi **buzón** estaba lleno de cartas del banco.	Heute waren lauter Briefe von der Bank in meinem Briefkasten.

la **correspondencia**	**Briefwechsel** *m*
Mantengo **correspondencia** con casi toda mi familia.	Ich stehe mit fast allen aus meiner Familie in Briefwechsel.

certificado, a *adj*	**per Einschreiben**
Buenos días, quisiera mandar una carta **certificada**.	Guten Tag, ich möchte gern einen Brief per Einschreiben schicken.

el **telegrama**	**Telegramm** *n*
Acaba de llegar un **telegrama** de tu hijo. Dice que viene mañana.	Gerade kam ein Telegramm von deinem Sohn. Darin steht, dass er morgen kommt.

aéreo, a *adj*	**Luft-**
¿Me saldrá más caro si mando esta carta por correo **aéreo**?	Wird das für mich viel teurer, wenn ich diesen Brief per Luftpost schicke?

1.2.6.2 TELEFON

«1–2000»

el teléfono
Salgo un momento. Si suena el **teléfono**, puedes contestar.

Telefon *n*
Ich gehe kurz weg. Wenn das Telefon klingelt, kannst du drangehen.

---

llamar *v*
He llamado a Paca, pero no estaba en casa.
¿Me **ha llamado** alguien?
— Sí, un tal Javier.

anrufen
Ich habe Paca angerufen, aber sie war nicht da.
Hat jemand für mich angerufen?
— Ja, ein gewisser Javier.

---

la llamada
Sra. Romero, no me pase ninguna **llamada** mientras esté reunido.

Anruf *m*
Frau Romero, bitte stellen Sie während dieser Besprechung kein Gespräch durch.

---

la cabina telefónica
Te estoy llamando desde una **cabina telefónica** y me quedan pocas monedas.

Telefonzelle *f*
Ich rufe dich aus einer Telefonzelle an, und ich habe nur noch wenig Kleingeld.

«2001–4000»

la guía telefónica
Voy a buscar en la **guía telefónica** el número de María.

Telefonbuch *n*
Ich werde Marías Nummer im Telefonbuch nachsehen.

---

la tarjeta telefónica
¿Dónde puedo comprar una **tarjeta telefónica**?

Telefonkarte *f*
Wo kann ich eine Telefonkarte kaufen?

---

local *adj*
Ahora en España, para llamadas **locales** también hay que marcar el prefijo de la provincia.
→ *cruel TIPP S. 30*

Orts-, örtlich
Man muss in Spanien jetzt auch bei Ortsgesprächen die Vorwahl der Provinz wählen.

---

interurbano, a *adj*
¿A qué hora son más baratas las llamadas **interurbanas**?

Fern-
Wann sind Ferngespräche billiger?

---

el prefijo
¿Cuál el **prefijo** de Madrid?
— El 91.

Vorwahl *f*
Wie lautet die Vorwahl von Madrid? — 91.

marcar *v* ⚠ **marque, marqué**
Primero introduzca las monedas y luego **marque** el número.

wählen
Zuerst Münzen einwerfen und dann wählen.

---

colgar *v* ⚠ *irr* 7; **cuelgue, colgué**
Dani no quiso hablar conmigo; cuando oyó mi voz, **colgó**.

auflegen
Dani wollte nicht mit mir reden. Als er meine Stimme hörte, legte er auf.

---

la línea
En casa tenemos dos **líneas**: una para el teléfono y otra para el fax.

Leitung *f*
Zu Hause haben wir zwei Leitungen, und zwar eine für Telefon und eine für Fax.

---

el contestador automático
Tienes un par de mensajes en el **contestador automático**.

Anrufbeantworter *m*
Auf deinem Anrufbeantworter sind einige Nachrichten.

---

el teléfono móvil
Hoy en día casi todo el mundo tiene un **teléfono móvil**.

Handy *n*
Heutzutage hat fast jeder ein Handy.

---

el fax ⚠ *pl* **los faxes**
Mandaré el pedido por **fax** para que les llegue antes.

Fax *n*
Ich werde die Bestellung per Fax schicken, damit Sie sie möglichst schnell haben.

TIPP: Mit **fax** ist sowohl **el aparato de fax**, das Gerät, gemeint als auch die Mitteilung.

1.2.7   RECHTSWESEN

1.2.7.1   RECHTSPRECHUNG

«1–2000»

la ley
Lo que Ud. ha hecho va en contra de la **ley**.

Gesetz *n*
Was Sie getan haben, ist gegen das Gesetz.

---

legal *adj ant:* ilegal
¿Estás segura de que los negocios que hace tu marido son **legales**?

legal
Bist du sicher, dass die Geschäfte, die dein Mann macht, legal sind?

la **policía**
¡Si siguen Uds. amenazándo-
me, voy a llamar a la **policía**!

Polizei *f*
Wenn Sie mich weiterhin bedro-
hen, rufe ich die Polizei.

TIPP: *Polizist(in) heißt **el/la policía** oder **el/la agente (de policía)**.*

la **comisaría (de policía)**
El policía detuvo al sospechoso
y lo llevó a (la) **comisaría (de
policía)**.

Polizeirevier *n*
Der Polizist nahm den Verdäch-
tigen fest und nahm ihn mit aufs
Polizeirevier.

el **abogado**, la **abogada**
Antes de declarar, quisiera hablar con mi **abogada**. → *ministro TIPP S. 196*

Anwalt, Anwältin *m, f*
Bevor ich meine Aussage mache, möchte ich meine Anwältin
sprechen.

la **cárcel** *syn:* prisión
El primo de Arturo está en la
cárcel.

Gefängnis *n*
Arturos Vetter sitzt im Gefängnis.

«2001–4000»

la **justicia**
Hace tiempo que dejé de creer
en la **justicia**.
Trabajé varios años en el Ministerio de **Justicia**.

Gerechtigkeit *f;* Justiz *f*
Ich habe schon lange aufgehört,
an die Gerechtigkeit zu glauben.
Ich habe einige Jahre im Justiz-
ministerium gearbeitet.

detener *v* ⚠ *irr 32*
Me **detuvieron** por haber pegado a un policía.

festnehmen
Ich wurde festgenommen, weil
ich einen Polizisten niederge-
schlagen habe.

acusar *v*
A mi jefe lo **han acusado** de estafa.

anklagen
Mein Chef wurde angeklagt wegen Betrug.

el **acusado**, la **acusada**
Todos los testigos declararon en
contra del **acusado**.

Angeklagte(r) *f(m)*
Alle Zeugen sagten gegen den
Angeklagten aus.

condenar *v*
El ladrón **fue condenado** a dos
años de prisión.

verurteilen
Der Einbrecher wurde zu zwei
Jahren Gefängnis verurteilt.

inocente *adj ant:* culpable
¡Soy **inocente** y lo voy a demostrar!

unschuldig
Ich bin unschuldig, und ich werde es beweisen.

el **juicio**
Me llevaron a **juicio** por llevar un arma ilegal.

Gericht *n*
Ich kam wegen illegalen Waffenbesitzes vor Gericht.

el **juez**, la **jueza** ⚠ *pl* **los jueces**
Sergio piensa que las **juezas** son más justas.

Richter(in) *m(f)*
Sergio ist der Meinung, dass Richterinnen gerechter sind.

el, la **testigo**
La **testigo** no recordaba la cara del asesino.

Zeuge, Zeugin *m, f*
Die Zeugin erinnerte sich nicht an das Gesicht des Mörders.

confesar *v* ⚠ *irr* 22
Al final, el sospechoso **confesó** haber robado el dinero.

gestehen
Der Verdächtige gestand schließlich, das Geld gestohlen zu haben.

la **prisión** *syn:* cárcel ⚠ *pl* **las prisiones**
Me pregunto cómo será la vida en **prisión**.

Gefängnis *n*

Ich frage mich, wie das Leben im Gefängnis sein mag.

el **preso**, la **presa**
Ayer se escaparon cuatro **presos** de la cárcel.

Gefangene(r) *f(m)*
Gestern entkamen vier Gefangene aus dem Gefängnis.

el, la **guardia** *syn:* policía
Le pregunté a un **guardia** dónde estaba correos.

Polizist(in) *m(f)*
Ich habe einen Polizisten gefragt, wo die Post ist.

1.2.7.2 STRAFBARES VERHALTEN

«1–2000»

robar *v*
Anoche entraron a **robar** en mi casa.

stehlen
Gestern wurde bei mir zu Hause eingebrochen.

ilegal *adj ant:* legal
Han detenido a un grupo de inmigrantes **ilegales**.

illegal
Eine Gruppe illegaler Einwanderer wurde festgenommen.

la **delincuencia**
En las grandes ciudades hay mucha **delincuencia**.

Kriminalität *f*
In Großstädten gibt es viel Kriminalität.

el **ladrón**, la **ladrona** ⚠ pl los **ladrones**

Nadie oyó entrar a los **ladrones**.

La policía persiguió a los **ladrones**.

Einbrecher(in) m(f); **Dieb(in)** m(f)

Niemand hörte die Einbrecher hereinkommen.

Die Polizei verfolgte die Diebe.

---

disparar v

Los atracadores llevaban armas, pero no **dispararon**.

schießen

Die Räuber trugen Waffen, aber sie schossen nicht.

---

matar v

¡No toques ese arma! Podrías **matar** a alguien sin querer.

töten

Du rührst diese Waffe nicht an! Du könntest aus Versehen jemanden töten.

---

asesinar v

El presidente Kennedy **fue asesinado**.

ermorden

Präsident Kennedy wurde ermordet.

---

el **asesino**, la **asesina**

Al final de la novela se descubre quién es el **asesino**.

Mörder(in) m(f)

Man findet erst am Schluss des Romans heraus, wer der Mörder ist.

«2001–4000»

el **delito** syn: crimen

Llevar un arma ilegal es **delito**.

Delikt n

Illegaler Waffenbesitz ist ein Delikt.

---

la **víctima**

Hemos sido **víctimas** de una estafa.

Opfer n

Wir sind Opfer eines Betruges gewesen.

---

sospechoso, a adj

El comportamiento de esos hombres es **sospechoso**.

verdachtig

Das Verhalten dieser Männer ist verdächtig.

TIPP: Wird auch als Substantiv gebraucht.

---

culpable adj ant: inocente

Declararon **culpable** a un inocente.

schuldig

Ein Unschuldiger wurde für schuldig erklärt.

TIPP: Wird auch als Substantiv gebraucht.

el **crimen** *syn:* delito ⚠ *pl* **los crímenes**
Varios militares fueron condenados por los **crímenes** de guerra.

Verbrechen *n*
Einige Militärs wurden wegen ihrer Kriegsverbrechen verurteilt.

el, la **criminal**
Aunque era inocente, me trataron como a un **criminal**.

Kriminelle(r) *f(m)*
Sie behandelten mich wie einen Kriminellen, obwohl ich unschuldig war.

TIPP: *Wird auch als Adjektiv gebraucht.*

la **estafa**
Me vendieron un coche robado. — ¡Vaya **estafa**!

Betrug *m*
Man hat mir ein gestohlenes Auto verkauft. — So ein Betrug!

el **robo**
Los ladrones planearon el **robo** con todo detalle.

Raub *m*
Die Einbrecher planten den Raub in allen Einzelheiten.

violento, a *adj*
En televisión se ven a menudo escenas **violentas**.

gewalttätig
Man sieht häufig gewalttätige Szenen im Fernsehen.

la **violencia**
Me preocupa la **violencia** en las escuelas.

Gewalt *f*
Die Gewalt in den Schulen macht mir Sorgen.

atracar *v* ⚠ **atraque, atraqué**
Me **atracaron** cuando estaba sacando dinero de un cajero automático.

überfallen
Ich wurde überfallen, als ich Geld aus dem Automaten holte.

el **atracador**, la **atracadora**
El **atracador** me amenazó con una pistola.

Räuber(in) *m(f)*
Der Räuber bedrohte mich mit einer Pistole.

denunciar *v*
Si no les devuelves el dinero, te van a **denunciar**.

anzeigen
Wenn du ihnen das Geld nicht zurückgibst, werden sie dich anzeigen.

TIPP: *Nicht mit anunciar verwechseln!*

1.2.8   ARZT UND KRANKENHAUS

«1–2000»

el hospital
Tuvimos que llevar a mi sobrino
al **hospital**.

Krankenhaus *n*
Wir mussten meinen Neffen ins
Krankenhaus bringen.

el, la médico
De niño quería ser **médico**.

Arzt, Ärztin *m, f*
Als Kind wollte ich Arzt werden.

*TIPP: Die weibliche Form **la médica** ist ungebräuchlich.*

el, la dentista
El **dentista** me sacó una muela.
→ *artista TIPP S. 179*

Zahnarzt, Zahnärztin *m, f*
Der Zahnarzt hat mir einen Zahn
gezogen.

el enfermero, la enfermera

Por las mañanas, el **enfermero**
me toma la temperatura.

**Krankenpfleger,   Kranken-
schwester** *m, f*
Morgens misst der Krankenpfleger meine Temperatur.

el, la paciente
La **paciente** tiene fiebre alta y
dolor de muelas.

Patient(in) *m(f)*
Die Patientin hat Zahnschmerzen und hohes Fieber.

el medicamento
Tome este **medicamento** durante siete días.

Medikament *n*
Nehmen Sie eine Woche lang
dieses Medikament.

la pastilla *syn:* píldora
No olvides tomar la **pastilla** antes de comer.

Tablette *f*
Vergiss nicht, die Tablette vor
dem Essen zu nehmen.

«2001–4000»

el doctor, la doctora
Doctor, ¿dígame si lo que tengo
es grave?

Herr Doktor, Frau Doktor *m, f*
Herr Doktor, bitte sagen Sie mir,
habe ich etwas Schlimmes?

el cirujano, la cirujana
Este **cirujano** me operó del corazón. → *ministro TIPP S. 196*

Chirurg(in) *m(f)*
Dieser Chirurg hat mich am Her-
zen operiert.

operar *v*
A mi tía la **operaron** la semana
pasada.

operieren
Meine Tante wurde letzte Woche operiert.

la **operación** ⚠ *pl* **las operaciones** | **Operation** *f*
La **operación** ha durado tres horas. | Die Operation hat drei Stunden gedauert.

la **anestesia** | **Betäubung** *f*
Sólo me pusieron **anestesia** local. | Man gab mir nur eine örtliche Betäubung.

el **síntoma** | **Symptom** *n*
Según los **síntomas** podría ser una gripe, Sr. Gálvez. | Den Symptomen nach könnte es Grippe sein, Herr Gálvez.

el **tratamiento** | **Behandlung** *f*
A veces la gripe se cura sin ningún **tratamiento**. | Manchmal geht die Grippe ganz ohne Behandlung vorbei.

la **droga** | **Droge** *f*
Muchos jóvenes consumen **drogas** de diseño. | Viele Jugendliche nehmen Designerdrogen.

la **píldora** *syn:* pastilla | **Tablette** *f*
Quise tragarme la **píldora**, pero no pude. | Ich wollte die Tablette schlucken, aber ich konnte es nicht.

la **crema** | **Creme** *f*
Esta **crema** es para pieles secas. | Diese Creme ist für trockene Haut.

el **remedio** | **(Heil)mittel** *n*
Todavía no han encontrado un **remedio** contra el sida. | Es wurde noch immer kein Mittel gegen Aids gefunden.

la **inyección** ⚠ *pl* **las inyecciones** | **Spritze** *f*
Me han puesto una **inyección** para calmar el dolor. | Man hat mir eine Spritze gegeben, um die Schmerzen zu lindern.

la **vacuna** | **Impfstoff** *m*
Quien descubra la **vacuna** contra el sida ganará el premio Nobel. | Wer den Impfstoff gegen Aids entdeckt, wird den Nobelpreis bekommen.

la **clínica** | **Klinik** *f*
Mi padre ha salido hoy de la **clínica**. | Mein Vater ist heute aus der Klinik gekommen.

la **consulta** | **Praxis** *f*
Muchos médicos tienen una **consulta** privada. | Viele Ärzte haben eine Privatpraxis.

TIPP: *In Lateinamerika sagt man auch **el consultorio**.*

la ambulancia ¡Llamen a una **ambulancia**!	**Krankenwagen** *m* Rufen Sie einen Krankenwagen!
la sala de espera Los familiares del paciente están en la **sala de espera**.	**Wartezimmer** *n* Die Angehörigen des Patienten sind im Wartezimmer.
el análisis ⚠ *pl* **los análisis** Me han hecho un **análisis** de sangre.	**Untersuchung** *f* Man hat bei mir eine Blutuntersuchung gemacht.
el veneno Su mujer le puso **veneno** en el café.	**Gift** *n* Seine Frau tat ihm Gift in den Kaffee.
venenoso, a *adj* Esta planta es **venenosa**.	**giftig** Diese Pflanze ist giftig.
tóxico, a *adj* Muchos productos de limpieza son **tóxicos**.	**giftig** Viele Reinigungsmittel sind giftig.

1.2.9   SCHULE UND UNIVERSITÄT

«1–2000»

el colegio *syn:* escuela Yo comía en el **colegio** porque mis padres trabajaban.	**Schule** *f* Ich habe immer in der Schule gegessen, weil meine Eltern arbeiteten.

TIPP: *In Spanien werden Kinder mit 6 eingeschult. Die Grundschule **la primaria** dauert sechs Jahre. Danach wechseln alle Schüler in eine weiterführende Schule, die für vier Jahre Pflicht ist. Im Anschluss daran können Schüler zwei Jahre lang die gymnasiale Oberstufe besuchen, die im 12. Schuljahr mit dem Abitur abschließt.*

la escuela *syn:* colegio Casi no recuerdo a los maestros que tuve en la **escuela**.	**Schule** *f* An die Lehrer, die ich in der Schule hatte, erinnere ich mich kaum noch.
el instituto En el **instituto** (⚠ *nicht:* **gimnasio**) tuve que estudiar Latín. → *gimnasio S. 195*	**Gymnasium** *n* Im Gymnasium musste ich Latein lernen.

la **universidad**
La **Universidad** de Salamanca es muy antigua.

Universität *f*
Die Universität von Salamanca ist sehr alt.

la **carrera**, los **estudios**
La **carrera** de Medicina dura muchos años.
El próximo año termino mis **estudios**.

Studium *n*
Das Medizinstudium dauert sehr lang.
Nächstes Jahr bin ich mit dem Studium fertig.

el **maestro**, la **maestra**
El **maestro** nos ha castigado por hablar en clase.

Lehrer(in) *m(f)*
Der Lehrer hat uns bestraft, weil wir im Unterricht geredet haben.

TIPP: *Meistens nur „Grundschullehrer(in)".*

el **profesor**, la **profesora**

Mi **profesora** de Griego era muy joven.   → *catedrático S. 175*

Lehrer(in) *m(f) (an Realschule und Gymnasium);* **Professor(in)** *m(f)*
Meine Griechischlehrerin war sehr jung.

el **alumno**, la **alumna**
El nuevo profesor sólo es simpático con algunos **alumnos**.

Schüler(in) *m(f)*
Der neue Lehrer ist nur zu manchen Schülern nett.

el, la **estudiante**

Aquí no hacemos descuento para **estudiantes**.

Schüler(in) *m(f);* **Student(in)** *m(f)*
Wir geben hier keine Studentenermäßigung.

la **clase**
En mi **clase** hemos suspendido todos el examen de Física.
Hoy no hemos tenido **clase** de historia.

Klasse *f;* **Unterricht** *m*
In meiner Klasse haben alle die Physikprüfung nicht bestanden.
Heute hatten wir keinen Geschichtsunterricht.

la **asignatura**
Yo odiaba la **asignatura** de Matemáticas.

Fach *n*
Das Fach Mathematik habe ich gehasst.

el **horario**
El **horario** escolar de un niño español es de 9 a 17.

Stundenplan *m*
Der Schultag eines spanischen Kindes dauert von 9 bis 17 Uhr.

la **lección** ⚠ *pl* las **lecciones**
Hoy hemos tenido una **lección** de Latín muy divertida.
Nuestro libro de inglés tiene 12 **lecciones**.

Unterricht *m;* **Lektion** *f*
Wir hatten heute eine sehr lustige Lateinstunde.
Unser Englischbuch hat zwölf Lektionen.

el **curso** Voy a hacer un **curso** de inglés comercial. Yo era el mejor de mi **curso**.	**Kurs** *m;* **Klasse** *f* Ich werde einen Kurs in Wirtschaftsenglisch machen. Ich war der Beste in meiner Klasse.

el **examen** *syn:* prueba ¡He sacado un diez en el **examen** de Literatura!	**Prüfung** *f* Ich habe eine Eins in der Literaturprüfung!

TIPP: *In Spanien geht die Benotung von 0 (schlechteste Wertung) bis 10 (beste Wertung).*

aprobar *v ant:* suspender ⚠ *irr 7* Si sacas un cinco, ya **has aprobado**.	**bestehen** Mit einer Fünf hast du schon bestanden.

suspender *v ant:* aprobar Me han (⚠ *auch:* **He**) **suspendido** Griego, tendré que estudiar todo el verano.	**durchfallen, nicht bestehen** Ich bin in Griechisch durchgefallen. Ich werde den ganzen Sommer über lernen müssen.

TIPP: *Im Juni und im September sind Prüfungswiederholungen möglich.*

«2001–4000»

la **educación** Yo trabajo en el Ministerio de **Educación** y Ciencia.	**Erziehung** *f* Ich arbeite im Ministerium für Erziehung und Wissenschaft.

la **formación** En sus años de **formación**, Pedro vivió con sus padres.	**Ausbildung** *f* Pedro wohnte während seiner Ausbildung bei seinen Eltern.

TIPP: *Ein Plural ist bei **educación** und **formación** nicht gebräuchlich.*

el **catedrático**, la **catedrática** La nueva **catedrática** de Literatura es muy joven.	**Professor(in)** *m(f);* **Studienrat, Studienrätin** *m, f* Die neue Literaturprofessorin ist sehr jung.

la **conferencia** Mañana doy una **conferencia** sobre Picasso.	**Vortrag** *m* Morgen halte ich einen Vortrag über Picasso.

la ciencia
Estoy en la facultad de **Ciencias** de la Información.

Wissenschaft *f*
Ich bin am Fachbereich für Kommunikationswissenschaften.

científico, a *adj*
Esta revista trata temas **científicos**.

wissenschaftlich
Diese Zeitschrift behandelt wissenschaftliche Themen.

la medicina
Comencé a estudiar **Medicina**, pero lo dejé.

Medizin *f*
Ich habe angefangen Medizin zu studieren, aber ich habe wieder aufgehört.

la historia
Mis conocimientos en **Historia** son muy buenos.

Geschichte *f*
Meine Kenntnisse in Geschichte sind sehr gut.

la geografía
En clase de **Geografía** hemos aprendido las capitales del mundo.

Erdkunde *f*
Im Erdkundeunterricht haben wir die Hauptstädte der Welt gelernt.

la química
Mª Jesús estudia **Química** en Madrid.

Chemie *f*
María Jesús studiert Chemie in Madrid.

las matemáticas
He vuelto a suspender (las) **Matemáticas**.

Mathematik *f*
Ich bin wieder in Mathematik durchgefallen.

la física
La asignatura de **Física** me gustaba mucho.

Physik *f*
Das Fach Physik mochte ich sehr.

la traducción ⚠ *pl* **las traducciones**
Estudié **Traducción** en Granada.
¿Cómo es la **traducción** española de "Kaufhaus"?

Übersetzen *n;* Übersetzung *f*

Ich habe in Granada Übersetzen studiert.
Wie heißt die spanische Übersetzung von „Kaufhaus"?

TIPP: *Im Allgemeinen schreibt man Schul- und Studienfächer groß, und, wenn es sich nicht um das Fach handelt, klein.*

la especialidad
En Medicina hay que hacer una **especialidad**.

Fachgebiet *n*
In Medizin muss man ein Fachgebiet studieren.

la pizarra
El maestro escribió una frase en la **pizarra**.

Tafel *f*
Der Lehrer schrieb einen Satz an die Tafel.

el **cuaderno**
Chicos, escribid el dictado en vuestros **cuadernos**.

Heft *n*
Kinder, schreibt das Diktat in eure Hefte.

la **carpeta**
He guardado los deberes en la **carpeta**.

Mappe *f*
Ich habe die Hausaufgaben in meine Mappe getan.

el **bolígrafo**
Si escribes con **bolígrafo**, no podrás borrar los errores.

Kugelschreiber *m*
Wenn du mit Kugelschreiber schreibst, kannst du nachher nicht die Fehler ausradieren.

*TIPP: bolígrafo wird abgekürzt zu **el boli**.*

el **lápiz** ⚠ *pl* **los lápices**
En el libro sólo escribo con **lápiz**.

Bleistift *m*
Ich schreibe nur mit Bleistift in das Buch.

la **pluma**
Prefiero escribir con **pluma** que con bolígrafo.

Füller *m*
Ich schreibe lieber mit Füller als mit Kugelschreiber.

el **diccionario**
En el examen no podéis usar el **diccionario**.

Wörterbuch *n*
In der Prüfung dürft ihr das Wörterbuch nicht benutzen.

el **dictado**
Los **dictados** sirven para mejorar la ortografía.

Diktat *n*
Diktate sind dazu da, die Rechtschreibung zu verbessern.

los **deberes**
Son las diez de la noche y todavía no has hecho los **deberes**.

Hausaufgaben *pl*
Es ist schon zehn Uhr abends, und du hast immer noch nicht deine Hausaufgaben gemacht.

el **ejercicio**
Este **ejercicio** de matemáticas es muy fácil.

Übungsaufgabe *f*
Diese Übungsaufgabe in Mathematik ist sehr einfach.

la **nota**
El año que viene prometo sacar buenas **notas**.

Note *f*
Ich verspreche, dass ich nächstes Jahr gute Noten bekomme.

la **academia**
Soy profesor de alemán en una **academia**.

(Privat)schule *f*
Ich bin Deutschlehrer an einer Privatschule.

el   **aprendiz**, la   **aprendiza**
⚠ *pl* **los aprendices**
En nuestro taller tenemos dos **aprendices**.

Auszubildende(r) *f(m)*

Wir haben in unserer Werkstatt zwei Auszubildende.

la **beca**
A mi hijo le han dado una **beca**.

Stipendium *n*
Mein Sohn hat ein Stipendium bekommen.

la **enseñanza**
En España habría que mejorar la **enseñanza** de idiomas.

Unterricht *m*
Der Sprachenunterricht in Spanien müsste verbessert werden.

oral *adj*
Tengo que hacer un examen **oral** y otro escrito.

mündlich
Ich muss eine mündliche und eine schriftliche Prüfung ablegen.

el **bachillerato**
Las notas del **bachillerato** cuentan para entrar en la universidad.

Abitur *n*
Die Abiturnoten sind wichtig, um an die Universität zu kommen.

las **oposiciones**
Para ser funcionario hay que pasar unas **oposiciones**.

Auswahlprüfungen *pl*
Um Beamter zu werden, muss man Auswahlprüfungen machen.

1.3   Interessen

1.3.1   KUNST

1.3.1.1   BILDENDE KUNST

«1–2000»

el **arte** ⚠ *pl* **las artes**
El **arte** moderno me encanta.

Kunst *f*
Ich liebe moderne Kunst.

TIPP: *Im Plural wird* **arte** *praktisch ausschließlich mit weiblichem Artikel und Adjektiv gebraucht:* **las Bellas Artes**.

el cuadro
En el Museo del Prado hay muchos **cuadros** famosos.

Bild *n*
Im Prado gibt es viele berühmte Bilder.

> **TIPP:** *Der Prado ist das spanische Nationalmuseum in Madrid, benannt nach dem Park Prado de San Jéronimo, in dem es sich befindet.*

pintar *v*
Velázquez **pintó** Las Meninas.

malen
Velázquez malte „Las Meninas".

> **TIPP: las meninas** *heißt auf Deutsch „die königlichen Hofdamen", der Titel des Bildes wird aber meist nicht übersetzt.*

dibujar *v*
Tu hermano **dibuja** como un verdadero artista.

zeichnen
Dein Bruder zeichnet wie ein wahrer Künstler.

«2001–4000»

el museo
¿Hay algún **museo** interesante en esta ciudad?

Museum *n*
Gibt es in dieser Stadt irgendein interessantes Museum?

la exposición ⚠ *pl* **las exposiciones**
Hoy voy a ver la **exposición** de un escultor poco conocido.

Ausstellung *f*

Ich gehe heute in eine Ausstellung eines wenig bekannten Bildhauers.

el estilo
En Barcelona hay muchos edificios de **estilo** modernista.

Stil *m*
In Barcelona gibt es viele Gebäude, die im Jugendstil gebaut sind.

el, la artista
En este museo hay obras de **artistas** famosos.

Künstler(in) *m(f)*
In diesem Museum gibt es Werke berühmter Künstler.

> **TIPP:** *Berufsbezeichnungen auf* **-ista** *sind sowohl männlich als auch weiblich. Der Plural lautet* **los/las artistas**.

el pintor, **la pintora**
Picasso es uno de los **pintores** españoles más conocidos.

Maler(in) *m(f)*
Picasso ist einer der meistbekannten spanischen Maler.

la pintura
Me gusta la **pintura** barroca.

Malerei *f*
Ich mag die Malerei des Barock.

el **escultor**, la **escultora**
Rodin es uno de mis **escultores**
preferidos.

Bildhauer(in) *m(f)*
Rodin ist einer meiner Lieblings-
bildhauer.

la **escultura**
Voy a hacer una **escultura** de
madera.
La pintura me gusta más que la
escultura.

Skulptur *f*; **Bildhauerei** *f*
Ich werde eine Holzfigur schnit-
zen.
Malerei gefällt mir besser als
Bildhauerei.

la **estatua**
En el puerto de Barcelona está
la **estatua** de Colón.

Statue *f*
Die Statue von Kolumbus steht
im Hafen von Barcelona.

el **dibujo**
Tu hijo hace unos **dibujos** muy
realistas para su edad.

Zeichnung *f*
Für sein Alter macht dein Sohn
ganz wirklichkeitsgetreue Zeich-
nungen.

la **copia**
Este no es el original, sino sólo
una **copia**.

Kopie *f*
Das ist nicht das Original sondern eine Kopie.

1.3.1.2   THEATER, FILM UND FERNSEHEN

«1–2000»

el **teatro**
Yo nunca he ido al **teatro**, ¿y tú?
— Pues yo tampoco.

Theater *n*
Ich war noch nie im Theater, und
du? — Na, ich auch nicht.

el **cine**
Esta noche vamos al **cine**.

El **cine** mudo me parece muy
aburrido.

Kino *n*
Wir gehen heute Abend ins Kino.
Ich finde Stummfilme sehr langweilig.

el **espectáculo**
No vayas a ver el **espectáculo**
de ese humorista: es malísimo.
→ *guapo TIPP S. 18*

Vorstellung *f*
Geh bloß nicht in die Vorstellung
dieses Komikers: die ist absolut
schlecht.

la **obra de teatro**
Las **obras de teatro** clásicas
me gustan más que las moder-
nas.

Theaterstück *n*
Mir gefallen klassische Theater-
stücke besser als moderne.

interpretar v

Esta actriz no sabe **interpretar** su papel.

darstellen, verkörpern; ausfüllen

Diese Schauspielerin füllt ihre Rolle nicht aus.

---

actuar v

¿Cómo se llama el grupo de teatro que **actúa** mañana?

auftreten, seinen Auftritt auf der Bühne haben

Wie heißt die Theatergruppe, die morgen ihren Auftritt hat?

---

la entrada

Prohibida la **entrada** a menores de 18 años.
No quedan **entradas** para el concierto de esta noche.

Eintritt m; **(Eintritts)karte** f

Für Minderjährige unter 18 Jahren ist der Eintritt verboten.
Für das Konzert heute Abend gibt es keine Karten mehr.

«2001–4000»

la función ⚠ pl **las funciones**
¿A qué hora comienza la **función**?

Aufführung f

Wann fängt die Aufführung an?

---

la sesión ⚠ pl **las sesiones**
¿Al final vais hoy al cine?
— Sí, pero a la **sesión** de noche.

Vorstellung f

Geht ihr heute noch ins Kino?
— Ja, aber erst in die Spätvorstellung.

---

la taquilla

En la **taquilla** se compran las entradas.

Kasse f

Karten gibt es an der Theaterkasse.

---

representar v

El grupo de teatro va a **representar** una obra de Valle Inclán.

spielen; geben; aufführen

Die Theatergruppe wird ein Stück von Valle Inclán spielen.

---

la pantalla

Ya quedan pocos cines grandes con **pantallas** gigantes.

Leinwand f

Es gibt nur noch wenige große Kinos mit riesigen Leinwänden.

---

la película

De niño me encantaban las **películas** de dibujos animados.

Film m

Als Kind habe ich mit Begeisterung Zeichentrickfilme angesehen.

TIPP: *película wird verwendet für den Spielfilm, den Film für die Filmkamera und die Videokamera, der Film für den Fotoapparat heißt* **carrete***.*

la comedia Esa película es una **comedia** divertidísima. Te la recomiendo.	**Komödie** f Dieser Film ist eine äußerst unterhaltsame Komödie. Den kann ich dir empfehlen.
el escenario Este grupo de teatro hace subir al público al **escenario**.	**Bühne** f Diese Theatergruppe lässt das Publikum auf die Bühne kommen.
el acto La obra que veremos esta noche está dividida en cinco **actos**.	**Akt** m Das Stück, das wir heute Abend sehen, hat fünf Akte.
la escena En la película salía una **escena** divertidísima.	**Szene** f In dem Film gab es eine besonders lustige Szene.
el actor A mí me gustaría ser **actor** de cine.	**Schauspieler** m Ich würde gern Filmschauspieler werden.
la actriz ⚠ pl **las actrices** Margarita podría haber sido una buena **actriz** de teatro.	**Schauspielerin** f Margarita hätte eine gute Theaterschauspielerin sein können.
el papel A Alfredo le han dado un **papel** como actor secundario.	**Rolle** f Sie haben Alfredo eine Rolle als Nebendarsteller gegeben.
el, la protagonista ¿Quién es el **protagonista** en esta película?	**Hauptdarsteller(in)** m(f) Wer ist der Hauptdarsteller in diesem Film?
dirigir v ⚠ **dirijo, dirija** No recuerdo quién **dirigió** "Lo que el viento se llevó".	**Regie führen bei** Ich erinnere mich nicht mehr, wer bei „Vom Winde verweht" Regie geführt hat.
el público El **público** aplaudió entusiasmado.	**Publikum** n Das Publikum spendete begeistert Beifall.
aplaudir v Al terminar la obra, todos **aplaudieron**.	**applaudieren** Am Schluss des Stückes haben alle applaudiert.
famoso, a adj Gardel fue un **famoso** cantante de tango argentino.	**berühmt** Gardel war ein berühmter Sänger des argentinischen Tango.

la **fama**
Antonio Banderas ha llegado a la **fama** en Hollywood.

Ruhm *m*
Antonio Banderas ist in Hollywood berühmt geworden.

1.3.1.3 MUSIK

«1–2000»

la **música**
Miguel está escuchando **música** en su cuarto.

Musik *f*
Miguel ist in seinem Zimmer und hört Musik.

el **concierto**
Carolina acaba de irse a un **concierto** de música clásica.

Konzert *n*
Carolina ist gerade in ein Klassikkonzert gegangen.

el **grupo**
Mis hermanos tocan en un **grupo** de música rock.

Band *f*, **Gruppe** *f*
Meine Brüder spielen in einer Rockband.

tocar *v* ⚠ **toque, toqué**
Espero que en el concierto de hoy **toquen** mi canción favorita.

spielen
Hoffentlich spielen sie mein Lieblingslied bei dem heutigen Konzert.

TIPP: *Im Zusammenhang mit Musik und Instrumenten heißt „spielen"* **tocar**, *ansonsten heißt es* **jugar**.

cantar *v*
Mercedes **canta** en un coro.

singen
Mercedes singt in einem Chor.

la **canción** ⚠ *pl* **las canciones**
Yo no conozco la letra de esta **canción**, ¿y tú?

Lied *n*
Ich kenne den Text dieses Liedes nicht. Kennst du ihn?

«2001–4000»

el **músico**
Esta orquesta tiene más de cincuenta **músicos**.

Musiker(in) *m(f)*
In diesem Orchester spielen mehr als fünfzig Musiker.

TIPP: *Die Femininform* **la (mujer) música** *existiert theoretisch, ist so aber nicht gebräuchlich – sondern nur als Substantiv für Musik. Normalerweise wird umschrieben, z. B.:* **Mi hermana es violinista.** *Meine Schwester ist Geigerin.*

el, la cantante	**Sänger(in)** *m(f)*
Cuando yo era pequeña quería ser **cantante**.	Als ich klein war, wollte ich Sängerin werden.
la melodía	**Melodie** *f*
Esta **melodía** me resulta conocida.	Diese Melodie kommt mir bekannt vor.
el ritmo	**Rhythmus** *m*
La música africana tiene mucho **ritmo**.	Afrikanische Musik hat viel Rhythmus.
la orquesta	**Orchester** *n*
Manuel toca en una **orquesta** muy famosa.	Manuel spielt in einem sehr berühmten Orchester.
el coro	**Chor** *m*
Mi hijo canta en el **coro** de la escuela.	Mein Sohn singt im Schulchor.
el director de orquesta, la **directora de orquesta**	**Dirigent(in)** *m(f)*
Karajan era uno de los más famosos **directores de orquesta**.	Karajan war einer der berühmtesten Dirigenten.
el compositor, la **compositora**	**Komponist(in)** *m(f)*
Bach fue un gran **compositor**.	Bach war ein großartiger Komponist.
el instrumento	**Instrument** *n*
Sé cantar, pero no toco ningún **instrumento**.	Ich kann singen, aber ich spiele kein Instrument.
el piano	**Klavier** *n*
Emilia toca el **piano** desde los cuatro años.	Emilia spielt seit ihrem vierten Lebensjahr Klavier.
el violín ⚠ *pl* **los violines**	**Geige** *f*
Me gustaría aprender a tocar el **violín**, pero creo que ya soy demasiado mayor.	Ich würde gern Geige spielen lernen, aber ich glaube, dass ich schon zu alt dafür bin.
la guitarra	**Gitarre** *f*
Voy a hacer un curso de **guitarra** española.	Ich werde einen Kurs in spanischer Gitarre machen.

1.3.2   KOMMUNIKATIONSMITTEL

«1–2000»

el periódico
Compro el **periódico** todos los días.

Zeitung *f*
Ich kaufe täglich Zeitung.

---

la televisión
El cantante actúa esta noche en **televisión**.
Yolanda trabaja en la **televisión**.

Fernsehen *n*
Der Sänger tritt heute Abend im Fernsehen auf.
Yolanda arbeitet beim Fernsehen.

TIPP: la tele, die Kurzform von televisión, ist sehr gebräuchlich.

---

la pantalla
¿Seguro que el televisor está encido? No se ve nada en la **pantalla**.

Bildschirm *m*
Ist der Fernseher auch wirklich eingeschaltet? Man sieht nichts auf dem Bildschirm.

---

la radio
Mi abuela escuchaba la **radio** todas las noches.

Radio *n*
Meine Großmutter hörte jeden Abend Radio.

---

el programa
Ahora va a empezar en la tele mi **programa** favorito.

Programm *n*
Jetzt fängt gleich mein Lieblingsprogramm im Fernsehen an.

«2001–4000»

el medio de comunicación
Los principales **medios de comunicación** son la televisión, la radio y la prensa.

Kommunikationsmittel *n*
Fernsehen, Radio und Presse sind die wichtigsten Medien.

---

la prensa
He leído en la **prensa** que van a subir los impuestos.

Presse *f*
Ich habe in der Presse gelesen, dass die Steuern erhöht werden.

---

publicar *v* ⚠ **publique, publiqué**
Todos los periódicos **han publicado** hoy una foto de la visita del Papa.

veröffentlichen

Sämtliche Zeitungen haben heute ein Foto vom Papstbesuch veröffentlicht.

el **reportaje**
Hoy he leído un **reportaje** sobre el cáncer.

Reportage *f*
Heute habe ich eine Reportage über Krebs gelesen.

la **revista**
En España se venden muchas **revistas** del corazón.

Zeitschrift *f*
In Spanien werden viele Zeit-schriften der Regenbogenpres-se verkauft.

la **edición** ⚠ *pl* **las ediciones**
Tengo una **edición** muy antigua de la Biblia.

Ausgabe *f*
Ich habe eine sehr alte Ausgabe der Bibel.

la **editorial**
Trabajo para una **editorial**.

Verlag *m*
Ich arbeite für einen Verlag.

el **canal**
Con la televisión por satélite se pueden ver muchísimos **canales**.

Kanal *m*, Programm *n*
Mit Satellitenfernsehen kann man ungeheuer viele Kanäle empfangen.

en **directo** *adv syn:* en vivo
Es muy difícil hacer un progra-ma **en directo**.

live, direkt, Live-
Es ist sehr schwierig, eine Live-sendung zu machen.

anunciar *v*

Han anunciado que los im-puestos subirán.
Este café lo **anuncian** en la tele.

bekannt geben, ankündigen; Werbung machen für
Sie haben angekündigt, dass die Steuern erhöht werden.
Für diesen Kaffe wird im Fernse-hen Werbung gemacht.

presentar *v*
A Magdalena le gustaría **pre-sentar** un programa en la radio.
Voy a **presentarles** al próximo artista de la noche.

moderieren; vorstellen
Magdalena würde gern eine Sendung im Radio moderieren.
Und nun stelle ich Ihnen den nächsten Künstler des heutigen Abends vor.

la **entrevista**
Mañana voy a hacerle una **en-trevista** a un actor muy famoso.

Interview *n*
Morgen interviewe ich einen sehr berühmten Schauspieler.

el **cartel**
En el centro de la ciudad hay muchos **carteles** publicitarios.

Plakat *n*
In der Innenstadt gibt es viele Werbeplakate.

la **imagen**
En la tele salen demasiadas **imágenes** violentas.

Bild *n*
Im Fernsehen bringen sie zu viele brutale Bilder.

1.3.3   ERHOLUNG UND FREIZEIT

1.3.3.1   ERHOLUNG

«1–2000»

las vacaciones
Nos hemos ido al Caribe de **vacaciones**.

Ferien *pl;* **Urlaub** *m*
Wir sind in den Ferien in die Karibik geflogen.

descansar *v*
Deberías **descansar** un poco después de haber trabajado tanto.

ausruhen
Du solltest ein bisschen ausruhen, nachdem du so viel gearbeitet hast.

la pausa
Haremos una **pausa** para comer.

Pause *f*
Wir machen eine Pause um zu essen.

pasear *v*
Vamos a **pasear** por el parque.

spazieren gehen
Wir gehen durch den Park spazieren.

el paseo
Vamos a dar un **paseo** por el parque.
A mí me gusta ir de **paseo** con toda la familia.

Spaziergang *m*
Wir machen einen Spaziergang durch den Park.
Ich gehe gern mit meiner ganzen Familie spazieren.

«2001–4000»

el tiempo libre
En mi **tiempo libre** suelo escuchar música.

Freizeit *f*
In meiner Freizeit höre ich normalerweise Musik.

relajarse *v*
Me voy unos días a la playa para **relajarme** y olvidar los problemas.

sich erholen, sich entspannen
Ich fahre ein paar Tage an den Strand, um mich zu erholen und meine Sorgen zu vergessen.

el descanso
Creo que me merezco un **descanso**.

Erholung *f*
Ich glaube, ich habe mir Erholung verdient.

la siesta
En verano me gusta hacer la **siesta**.

Mittagsschläfchen *n*
Im Sommer mache ich gern ein Mittagsschläfchen.

1.3.3.2 FREIZEITBESCHÄFTIGUNGEN UND HOBBYS

«1–2000»

jugar v ⚠ irr 18
¿Sabes **jugar** a(l) fútbol?
¿Quieres **jugar** a (las) cartas?
→ tocar S. 183

spielen
Kannst du Fußball spielen?
Möchtest du Karten spielen?

---

el juego
El dominó es un **juego** de mesa.

Spiel n
Domino spielt man am Tisch.

---

bailar v
A mí no me gusta **bailar**.

tanzen
Tanzen gefällt mir überhaupt nicht.

---

el baile
El tango y la salsa son **bailes** muy distintos.

Tanz m
Tango und Salsa sind sehr unterschiedliche Tänze.

---

la cámara
Hemos grabado la boda con la **cámara** de vídeo.
Voy a traer a tu fiesta mi **cámara** de fotos.

Kamera f
Die Hochzeit haben wir mit der Videokamera aufgenommen.
Ich nehme meinen Fotoapparat mit auf deine Party.

---

la fotografía
Acabo de encontrar unas **fotografías** muy antiguas; creo que eran de mis abuelos.

Me gustaría hacer un curso de **fotografía**.

Fotografie f
Ich habe gerade ein paar sehr alte Fotografien gefunden; ich glaube, dass die von meinen Großeltern waren.
Ich würde gern einen Fotokurs machen.

TIPP: Die Kurzform für **fotografía** ist **la foto**.

---

fotografiar v ⚠ irr 12
Espera, voy a **fotografiar** este paisaje tan bonito.

fotografieren
Warte mal, ich fotografiere noch diese schöne Landschaft.

---

sacar fotos v syn: hacer fotos
⚠ **saque, saqué**
Durante el viaje **hemos sacado** muchas **fotos**.

Fotos machen

Wir haben während der Reise viele Fotos gemacht.

---

el carrete
Tengo que cambiar el **carrete**.
→ película S. 181

Film m
Ich muss den Film wechseln.

---

el televisor
Enciende el **televisor**, por favor.

Fernseher m
Schalte bitte den Fernseher ein.

el **disco**
La mayoría de los **discos** salen al mercado como discos compactos.

(Schall)platte *f*
Die meisten Platten kommen als CDs auf den Markt.

el **disco compacto**, el **CD**
Dicen que el **disco compacto** ofrece mejor calidad de sonido.

CD *f*
Man sagt, dass die CD eine bessere Klangqualität bietet.

el/la **casete**
Escucha este **casete**, te va a gustar.

Kassette *f*
Hör dir mal diese Kassette an, sie wird dir gefallen.

«2001–4000»

la **afición** ⚠ *pl* **las aficiones**
¿Tienes alguna **afición**?
— Sí, la fotografía.

Hobby *n*
Hast du ein Hobby?
— Ja, Fotografieren.

TIPP: Man kann im Spanischen auch el hobby sagen.

la **muñeca**
Yo jugaba muy poco con **muñecas**.

Puppe *f*
Mit Puppen spielte ich sehr selten.

la **excursión** ⚠ *pl* **las excursiones**
El sábado saldremos de **excursión** a la montaña.

Ausflug *m*

Samstag machen wir einen Ausflug in die Berge.

acampar *v*
Cuando vamos de excursión, siempre **acampamos** junto a un lago.

zelten
Wenn wir einen Ausflug machen, zelten wir immer an einem See.

cazar *v* ⚠ **cace, cacé**
Hay muchas especies que ya no se pueden **cazar**.

jagen
Es gibt viele Tierarten, die nicht gejagt werden dürfen.

la **diapositiva**
Me gusta más ver **diapositivas** que fotos.

Dia *n*
Ich sehe mir lieber Dias als Fotos an.

el **radio-casete**
Mi coche tiene **radio-casete**.

Radiorekorder *m*
Mein Auto hat einen Radiorekorder.

el **equipo estéreo**
Con un **equipo estéreo** la música se oye mucho mejor.

Stereoanlage *f*
Musik hört sich über eine Stereoanlage viel besser an.

el **altavoz** ⚠ *pl* **los altavoces**
Para un coche no se necesitan
altavoces demasiado potentes.

Lautsprecher *m*
Für ein Auto braucht man keine
allzu starken Lautsprecher.

el **vídeo**
Me he comprado un aparato de
vídeo.
Voy a alquilar una película de
vídeo.

Video *n*
Ich habe mir ein Videogerät ge-
kauft.
Ich leihe mir einen Videofilm.

TIPP: *In der Umgangssprache wird das Wort* **vídeo** *sowohl für das Gerät als auch für den Film benutzt. In Lateinamerika sagt man* **el ví- deo***, wobei das* **e** *betont wird.*

grabar *v*
He grabado en (el) vídeo un
programa de televisión muy divertido.

aufnehmen
Ich habe eine sehr lustige Fern-
sehsendung auf Video aufgenommen.

apostar *v* ⚠ *irr* 7
Yo creo que Ana se va de viaje.
— ¡Qué va! Seguro que al final
se queda. ¿Qué **apostamos**?

wetten
Ich glaube, dass Ana verreisen
wird. — Ach was! Sicherlich
bleibt sie nachher doch zu Hause. Wollen wir wetten?

el **premio**
Hemos ganado el primer **premio** en el concurso de baile.
→ *precio S. 156*

Preis *m*
Wir haben den ersten Preis im
Tanzwettbewerb gewonnen.

TIPP: **premio** *ist der Preis, den man gewinnt;* **precio** *der Preis, den man bezahlt.*

el **bingo**
Cada sábado vamos a jugar al
bingo.

Bingo *n*
Jeden Samstag spielen wir Bingo.

coleccionar *v*
Hay mucha gente que **colecciona** sellos de todo el mundo.

sammeln
Viele Menschen sammeln Briefmarken aus aller Welt.

1.3.3.3 VERGNÜGEN UND GENUSS

«1–2000»

disfrutar *v*
Relájate y **disfruta** de la música.

genießen
Entspanne dich und genieß die Musik.

---

favorito, a *adv syn:* preferido
Mi actriz **favorita** es Victoria Abril.

Lieblings-
Meine Lieblingsschauspielerin ist Victoria Abril.

---

el **fumador**, la **fumadora**
Yo soy **fumador** desde los veinte años.

Raucher(in) *m(f)*
Ich rauche seit meinem zwanzigsten Lebensjahr.

---

fumar *v*
Perdone, ¿aquí se puede **fumar**?

rauchen
Verzeihung, darf man hier rauchen?

---

el **cigarrillo**
¿Alguno de vosotros tiene un **cigarrillo**?

Zigarette *f*
Hat jemand von euch eine Zigarette?

TIPP: *Der Zigarillo heißt auf Spanisch* **el purito**, *wörtlich die kleine Zigarre.*

---

la **pipa**
Mi abuelo fumaba **pipa**.

Pfeife *f*
Mein Großvater rauchte Pfeife.

---

el **puro**
No me gusta el olor a **puro**.

Zigarre *f*
Ich mag Zigarrenrauch nicht.

---

el **tabaco**
En Cuba se produce mucho **tabaco**. Los puros cubanos son muy famosos.

Tabak *m*
In Kuba wird viel Tabak produziert. Die kubanischen Zigarren sind sehr berühmt.

«2001–4000»

la **diversión**
En el carnaval de Río la **diversión** está asegurada.

Vergnügen *n*
Auf dem Karneval von Rio hat jeder garantiert seinen Spaß.

---

entretenido, a *adj*
Esta película es bastante mala, pero muy **entretenida**.

unterhaltsam
Dieser Film ist ziemlich schlecht, aber sehr unterhaltsam.

divertirse *v* ⚠ *irr* 30

Nos hemos divertido mucho en la fiesta de Pepe.

Spaß haben, sich gut unterhalten

Wir haben auf Pepes Party viel Spaß gehabt.

---

el chiste

Jacinto cuenta unos **chistes** muy graciosos.

Witz *m*

Jacinto erzählt herrliche Witze.

---

la broma

Le hemos hecho una **broma** a la maestra, pero a ella no le ha hecho gracia.

Scherz *m*

Wir haben uns bei unserer Lehrerin einen Scherz erlaubt, aber sie hat keinen Spaß verstanden.

---

distraer *v* ⚠ *irr* 33

Si hablas, me **distraes** y no puedo leer.

ablenken

Wenn du redest, lenkst du mich ab, und ich kann nicht lesen.

---

aprovechar *v*

Hay que **aprovechar** esta buena ocasión.

nutzen

Diese gute Gelegenheit muss man nutzen.

1.3.4 SPORT

«1–2000»

el deporte

Magda hace mucho **deporte** para estar en forma.

Sport *m*

Magda treibt viel Sport, um fit zu bleiben.

---

la gimnasia

Por las mañanas hago un poco de **gimnasia**.

Gymnastik *f*

Morgens mache ich ein bisschen Gymnastik.

---

el, la deportista

Los **deportistas** profesionales no pueden fumar ni beber alcohol. → *artista TIPP S. 179*

Sportler(in) *m(f)*

Profisportler dürfen weder rauchen noch Alkohol trinken.

---

el equipo

Un **equipo** de fútbol tiene once jugadores.

Mannschaft *f*

In einer Fußballmannschaft sind elf Spieler.

---

el fútbol

Ahora van a dar en la tele un partido de **fútbol**.

Fußball *m*

Jetzt zeigen sie gleich ein Fußballspiel im Fernsehen.

el **tenis** ¡Juegas muy bien al **tenis**!	Tennis *n* Du spielst sehr gut Tennis!
el **baloncesto** Un partido de **baloncesto** americano es todo un espectáculo.	Basketball *m* Amerikanischer Basketball ist rundum ein Erlebnis.
el **jugador**, la **jugadora** Para ser **jugador** de baloncesto hay que ser muy alto.	Spieler(in) *m(f)* Als Basketballspieler muss man sehr groß sein.
la **pelota** *syn:* balón En el fútbol la **pelota** no se puede tocar con las manos. → *balón S. 195*	Ball *m* Man darf im Fußball den Ball nicht mit der Hand berühren.
entrenar *v* Los deportistas tienen que **entrenar** muchas horas al día.	trainieren Sportler müssen viele Stunden täglich trainieren.
el **partido** Tengo dos entradas para el **partido** de mañana.	Spiel *n* Ich habe zwei Karten für das morgige Spiel.
correr *v* El atleta **corrió** los cien metros en siete segundos.	(schnell) laufen Der Leichtathlet lief die Hundertmeter in sieben Sekunden.

«2001–4000»

la **carrera** ¿Qué te parecen las **carreras** de Fórmula 1?	Rennen *n* Was hältst du von Formel-1-Rennen?
cansarse *v* Si corro, **me canso** en seguida.	müde werden Wenn ich laufe, werde ich schnell müde.
nadar *v* Sé **nadar**, pero me canso enseguida porque soy fumadora.	schwimmen Ich kann schwimmen, aber ich bin schnell erschöpft, weil ich rauche.
esquiar *v* ⚠ *irr* 12 Estas Navidades iremos a **esquiar** a los Pirineos.	Ski laufen Diese Weihnachten fahren wir in die Pyrenäen zum Skilaufen.
el **footing** Iván hace **footing** todas las mañanas.	Joggen *n* Iván joggt jeden Morgen.

bucear *v*	**tauchen**
A mí me daría miedo **bucear** en el océano.	Also ich hätte Angst, im Ozean zu tauchen.

pescar *v* ⚠ **pesque, pesqué**	**angeln; fangen**
En este río hay un cartel que dice: "Prohibido **pescar**".	An diesem Fluss steht ein Schild mit der Aufschrift: „Angeln verboten".
En este río no creo que **pesques** nada.	Ich glaube nicht, dass du in diesem Fluss etwas fängst.

montar a caballo *v*	**reiten**
Montar a caballo parece fácil, pero yo no consigo aprender.	Reiten sieht so leicht aus, aber ich lerne es wohl nie.

el **ciclismo**	**Radfahren** *n*
El **ciclismo** es uno de los deportes favoritos de los españoles.	Radfahren ist eine der Lieblingssportarten der Spanier.

el, la **atleta**	**(Leicht)athlet(in)** *m(f)*
Los **atletas** ya están preparados para la carrera de los cien metros.	Die Leichtathleten sind bereits startklar für den Hundertmeterlauf.

el, la **tenista**	**Tennisspieler(in)** *m(f)*
→ *artista S. 179*	

el **capitán**, la **capitana** ⚠ *pl* **los capitanes**	**Kapitän(in)** *m(f)*
El **capitán** del equipo decide la estrategia de juego.	Der Mannschaftskapitän trifft die Entscheidung über die Strategie des Spiels.

el **entrenador**, la **entrenadora**	**Trainer(in)** *m(f)*
Mi padre es **entrenador** de un equipo de fútbol.	Mein Vater ist Fußballtrainer.

la **competición** ⚠ *pl* **las competiciones**	**Wettkampf** *m*
¿Cuántas **competiciones** ha ganado ya esa tenista?	Wie viele Wettkämpfe hat diese Tennisspielerin schon gewonnen?

el **campeón**, la **campeona** ⚠ *pl* **los campeones**	**Meister(in)** *m(f)*
El equipo de mi país fue **campeón** mundial hace dos años.	Unsere Mannschaft wurde vor zwei Jahren Weltmeister.

la **final**

La tenista no pudo jugar la **final** (⚠ *nicht:* **el final**) por problemas de salud.

Endspiel *n*

Die Tennisspielerin konnte das Endspiel aus gesundheitlichen Gründen nicht bestreiten.

la **medalla**

Esperamos que nuestra atleta favorita gane la **medalla** de oro.

Medaille *f*

Hoffentlich gewinnt unsere Lieblingsathletin die Goldmedaille.

el **espectador**, la **espectadora**

En este estadio caben veinte mil **espectadores**.

Zuschauer(in) *m(f)*

In dieses Stadion passen zwanzigtausend Zuschauer.

el **árbitro**

El **árbitro** siempre tiene la última palabra en un partido.

Schiedsrichter(in) *m(f)*

Der Schiedsrichter hat bei einem Spiel immer das letzte Wort.

el **gol**

¡No lo puedo creer! El FC Barcelona ha marcado cuatro **goles** en menos de una hora.

Tor *n*

Ich kann es nicht glauben! Der FC Barcelona hat in weniger als einer Stunde vier Tore geschossen.

marcar *v* ⚠ **marque, marqué**

El futbolista **marcó** un gol.

schießen

Der Fußballspieler schoss ein Tor.

el **estadio**

En el centro de la ciudad están construyendo un **estadio** de fútbol.

Stadion *n*

Im Stadtzentrum wird gerade ein Fußballstadion gebaut.

el **gimnasio**

Los lunes voy al **gimnasio**.

Turnhalle *f;* **Sportstudio** *n*

Montags gehe ich ins Sportstudio.

la **piscina**

Me gusta más nadar en una **piscina** que en el mar.

Schwimmbad *n*

Ich schwimme lieber in einem Schwimmbad als im Meer.

la **raqueta**

El tenista rompió sin querer su **raqueta**.

Schläger *m*

Der Tennisspieler zerbrach aus Versehen seinen Schläger.

el **balón** *syn:* pelota ⚠ *pl* **los balones**

Recuerda que no puedes tocar el **balón** con las manos.

Ball *m*

Denke daran, dass du den Ball nicht mit der Hand berühren darfst.

TIPP: *Für einen großen Ball kann man* **balón** *und* **pelota** *sagen, kleinere Bälle wie für Tennis und Tischtennis nennt man nur* **pelota**.

1.4   Öffentliches Leben

1.4.1   STAATSWESEN

1.4.1.1   *STAAT UND POLITIK*

«1–2000»

---

la **política**
A mí no me interesa la **política**.

Politik *f*
Politik interessiert mich nicht.

---

el **político**, la **política**
Muchos piensan que los **políticos** sólo quieren dinero y poder.

Politiker(in) *m(f)*
Viele glauben, dass Politiker nur nach Geld und Macht streben.

---

político, a *adj*
El rey de España tiene poco poder **político**.

politisch
Der spanische König hat nur geringen politischen Einfluss.

---

el **país**
Yo he estado en varios **países** de Sudamérica.

Land *n*
Ich bin schon in mehreren südamerikanischen Ländern gewesen.

---

la **provincia**
Vivimos en la **provincia** de Málaga.

Provinz *f*
Wir leben in der Provinz Málaga.

---

el **gobierno**
El nuevo **gobierno** va a subir los impuestos.

Regierung *f*
Die neue Regierung will die Steuern erhöhen.

---

el **partido (político)**
¿A qué **partido** vas a votar?

Partei *f*
Welche Partei wählst du?

---

el **presidente**, la **presidenta**
Felipe González fue **presidente** de España durante doce años.

Präsident(in) *m(f)*
Felipe González war zwölf Jahre lang Spaniens Ministerpräsident.

---

el **ministro**, la **ministra**
Oye, ¿tú sabes cómo se llama el nuevo **ministro** de Cultura?

Minister(in) *m(f)*
Hör mal, weißt du wie der neue Minister für Wissenschaft und Bildung heißt?

TIPP: *Bis vor kurzem hießen Ministerinnen noch Frau Minister* **la (mujer) ministro**. *Im Laufe der Zeit hat sich die weibliche Form* **la ministra** *durchgesetzt.*

el **alcalde**, la **alcaldesa** Al **alcalde** le interesa que vengan turistas.	**Bürgermeister(in)** *m(f)* Dem Bürgermeister ist wichtig, dass Touristen kommen.
la **frontera** Para pasar la **frontera** hay que llevar un documento de identidad.	**Grenze** *f* Um über die Grenze zu kommen, braucht man seinen Personalausweis.
el **extranjero** Me gustaría vivir durante un tiempo en el **extranjero**.	**Ausland** *n* Ich würde gern für einige Zeit im Ausland leben.
extranjero, a *adj* En la costa hay muchos turistas **extranjeros**.	**ausländisch, fremd** Es sind viele ausländische Touristen an der Küste.
el **pueblo** El **pueblo** decidirá quién va a ser el nuevo presidente.	**Volk** *n* Das Volk wird entscheiden, wer der nächste Präsident wird.
el **Estado** España es un **Estado** miembro de la Comunidad Europea.	**Staat** *m* Spanien ist ein Mitgliedsstaat der Europäischen Gemeinschaft.

«2001–4000»

las **elecciones** Todavía no sé a quién voy a votar en las próximas **elecciones**.	**Wahlen** *f* Ich weiß immer noch nicht, wem ich bei den nächsten Wahlen meine Stimme geben werde.
votar *v* En España se puede **votar** a partir de los dieciocho años.	**wählen, seine Stimme geben** In Spanien kann man ab achtzehn wählen.
el **voto** En las próximas elecciones daré mi **voto** a los Verdes.	**Stimme** *f* Bei den nächsten Wahlen gebe ich meine Stimme den Grünen.
la **mayoría** La **mayoría** de los trabajadores ha votado a los socialistas.	**Mehrheit** *f* Die Mehrheit der Arbeiter hat die Sozialisten gewählt.
la **minoría** Los ciudadanos que están en contra de la democracia son una **minoría**.	**Minderheit** *f* Diejenigen Bürger, die gegen die Demokratie sind, sind in der Minderheit.

la **patria**
En la época de Pinochet muchos chilenos tuvieron que marcharse de su **patria**.

Heimat f, **Vaterland** n
Zu Zeiten Pinochets mussten viele Chilenen ihre Heimat verlassen.

la **nación** ⚠ pl **las naciones**
El presidente ha dirigido un mensaje a la **nación**.

Nation f
Der Präsident hat der ganzen Nation eine Botschaft übermittelt.

nacional adj
En el periódico hay noticias **nacionales** e internacionales.

national
In der Zeitung stehen nationale und internationale Nachrichten.

la **nacionalidad**
Vivo en España, pero soy de **nacionalidad** alemana.
A John ya le han dado la **nacionalidad** española.

Staatsangehörigkeit f
Ich lebe in Spanien, aber ich bin Deutsche.
John hat die spanische Staatsangehörigkeit erhalten.

el **permiso de residencia**
Me han dado el **permiso de residencia** por un año.

Aufenthaltsgenehmigung f
Man hat mir eine Aufenthaltsgenehmigung für ein Jahr erteilt.

la **bandera**
La **bandera** española es de color rojo y amarillo.

Flagge f
Die spanische Fahne ist rot und gelb.

el **rey**
Colón descubrió América en la época de los **Reyes** Católicos.

König m
Kolumbus entdeckte Amerika zur Zeit der Katholischen Könige.

la **reina**
La **Reina** Sofía de España nació en Grecia.

Königin f
Königin Sophia von Spanien wurde in Griechenland geboren.

el **príncipe**, la **princesa**
El **príncipe** azul es un típico personaje de los cuentos infantiles.

Prinz, Prinzessin m, f
Der blaue Prinz ist eine bekannte Figur in den Kindergeschichten.

TIPP: la Infanta (die Infantin) ist die Bezeichnung für eine spanische Prinzessin, die aber nicht Königin wird.

dominar v
Con el descubrimiento de América, los españoles quisieron **dominar** a los indios.

beherrschen
Mit Beginn der Entdeckung Amerikas wollten die Spanier die Indianer beherrschen.

la **colonia**
Cuba y Filipinas fueron las últimas **colonias** españolas.

Kolonie *f*
Kuba und die Philippinen waren die letzten Kolonien Spaniens.

la **república**
Durante la **república** en España, el rey tuvo que marcharse del país.

Republik *f*
Während der Zeit der Republik, musste der König das Land verlassen.

el **parlamento**
En el **parlamento** se discuten las leyes.

Parlament *n*
Im Parlament werden die Gesetze debattiert.

el **consejo**
El **Consejo** de Ministros tendrá que buscar una solución.

Rat *m*
Der Ministerrat wird eine Lösung finden müssen.

la **administración** ⚠ *pl* **las administraciones**
Trabajo en la **administración** pública.

Verwaltung *f*

Ich arbeite in der öffentlichen Verwaltung.

la **libertad**
Uno de los derechos humanos es la **libertad** de expresión.
El acusado ahora está en **libertad** por falta de pruebas.

Freiheit *f*
Die Meinungsfreiheit ist eines der Menschenrechte.
Der Angeklagte befindet sich auf freiem Fuß aus Mangel an Beweisen.

independiente *adj*
La India es **independiente** desde 1947.

unabhängig
Indien ist seit 1947 unabhängig.

la **democracia**
En una **democracia** el pueblo elige su forma de gobierno.

Demokratie *f*
In einer Demokratie wird die Regierung vom Volk gewählt.

la **dictadura**
Durante la **dictadura** de Franco la única lengua oficial era el español.

Diktatur *f*
Während der Francodiktatur war Spanisch die einzige offizielle Landessprache.

unirse *v*
Las dos Alemanias volvieron a **unirse** en 1990.

sich vereinen
Die beiden deutschen Staaten wurden 1990 wieder vereinigt.

el **discurso**
Todo el país ha escuchado el **discurso** del presidente.

Rede *f*
Das ganze Land hat die Rede des Präsidenten angehört.

la **oposición**
La **oposición** votó contra el plan del gobierno.

Opposition *f*
Die Opposition stimmte gegen das Vorhaben der Regierung.

internacional *adj*
La Interpol es una organización **internacional**.

international
Interpol ist eine internationale Organisation.

la **inmigración**
El gobierno quiere controlar la **inmigración**.

Immigration *f*
Die Regierung will die Immigration einschränken.

el, la **inmigrante**

En España hay muchos **inmigrantes** hispanoamericanos.

Immigrant(in) *m(f)*, **Einwanderer, Einwanderin** *m, f*
In Spanien gibt es viele lateinamerikanische Einwanderer.

la **seguridad**
Las medidas de **seguridad** serán estrictas durante la visita del presidente.

Sicherheit *f*
Während des Besuchs des Präsidenten werden strenge Sicherheitsmaßnahmen ergriffen werden.

la **crisis** ⚠ *pl* **las crisis**
Existen muchos países en **crisis** política y económica.

Krise *f*
Es gibt viele Länder, die sich wirtschaftlich und politisch in der Krise befinden.

la **revolución** ⚠ *pl* **las revoluciones**
La **Revolución** Francesa comenzó en 1789.
El microchip representó la **revolución** tecnológica.

Revolution *f*

Die Französische Revolution begann 1789.
Der Mikrochip stellte eine technische Revolution dar.

la **manifestación** ⚠ *pl* **las manifestaciones**
Los estudiantes han hecho una **manifestación**.

Demonstration *f*

Die Studenten haben eine Demonstration veranstaltet.

1.4.1.2 KRIEG UND FRIEDEN

«1–2000»

la **guerra** *ant:* paz
La **Guerra** Civil española comenzó en 1936.

Krieg *m*
Der spanische Bürgerkrieg begann 1936.

la **paz** *ant:* guerra
Rigoberta Menchú ganó el Premio Nobel de la **Paz** en 1992.

Frieden *m*
Rigoberta Menchú erhielt 1992 den Friedensnobelpreis.

el enemigo	**Feind** *m*
EE.UU. y Japón eran **enemigos** durante la Segunda Guerra Mundial.	Die USA und Japan waren während des Zweiten Weltkrieges Feinde.
el soldado	**Soldat** *m*
Los **soldados** volvieron a su país tras la victoria.	Nach dem Sieg kehrten die Soldaten in ihre Heimat zurück.

«2001–4000»

militar *adj*	**militärisch, Militär-**
Hoy en día en España pocos jóvenes hacen el servicio **militar**.	Heutzutage machen nur wenige junge Männer in Spanien ihren Militärdienst.
la tropa	**Truppe** *f*
Nuestras **tropas** han ocupado el territorio enemigo.	Unsere Truppen haben das feindliche Gebiet besetzt.
el ejército	**Armee** *f*
Miguel es oficial de **ejército**.	Miguel ist Offizier in der Armee.
el oficial	**Offizier** *m*
¿Cómo se tiene que saludar a un **oficial**?	Wie grüßt man einen Offizier?
el general	**General** *m*
El **general** Franco murió en 1975.	General Franco starb 1975.
el arma *f* ⚠ *pl* **las armas**	**Waffe** *f*
La bomba atómica es un **arma** moderna (⚠ *nicht:* **moderno**). → *alma TIPP S. 205*	Die Atombombe ist eine moderne Waffe.
la bomba	**Bombe** *f*
Ha explotado una **bomba** en el centro de la ciudad.	In der Innenstadt ist eine Bombe explodiert.
atómico, a *adj*	**atomar, Atom-**
EE.UU. lanzó una bomba **atómica** sobre Hiroshima.	Die USA warfen eine Atombombe über Hiroshima ab.
luchar *v*	**kämpfen**
Mi abuelo **luchó** en la Guerra Civil.	Mein Großvater kämpfte im Bürgerkrieg.
la lucha	**Kampf** *m*
Un tema importante en España es la **lucha** contra el terrorismo.	Der Kampf gegen den Terrorismus ist in Spanien ein wichtiges Thema.

atacar *v ant:* defender ⚠ ata-
que, ataqué
No creo que el enemigo nos ata-
que por la noche.

angreifen

Ich glaube nicht, dass der Feind
uns bei Nacht angreift.

defender *v ant:* atacar ⚠ *irr*
23
Yo sólo **defiendo** mis propios
derechos sin hacer daño a nadie.

verteidigen

Ich verteidige nur meine Rechte,
ohne jemand anderem zu schaden.

la defensa
Rigoberta Menchú luchó por la
defensa de la democracia en
Guatemala.

Verteidigung *f*
Rigoberta Menchú kämpfte für
die Verteidigung der Demokratie
in Guatemala.

la victoria *ant:* derrota
Tras la **victoria** de los cristianos
en el reino de Granada, la
península volvió a ser cristiana.

Sieg *m*
Durch den Sieg der Christen im
Königreich Granada wurde die
Halbinsel wieder christlich.

TIPP: *Im Mittelalter kämpften die Christen auf der Halbinsel jahrhun-
dertelang gegen die Araber. Granada war das letzte muselmanische
Königreich.*

la derrota *ant:* victoria
Hiroshima representa la **derrota**
de Japón.

Niederlage *f*
Hiroshima steht für die Niederlage Japans.

la ocupación
La **ocupación** árabe en España
duró casi ocho siglos.

Besetzung *f*
Die Besetzung Spaniens durch
die Araber dauerte fast acht
Jahrhunderte.

conquistar *v*
Los españoles **conquistaron**
parte de América.

erobern
Die Spanier eroberten einen Teil
Amerikas.

escapar(se) *v*
Se han escapado cuatro prisio-
neros.
Nos vamos al campo para **escapar** del estrés.

fliehen; entkommen
Vier Gefangene sind geflohen.

Wir fahren aufs Land, um dem
Stress zu entkommen.

huir *v* ⚠ **huyo, huyendo, hui-
do**
Muchos argentinos **huyeron** de
su país tras el golpe militar en
1976.

fliehen

Viele Argentinier flohen nach
dem Militärputsch 1976 aus ihrer Heimat.

el refugiado, la **refugiada**
Han entrado al país muchos **refugiados** políticos.

Flüchtling *m*
Viele politische Flüchtlinge sind in das Land gekommen.

el héroe, la **heroína**
Ernesto "Che" Guevara es considerado un **héroe**.

Held(in) *m(f)*
Ernesto „Che" Guevara wird als Held gesehen.

1.4.2 KIRCHE UND RELIGION

«1–2000»

la **religión** ⚠ *pl* **las religiones**
La **religión** católica llegó a América con los españoles.

Religion *f*
Die katholische Religion kam mit den Spaniern nach Amerika.

la **iglesia**
En mi pueblo hay una **iglesia** del siglo XII.
En la época de Franco la **Iglesia** católica tenía mucho poder.

Kirche *f*
In meinem Dorf steht eine Kirche aus dem 12. Jahrhundert.
Zu Francos Zeiten hatte die katholische Kirche viel Macht.

TIPP: *Wenn es sich um das Gebäude handelt, wird **iglesia** kleingeschrieben, die Institution wird großgeschrieben.*

el Dios
¿Crees en **Dios**?

Gott *m*
Glaubst du an Gott?

TIPP: *Im Spanischen wird der christliche Gott großgeschrieben, während heidnische Götter wie z. B. **los dioses griegos** kleingeschrieben werden. Die weibliche Form lautet **diosa**.*

la **Navidad**
Vamos a celebrar la **Navidad** con una comida familiar.

Weihnachten *n*
Weihnachten feiern wir mit einem Mittagessen im Kreis der Familie.

el santo, la **santa**
El 1 de noviembre es el día de Todos los **Santos**.

Heilige(r) *f(m)*
Am ersten November ist Allerheiligen.

TIPP: *Vor fast allen männlichen Eigennamen wird **Santo** zu **San**, wie z. B. bei **San José**. Die weibliche Form lautet **Santa**, wie in **Santa María**. Die Abkürzungen hierzu sind: **Sto.** und **Sta.***

«2001–4000»

la **Pascua**	**Osterfest** *n*
¿Pensáis hacer algún viaje en las vacaciones de **Pascua**?	Habt ihr vor, in den Osterferien zu verreisen?
la **Biblia**	**Bibel** *f*
Dicen que la **Biblia** y el Quijote son los dos libros más vendidos de la historia.	Es heißt, dass die Bibel und der Don Quichotte die beiden meist-verkauften Bücher der Ge-schichte sind.
religioso, a *adj*	**religiös**
¿Verdad que tu abuela era una persona muy **religiosa**?	Stimmt es, dass deine Großmut-ter sehr religiös war?
el **cristiano**, la **cristiana**	**Christ(in)** *m(f)*
Los **cristianos** fueron al princi-pio una minoría.	Die Christen waren zu Beginn eine Minderheit.
cristiano, a *adj*	**christlich**
En Europa casi todas las religio-nes son **cristianas**.	In Europa handelt es sich bei fast allen um christliche Religio-nen.
católico, a *adj*	**katholisch**
Antes en España todas las es-cuelas eran **católicas**.	Früher waren alle Schulen in Spanien katholisch.
la **fe**	**Vertrauen** *n;* **Glaube** *m*
Nuestro cura siempre nos decía que hay que tener **fe** en Dios.	Unser Pfarrer sagte immer zu uns, man solle Vertrauen in Gott haben.
La **fe** puede mover montañas.	Der Glaube kann Berge verset-zen.
la **conciencia**	**Gewissen** *n*
La voz de la **conciencia** me dice que no debería haber mentido.	Die Stimme meines Gewissens sagt mir, dass ich nicht hätte lü-gen dürfen.
el **pecado**	**Sünde** *f*
Matar es **pecado** en muchas re-ligiones.	Töten ist in vielen Religionen ei-ne Sünde.
el **infierno** *ant:* cielo	**Hölle** *f*
El diablo vive en el **infierno**.	Der Teufel wohnt in der Hölle.
el **ángel**	**Engel** *m*
¡Estos niños cantan como los **ángeles**!	Diese Kinder singen wie die En-gel.

el diablo
Fausto quiso vender su alma al **diablo**.

Teufel *m*
Faust wollte dem Teufel seine Seele verkaufen.

el fantasma
Yo no creo en los **fantasmas**, ¿y tú?

Gespenst *n*
Ich glaube nicht an Gespenster, du etwa?

el alma *f* ⚠ *pl* **las almas**
¿Irá mi **alma** al cielo cuando me muera?

Seele *f*
Kommt meine Seele in den Himmel, wenn ich sterbe?

TIPP: *Bei weiblichen Substantiven, die mit* **a-** *oder* **ha-** *beginnen und deren erste Silbe betont ist, ist der Artikel im Singular männlich, wenn der Artikel unmittelbar vor dem Substantiv steht:* **el/un alma**. *Aber: im Plural ist der Artikel weiblich:* **las/unas almas**. *Die Adjektive zu diesen Wörtern sind jeweils weiblich:* **un alma buena** *eine gute Seele.*

el cura
Todo el mundo quería al **cura** de mi pueblo.

Pfarrer *m*
Jedermann mochte den Pfarrer in meinem Dorf.

el sacerdote
Un cura es un **sacerdote** católico.

Priester *m*
Ein Pfarrer ist ein katholischer Priester.

TIPP: **sacerdote** *wird auch für heidnische Priester verwendet, die weibliche Form dazu ist* **la sacerdotisa**.

el Papa
El **Papa** vive en el Vaticano.

Papst *m*
Der Papst lebt im Vatikan.

el monje, la **monja**
Mi tío se hizo **monje** y vive en un monasterio.

Mönch, Nonne *m, f*
Mein Onkel wurde Mönch und lebt jetzt in einem Kloster.

el monasterio

Kloster *n*

la misa
Mis abuelos van a **misa** todos los domingos.

Messe *f*
Meine Großeltern gehen jeden Sonntag in die Messe.

la campana
En la boda sonaron las **campanas**.

Glocke *f*
Bei der Hochzeit läuteten die Glocken.

rezar *v* ⚠ **rece, recé**
Miguelito **reza** todas las noches antes de irse a dormir.

beten
Miguelito betet jeden Abend vor dem Schlafengehen.

la **oración** ⚠ *pl* **las oraciones**
El cura rezó unas **oraciones** por
nuestras almas.

Gebet *n*
Der Pfarrer sprach einige Gebe-
te für unsere Seelen.

---

arrodillarse *v*
Berta **se arrodilló** para rezar en
la iglesia.

(sich nieder)knien
Berta hat sich zum Beten in der
Kirche niedergekniet.

---

bendecir *v* ⚠ *irr* 10
El Papa **bendijo** a todos los que
estaban presentes.

segnen
Der Papst segnete alle Anwesenden.

1.5   Umwelt

1.5.1   DORF UND STADT

«1–2000»

la **ciudad** *ant:* campo
Sevilla es una **ciudad** en el sur
de España.

Stadt *f*
Sevilla ist eine Stadt im Süden
Spaniens.

---

la **capital**
La **capital** de Uruguay es Montevideo.

Hauptstadt *f*
Montevideo ist die Hauptstadt
von Uruguay.

---

el **pueblo** *ant:* ciudad
Mis abuelos vivían en un **pueblo** muy pequeño.

Dorf *n*
Meine Großeltern wohnten in einem sehr kleinen Dorf.

---

el **campo** *ant:* ciudad
¿Qué te gusta más: el **campo** o
la ciudad?

Land *n*
Was magst du lieber: die Stadt
oder das Land?

---

el **edificio**
La "Tour Montparnasse" de
París es un **edificio** que mide
más de 200 metros de altura.

Gebäude *n*
Der „Tour Montparnasse" von
Paris ist ein über 200 Meter ho-
hes Gebäude.

---

la **plaza**
He quedado con Juana en la
plaza del mercado.

Platz *m*
Ich habe mich mit Juana auf
dem Marktplatz verabredet.

la carretera

Hasta este pueblo sólo se puede llegar por **carretera** (⚠ *nicht:* **calle**).

Landstraße *f*

Man erreicht dieses Dorf nur über die Landstraße.

> **TIPP: calle** *bezeichnet eine Straße in einem Ort mit Wohnhäusern und Geschäften,* **carretera** *eine Verbindungsstraße zwischen Orten oder Ortsteilen.*

la calle

¿En qué **calle** vives?
— En la **calle** Pelayo.
Tengo que salir a la **calle** otra vez para hacer algunas compras. → *carretera S. 207*

Straße *f*

In welcher Straße wohnst du?
— In der Pelayo-Straße.
Ich muss noch mal weggehen, um ein paar Einkäufe zu erledigen.

la avenida

La Castellana es una **avenida** muy conocida de Madrid.

Allee *f*

Die Castellana ist eine sehr bekannte Prachtstraße in Madrid.

el puente

El **puente** de San Francisco es uno de los más largos del mundo.

Brücke *f*

Die Brücke von San Francisco ist eine der größten Brücken der Welt.

el túnel

Ahora vamos a pasar por un **túnel**.

Tunnel *m*

Jetzt fahren wir durch einen Tunnel.

el barrio

Yo vivía en el **barrio** gótico de Barcelona.

Stadtviertel *n*

Ich lebte im gotischen Stadtviertel von Barcelona.

el parque

El Retiro es un **parque** de Madrid.

Park *m*

Der Retiro ist ein Park in Madrid.

«2001–4000»

la zona

En esta ciudad hay **zonas** muy tranquilas.

Gebiet *n*

In dieser Stadt gibt es sehr ruhige Gebiete.

la finca

Tenemos una **finca** en el campo.

Bauernhaus *n*, **Landgut** *n*

Wir haben ein Bauernhaus auf dem Land.

la zona verde

En mi ciudad hay demasiado tráfico y faltan **zonas verdes**.

Grünfläche *f*

In unserer Stadt gibt es zu viel Verkehr und zu wenig Grünflächen.

la **región** ⚠ *pl* **las regiones**
En nuestra **región** hay poca industria y mucho paro.

Gegend *f*
In unserer Gegend gibt es wenig
Industrie und viel Arbeitslosig-
keit.

el, la **habitante**
México D.F. tiene casi 20 millones de **habitantes**.

Einwohner(in) *m(f)*
Mexiko City hat fast 20 Millionen
Einwohner.

TIPP: D.F. heißt Distrito Federal.

los **alrededores**
Quiero comprar una casa en los
alrededores de Madrid.

Umgebung *f*
Ich möchte in der Umgebung
von Madrid ein Haus kaufen.

las **afueras**
Carlos trabaja en Barcelona, pero vive en las **afueras**.

Vorort *m*
Carlos arbeitet in Barcelona,
wohnt aber in einem Vorort.

el **monumento**
Madrid es una ciudad con muchos **monumentos**.

Denkmal *n*
Madrid ist eine Stadt mit vielen
Denkmälern.

el **castillo**
En la Edad Media los reyes vivían en **castillos**.

Schloss *n*
Im Mittelalter lebten Könige in
Schlössern.

el **palacio**
¿Has visitado el **Palacio** Real
de Madrid?

Palast *m*
Hast du den Königlichen Palast
in Madrid besichtigt?

la **catedral**
Vamos a ver la **catedral** de Barcelona.

Kathedrale *f*
Wir sehen uns die Kathedrale
von Barcelona an.

el **ayuntamiento**
El **ayuntamiento** antiguo de
Múnich es precioso.

Rathaus *n*
Das alte Rathaus in München ist
beeindruckend schön.

la **fuente**
¿Has visto la **fuente** de Lourdes?

Quelle *f*
Hast du die Quelle von Lourdes
gesehen?

el **centro comercial**
Vamos a comprar al **centro
comercial**.

Einkaufszentrum *n*
Zum Einkaufen gehen wir ins
Einkaufszentrum.

la **discoteca**
Juan y Ana se han ido a bailar a
la **discoteca**.

Diskothek *f*
Juan und Ana sind in die Disko
tanzen gegangen.

1.5.2   LANDSCHAFT

«1–2000»

el **paisaje**	**Landschaft** f
Me gusta ir al campo y disfrutar del **paisaje**.	Ich fahre gern aufs Land und genieße dabei die Landschaft.

el **bosque**	**Wald** m
Caperucita Roja iba por el **bosque** cuando de pronto se encontró al lobo.	Rotkäppchen lief durch den Wald, als es plötzlich dem Wolf begegnete.

el **camino**	**Weg** m
¿Cuál es el **camino** más corto para llegar al pueblo?	Was ist der kürzeste Weg, um ins Dorf zu kommen?
Si vais por este **camino**, llegaréis directamente.	Wenn ihr diesen Weg nehmt, kommt ihr direkt dort an.

el **terreno**	**Boden** m; **Grundstück** n
El **terreno** de esta región es irregular.	Der Boden dieser Gegend ist uneben.
Este **terreno** lo compraron mis bisabuelos.	Meine Großeltern kauften dieses Grundstück.

la **montaña**	**Berg** m; **Gebirge** n
¿Qué prefieres: el mar o la **montaña**?	Was magst du lieber: das Meer oder die Berge?

la **costa**	**Küste** f
La ciudad de Figueras está en la **costa**.	Die Stadt Figueras liegt an der Küste.

TIPP: *In Figueras (auf Katalanisch: Figueres) befindet sich das Dalí-Museum.*

la **playa**	**Strand** m
Amparo está en la **playa** tomando el sol.	Amparo ist am Strand und sonnt sich.

el **río**	**Fluss** m
El Tajo es el **río** más largo de España.	Der Tajo ist der größte Fluss Spaniens.

el **lago**	**See** m
El **Lago** Titicaca está en Perú.	Der Titicacasee liegt in Peru.

el **océano**	**Ozean** m
Colón cruzó el **Océano** Atlántico.	Kolumbus überquerte den Atlantischen Ozean.

el mar
El hotel tiene habitaciones con vistas al **mar**.

Meer *n*
Das Hotel hat Zimmer mit Blick aufs Meer.

> **TIPP:** *Für Seeleute ist das Meer auch ein weibliches, männerver-schlingendes Wesen. Daher ist es auch möglich* **mar** *als Femininum zu benützen:* **La mar es mala mujer** *(Titel eines Buches).*

la isla
Voy a ir a las **Islas** Canarias en barco.

Insel *f*
Ich fahre mit dem Schiff zu den Kanarischen Inseln.

la península
España y Portugal están en la **Península** Ibérica.

Halbinsel *f*
Spanien und Portugal sind Bestandteil der Iberischen Halbinsel.

> **TIPP:** *Die Iberische Halbinsel (auch Pyrenäische Halbinsel genannt) umfasst die Länder Spanien, Portugal, Andorra und Gibraltar.*

«2001–4000»

el continente
Australia es una isla y un **continente**.

Kontinent *m*
Australien ist sowohl eine Insel als auch ein Kontinent.

el desierto
¿Has estado en el **desierto** de Arizona?

Wüste *f*
Bist du in der Wüste von Arizona gewesen?

la selva
Hicimos una excursión por la **selva** amazónica.

Dschungel *m*, **Urwald** *m*
Wir haben eine Exkursion durch den Dschungel des Amazonas gemacht.

la arena
De pequeña me gustaba hacer castillos de **arena** en la playa.

Sand *m*
Als ich klein war, baute ich gern Sandburgen am Strand.

la orilla
¿Se puede pasar nadando a la otra **orilla** del río?

Ufer *n*
Kann man ans andere Ufer des Flusses schwimmen?

el golfo
El barco cruzó el **Golfo** de México.

Golf *m*
Das Schiff durchquerte den Golf von Mexiko.

la roca	**Felsen** *m*
No pasemos por allí con el barco, hay muchas **rocas**.	Hier fahren wir mit dem Schiff nicht durch! Es gibt zu viele Felsen!
el monte	**Hochwald** *m;* **Berg** *m*
Hace años mi abuelo iba a cazar al **monte**.	Vor Jahren ging mein Großvater in den Gebirgswald zum Jagen.
El **Monte** Everest es el más alto del mundo.	Der Mount Everest ist der höchste Berg der Welt.
la sierra	**Hochland** *n*, **Gebirge** *n*
En la **Sierra** de Huelva se produce un jamón serrano excelente.	In der Sierra de Huelva wird hervorragender roher Schinken erzeugt.
el pico	**Gipfel** *m*
El **pico** más alto del Everest mide 8.848 metros de altura.	Der höchste Gipfel des Mount Everest ist 8848 Meter hoch.
la meseta	**Hochebene** *f*
La **meseta** central está en Castilla.	Die Hochebene im Zentrum der Iberischen Halbinsel liegt in Kastilien.
la colina	**Hügel** *m*
Detrás de aquella **colina** hay un prado.	Hinter dem Hügel da ist eine Wiese.
el prado	**Wiese** *f*
Vamos a recoger flores en aquel **prado**.	Auf der Wiese da pflücken wir Blumen.
el valle	**Tal** *n*
Por este **valle** pasa un río.	Durch dieses Tal fließt ein Fluss.
el estanque	**Teich** *m*
En el parque hay un **estanque**.	In dem Park gibt es einen Teich.
la cueva	**Höhle** *f*
En la prehistoria los hombres vivían en **cuevas**.	Menschen der Vorzeit lebten in Höhlen.

1.5.3 NATUR

1.5.3.1 ALLGEMEINES

«1–2000»

la **naturaleza**
La **naturaleza** es sabia.

Natur *f*
Die Natur ist weise.

> **TIPP:** *Wenn man über die Schöpfung und die Natur spricht – und das tut man oft und gern in Spanien – wie z. B. Tiermütter ihre Kleinen schützen oder Mutter Natur uns mit Vitamin C aus Zitrusfrüchten versorgt, damit wir uns nicht erkälten, so ergibt sich meistens dieses Sprichwort:* **La Naturaleza es sabia** *als Schlussfolgerung.*

natural *adj ant:* artificial
Los productos **naturales** están de moda. → *cruel TIPP S. 30*

Natur-, natürlich
Naturprodukte sind gerade in Mode.

el **ambiente**
En este local el **ambiente** está muy cargado.

Luft *f*
In diesem Raum ist sehr schlechte Luft.

la **luz** *ant:* oscuridad ⚠ *pl* las luces
Las ventanas son tan pequeñas que casi no entra (la) **luz**.

Licht *n*

Die Fenster sind so klein, dass kaum Licht hereinkommt.

> **TIPP:** *Das Wort* **luz** *wird auch für künstliches Licht benützt, z. B.:* **Apaga la luz, por favor**. *Mach bitte das Licht aus.*

la **tierra**
La **Tierra** gira alrededor del Sol.

En Castilla la **tierra** es muy seca.

Erde *f;* **(Erd)boden** *m*
Die Erde dreht sich um die Sonne.
Kastiliens Boden ist sehr trocken.

> **TIPP:** *Himmelskörper werden mit einem großen Anfangsbuchstaben geschrieben.*

el **aire**
En el campo el **aire** es más puro que en la ciudad.

Luft *f*
Auf dem Land ist die Luft viel reiner als in der Stadt.

el **agua** *f* ⚠ *pl* las aguas
El **agua** del mar es salada.
→ *alma TIPP S. 205*

Wasser *n*
Meerwasser ist salzig.

el hielo
¿Quieres cubitos de **hielo** en tu bebida?
Conduce con cuidado, en la autopista hay **hielo** (⚠ *nicht:* **helado**). → *helado S. 243*

Eis *n*
Möchtest du Eiswürfel zu deinem Getränk?
Fahr vorsichtig, auf der Autobahn ist Glatteis.

el fuego
Perdona, ¿tienes **fuego**?
En verano está prohibido hacer **fuego** en el bosque.

Feuer *n*
Entschuldigung, hast du Feuer?
Im Sommer ist es verboten, im Wald Feuer zu machen.

«2001–4000»

el gas
Este mes tenemos que pagar la luz y el **gas**.

Gas *n*
Diesen Monat müssen wir Strom und Gas bezahlen.

el vapor
Cuando el agua hierve, se produce **vapor**.

Dampf *m*
Wenn das Wasser kocht, bildet sich Dampf.

la inundación ⚠ *pl* **las inundaciones**
Las fuertes lluvias causaron varias **inundaciones** en el norte del país.

Überschwemmung *f*

Starke Regenfälle verursachten mehrere Überschwemmungen im Norden des Landes.

la ola
A los niños les encanta jugar con las **olas** del mar.

Welle *f*
Kindern gefällt es, im Meer mit den Wellen zu spielen.

el barro
Cuando llueve, mi calle siempre se llena de **barro**.

Schlamm *m*
Meine Straße ist voller Schlamm, wenn es regnet.

el incendio
Ha habido un **incendio** en el edificio de enfrente.

Brand *m*
In dem Gebäude gegenüber hat es gebrannt.

derretirse *v* ⚠ *irr* 21
En primavera la nieve **se derrite**.

schmelzen
Im Frühling schmilzt der Schnee.

la oscuridad *ant:* luz
Si te da miedo la **oscuridad**, duerme con la luz encendida.

Dunkelheit *f*
Wenn du im Dunkeln Angst hast, lass zum Schlafen das Licht an.

la **sombra**
Hace tanto calor que voy a sentarme a la **sombra**.

Schatten *m*
Es ist so heiß, dass ich mich in den Schatten setze.

1.5.3.2 TIERWELT

«1–2000»

el **parque zoológico**
Ayer llevé a mis sobrinos al **parque zoológico**.

Zoo *m*
Ich bin gestern mit meinen Neffen in den Zoo gegangen.

TIPP: *Wie im Deutschen gibt es im Spanischen für den zoologischen Garten die Abkürzung* **el zoo** *oder man sagt nur* **el zoológico**.

el **animal**
¿Crees que los **animales** son felices en el zoo?

Tier *n*
Glaubst du, dass die Tiere im Zoo glücklich sind?

el **pájaro**
Me encanta escuchar el canto de los **pájaros**.

Vogel *m*
Ich höre gern dem Gesang der Vögel zu.

el **pez** ⚠ *pl* **los peces**
Este estanque está lleno de **peces**.

Fisch *m*
Dieser Teich ist voller Fische.

TIPP: *Das Wort* **pez** *steht für die Gattung, bezeichnet den lebenden Fisch im Wasser, während* **pescado** *den toten Fisch bezeichnet.*

el **perro**, la **perra**
El cartero le tiene miedo a nuestro **perro**. → *gato TIPP S. 214*

Hund *m*; Hündin *f*
Der Briefträger hat Angst vor unserem Hund.

el **gato**, la **gata**
Dicen que los **gatos** negros dan mala suerte.

Katze *f*
Man sagt, schwarze Katzen bringen Unglück.

TIPP: *Das Maskulinum bezeichnet das Tier allgemein und das Männchen im Speziellen und wäre dann hier mit „Kater" zu übersetzen. Das Femininum bezeichnet das weibliche Tier.*

el **cerdo**, la **cerda**
Los musulmanes no comen carne de **cerdo**. → *gato TIPP S. 214*

Schwein *n*; Sau *f*
Moslems essen kein Schweinefleisch.

la **vaca**
La **vaca** nos da la leche.

Kuh *f*
Die Kuh gibt uns Milch.

«2001–4000»

el **macho** *ant:* hembra
¿Este pájaro es hembra o **ma-cho**?

Männchen *n*
Ist dieser Vogel ein Männchen oder ein Weibchen?

la **hembra** *ant:* macho
La **hembra** del toro es la vaca.

Weibchen *n*
Die Kuh ist das weibliche Gegenstück zum Stier.

volar *v* ⚠ *irr* 7
Me gustaría **volar** como los pájaros.

fliegen
Ich würde gern wie ein Vogel fliegen.

ladrar *v*
Los perros **ladran**.

bellen
Hunde bellen.

morder *v* ⚠ *irr* 20
¿Estás seguro de que ese perro no **muerde**?

beißen
Bist du sicher, dass dieser Hund nicht beißt?

picar *v* ⚠ **pique, piqué**
Ayer me **picó** una abeja.

stechen
Gestern hat mich eine Biene gestochen.

la **oveja**
Las **ovejas** dan lana.

Schaf *n*
Schafe geben Wolle.

la **cabra**
¿Has probado el queso de **cabra**?

Ziege *f*
Hast du den Ziegenkäse probiert?

el **toro**
A mí me daría miedo estar frente a un **toro**.

Stier *m*
Mir würde es Angst machen, einem Stier gegenüberzustehen.

el **burro**, la **burra**
¿Es cierto que los **burros** se asustan en seguida? → *gato*
TIPP S. 214

Esel *m*; **Eselin** *f*
Stimmt es, dass Esel leicht erschrecken?

el **caballo**
Hay gente que apuesta en las carreras de **caballos**.

Pferd *n*; **Hengst** *m*
Es gibt Menschen, die auf Pferderennen wetten.

TIPP: *caballo bezeichnet das Tier allgemein und den Hengst im Speziellen. Die Stute heißt* **la yegua**.

el gallo
El **gallo** nos despierta cada mañana.

Hahn *m*
Der Hahn weckt uns jeden Morgen.

la gallina
Una **gallina** pone huevos.

Henne *f*
Eine Henne legt Eier.

el pato, **la pata**
En el cartel pone que está prohibido dar de comer a los **patos**.
→ *gato TIPP S. 214*

Ente *f*
Auf dem Schild steht, dass es verboten ist, die Enten zu füttern.

TIPP: *Wenn man betonen will, dass es sich um das männliche Tier handelt, wird **el pato** mit „der Erpel" übersetzt.*

la paloma
La **paloma** blanca es el símbolo de la paz.

Taube *f*
Die weiße Taube ist das Symbol des Friedens.

el pavo
¿Vais a comer **pavo** por Navidad?

Truthahn *m*
Esst ihr an Weihnachten Truthahn?

el águila *f* ⚠ *pl* **las águilas**
El **águila** tiene el sentido de la vista muy desarrollado. → *alma TIPP S. 205*

Adler *m*
Der Adler hat einen sehr scharfen Blick.

el buitre
En España hay muchas colonias de **buitres**.

Geier *m*
Es gibt viele Geierkolonien in Spanien.

el nido
¡Mira! En ese **nido** hay tres huevos.

Nest *n*
Sieh mal! In dem Nest da sind drei Eier.

el ave *f* ⚠ *pl* **las aves**
Tanto el colibrí como el águila son **aves**. → *alma TIPP S. 205*

Vogel *m*
Sowohl der Kolibri als auch der Adler sind Vögel.

la ballena
Moby Dick era una **ballena**.

Wal *m*
Moby Dick war ein Wal.

el tiburón ⚠ *pl* **los tiburones**
El océano está lleno de **tiburones**.

Hai(fisch) *m*
Der Ozean ist voller Haie.

el **insecto**	**Insekt** *n*
Las casas en el campo están llenas de **insectos**.	Häuser auf dem Land sind voller Insekten.

el **mosquito**	**Mücke** *f*
En verano nos pican los **mosquitos**.	Im Sommer stechen uns die Mücken.

la **mosca**	**Fliege** *f*
En boca cerrada no entran **moscas**.	In den geschlossenen Mund kommen keine Fliegen.

TIPP: *Bei diesem Satz handelt es sich um ein Sprichwort, das besagt, es sei besser, keine unnützen Bemerkungen zu machen, ähnlich in etwa unserem Ausspruch: Halt den Mund, dann sagst du schon nichts Falsches.*

la **abeja**	**Biene** *f*
Las **abejas** producen la miel.	Bienen produzieren Honig.

la **avispa**	**Wespe** *f*
¿Te ha picado una **avispa** alguna vez?	Hat dich schon mal eine Wespe gestochen?

la **araña**	**Spinne** *f*
Las **arañas** tienen ocho patas.	Spinnen haben acht Beine.

la **mariposa**	**Schmetterling** *m*
En el jardín hay muchas **mariposas**.	Im Garten sind viele Schmetterlinge.

el **zorro**, la **zorra**	**Fuchs** *m;* **Füchsin** *f*
La caza del **zorro** es tradición en Inglaterra. → *gato TIPP S. 214*	Die Fuchsjagd hat in England Tradition.

el **lobo**, la **loba**	**Wolf** *m;* **Wölfin** *f*
Caperucita Roja se encontró al **lobo**. → *gato TIPP S. 214*	Rotkäppchen begegnete dem Wolf.

el **león**, la **leona** ⚠ *pl* los **leones**	**Löwe** *m;* **Löwin** *f*
En la sabana hay **leones**. → *gato TIPP S. 214*	In der Savanne gibt es Löwen.

el **elefante**	**Elefant** *m*
En el circo también hay **elefantes**.	Im Zirkus gibt es auch Elefanten.

la **serpiente**	**Schlange** *f*
Una **serpiente** ofreció la manzana a Eva.	Eine Schlange bot Eva den Apfel an.

el **mono**, la **mona**
¿Cómo se llamaba la **mona** de Tarzán? — Chita. → *gato TIPP S. 214*

Affe *m;* **Äffin** *f*
Wie hieß Tarzans Affe? — Chita.

---

la **rata**
Ésta es una **rata** de laboratorio.

Ratte *f*
Das hier ist eine Laborratte.

---

el **ala** *f* ⚠ *pl* las **alas**
Las aves tienen **alas** para volar. → *alma TIPP S. 205*

Flügel *m*
Vögel haben zum Fliegen Flügel.

---

la **pata**
Los perros tienen cuatro **patas**.

Pfote *f;* **Bein** *n*
Hunde haben vier Pfoten.

---

el **rabo**
Mi perro mueve el **rabo** cuando está contento.

Schwanz *m*
Mein Hund wedelt mit dem Schwanz, wenn er zufrieden ist.

---

el **cuerno**
Los toros tienen **cuernos**.

Horn *n*
Stiere haben Hörner.

---

el **cachorro**
Nuestra perra ha tenido siete **cachorros**.

Welpe *m*
Unsere Hündin hat sieben Welpen geworfen.

1.5.3.3 PFLANZENWELT

«1–2000»

la **planta**
Esta **planta** tiene flores sólo una vez al año.

Pflanze *f*
Diese Pflanze trägt nur einmal im Jahr Blüten.

---

el **árbol**
Algunos **árboles** tienen más de cien años.

Baum *m*
Manche Bäume sind mehr als hundert Jahre alt.

---

la **hoja**
En otoño las **hojas** de los árboles se caen.

Blatt *n*
Im Herbst fallen die Blätter von den Bäumen.

---

la **flor**
A mi madre le hemos regalado **flores** para su cumpleaños.

Blume *f;* **Blüte** *f*
Wir haben meiner Mutter Blumen zum Geburtstag geschenkt.

---

la **hierba**
Las vacas comen **hierba**.

Gras *n*
Kühe fressen Gras.

«2001–4000»

plantar *v* Antonio quiere **plantar** tomates en su huerto.	**pflanzen** Antonio möchte Tomaten in seinem Gemüsegarten pflanzen.
abonar *v* Tienes que **abonar** la tierra dos veces al año.	**düngen** Du musst die Erde zweimal im Jahr düngen.
regar *v* ⚠ *irr* 22, **riegue, regué** Espero que mañana **riegues** tú las plantas.	**gießen** Hoffentlich gießt du morgen die Pflanzen.
crecer *v* ⚠ *irr* 5 ¡Esta planta **ha crecido** rapidísimo! → *guapo TIPP S. 18*	**wachsen** Diese Pflanze ist sehr schnell gewachsen.
cultivar *v* En nuestro huerto **cultivamos** tomates, zanahorias y lechuga.	**anbauen** In unserem Gemüsegarten bauen wir Tomaten, Karotten und Kopfsalat an.
sembrar *v* ⚠ *irr* 22 Si **siembras** estas semillas, tendrás lechuga.	**säen** Wenn du diese Samenkörner säst, bekommst du Kopfsalat.
el **huerto** Elena está trabajando en el **huerto**.	**Gemüsegarten** *m* Elena arbeitet im Gemüsegarten.
la **semilla** El melón tiene muchas **semillas**.	**Samenkorn** *n* Die Melone hat viele Körner.
la **cosecha** Este año la **cosecha** de tomates no ha sido buena.	**Ernte** *f* Dieses Jahr ist die Tomatenernte nicht sehr gut gewesen.
la **viña** Mi tío tiene una **viña**. Dicen que su vino es el mejor.	**Weinberg** *m* Mein Onkel hat einen Weinberg. Man sagt, dass sein Wein der beste ist.
el **invernadero** En el jardín tenemos un **invernadero** con plantas exóticas.	**Gewächshaus** *n* Im Garten haben wir ein Gewächshaus mit exotischen Pflanzen.
el **cereal** El arroz y el maíz son **cereales**.	**Getreide** *n*; **Korn** *n* Reis und Mais sind Getreidesorten.

el **maíz**
El **maíz** es un alimento básico en México.

Mais *m*
Mais ist in Mexiko ein Grundnahrungsmittel.

el **trigo**
El pan se hace de harina de **trigo**.

Weizen *m*
Weißbrot wird mit Weizenmehl gemacht.

la **rama**
¡Mira! Hay un mono colgado de esa **rama**.

Ast *m*
Sieh mal! Da hängt ein Affe an dem Ast.

el **tronco**
En el **tronco** se puede ver la edad de un árbol.

Stamm *m*
Am Stamm lässt sich das Alter des Baumes ablesen.

la **raíz** ⚠ *pl* **las raíces**
Si no arrancas las **raíces**, la planta crecerá de nuevo.

Wurzel *f*
Wenn du die Wurzeln nicht ausreißt, wird die Pflanze wieder nachwachsen.

el **fruto**
El **fruto** del olivo es la aceituna.
→ *fruta S. 248*

Frucht *f*
Die Olive ist die Frucht des Olivenbaums.

la **seta**
¿Vamos mañana a recoger **setas**?

Pilz *m*
Gehen wir morgen Pilze sammeln?

el **arbusto**
Mira: el conejo se ha escondido entre aquellos **arbustos**.

Busch *m*
Sieh mal, das Kaninchen hat sich in den Büschen versteckt.

el **olivo**
En Andalucía hay muchísimos **olivos**.

Olivenbaum *m*
In Andalusien gibt es ganz viele Olivenbäume.

el **pino**
En aquella montaña hay un bosque de **pinos**.

Pinie *f*
In dem Gebirge gibt es einen Pinienwald.

1.5.3.4   HIMMEL UND ERDE

«1–2000»

el **sol**	**Sonne** *f*
Ponte crema si quieres tomar **sol** (⚠ *auch:* **el sol**). Hoy hace mucho **sol**.	Creme dich ein, wenn du dich sonnen willst. Heute ist es sehr sonnig.
el **cielo**	**Himmel** *m*
Hoy no hay ni una sola nube en el **cielo**.	Heute ist keine einzige Wolke am Himmel.
la **luna**	**Mond** *m*
Esta noche habrá **luna** llena.	Wir werden heute Nacht Vollmond haben.
la **estrella**	**Stern** *m*
Los Reyes Magos llegaron a Belén guiados por una **estrella**.	Ein Stern führte die Heiligen Drei Könige nach Bethlehem.

el **norte**	**Norden** *m*
El País Vasco está en el **norte** de España.	Das Baskenland liegt im Norden von Spanien.

TIPP: *en el norte/sur/este/oeste heißt im Norden usw.; **al norte** etc. heißt nördlich.*

el **sur**	**Süden** *m*
La Tierra del Fuego está en el **sur** de Argentina y Chile.	Feuerland liegt im Süden von Argentinien und Chile.
el **este**	**Osten** *m*
Valencia está en el **este** de España.	Valencia befindet sich im Osten von Spanien.
el **oeste**	**Westen** *m*
El viento viene del **oeste**.	Der Wind kommt von Westen.

TIPP: *Die Kombinationen der Himmelsrichtungen sind: **noreste, noroeste, sureste, suroeste**.*

oriental *adj*	**östlich**
La medicina **oriental** es muy distinta de la nuestra.	Die östliche Medizin ist ganz anders als unsere.
occidental *adj*	**westlich**
Mi novio es japonés y vino a Europa para conocer el mundo **occidental**.	Mein Freund ist Japaner. Er kam nach Europa, um die westliche Welt kennen zu lernen.

«2001–4000»

el **mapa** *syn:* carta | (Land)karte *f*
¿Tienes un **mapa** de Europa? | Hast du eine Karte von Europa?

el **mundo** | Welt *f*
Me encantaría viajar por el **mundo** entero y conocer culturas diferentes. | Ich würde gern die ganze Welt bereisen und andere Kulturen kennen lernen.

brillar *v* | leuchten; scheinen
Las estrellas y el sol **brillan**. | Die Sterne leuchten und die Sonne scheint.

amanecer *v* ⚠ *irr* 5 | hell werden
Mis tíos se levantan tan pronto como **amanece**. | Mein Onkel und meine Tante stehen auf, sobald es hell wird.

atardecer *v* ⚠ *irr* 5 | Abend werden, dunkel werden
Cuando **atardece** terminamos de trabajar en el campo. | Wenn es dunkel wird, hören wir mit der Feldarbeit auf.

anochecer *v* ⚠ *irr* 5 | Nacht werden, dunkel sein
Volveremos antes de que **anochezca**. | Wir werden zurück sein, bevor es dunkel ist.

el **polo** | Pol *m*
Los pingüinos viven en el **polo** sur. | Pinguine leben am Südpol.

el **terremoto** | Erdbeben *n*
En la costa del Pacífico hay muchos **terremotos**. | An der Pazifikküste gibt es viele Erdbeben.

1.5.4   WETTER UND KLIMA

«1–2000»

el **tiempo** | Wetter *n*
¿Qué tal el **tiempo** en Roma? — Pues está haciendo mucho calor. | Wie ist das Wetter in Rom? — Also, es ist gerade sehr heiß.

la **temperatura** | Temperatur *f*
¿Qué **temperatura** hay ahora en Palma? — Veinte grados. | Wie sind jetzt die Temperaturen auf Palma? — Es hat zwanzig Grad.

el **frío**
Hoy no hace **frío**. Podemos salir a pasear.
Cierra la ventana, tengo **frío**.

Kälte *f*
Heute ist es nicht kalt. Wir können spazieren gehen.
Mach das Fenster zu, mir ist kalt.

el **calor**
¡Qué **calor** tengo!

Hitze *f*
Mir ist vielleicht heiß!

llover *v* ⚠ *irr* 20
Ha llovido toda la semana.
— ¡Qué horror!

regnen
Es hat die ganze Woche geregnet. — Wie schrecklich!

nevar *v* ⚠ *irr* 22
En Barcelona no **nieva** casi nunca.

schneien
In Barcelona schneit es fast nie.

la **lluvia**
Odio la **lluvia**. Sobre todo si no llevo paraguas.

Regen *m*
Ich kann Regen nicht ausstehen. Vor allem, wenn ich keinen Schirm dabeihabe.

la **tormenta**
Anoche hubo **tormenta**, pero a mí no me despertó.

Unwetter *n*
Heute Nacht gab es ein Unwetter, aber ich bin nicht davon aufgewacht.

el **viento**
Hoy hace bastante **viento**.

Wind *m*
Heute ist es sehr windig.

la **nieve**
Si hay **nieve** en la montaña, la semana que viene iremos a esquiar.

Schnee *m*
Wenn in den Bergen Schnee liegt, gehen wir nächste Woche Ski laufen.

la **nube**
Todas aquellas **nubes** se acercan a nuestra zona.

Wolke *f*
Alle die Wolken da nähern sich unserer Gegend.

la **niebla**
Conducir con **niebla** es peligroso porque no se ve nada.

Nebel *m*
Es ist gefährlich, bei Nebel zu fahren, weil man nichts sieht.

«2001–4000»

el **clima**
Algunos prefieren el **clima** tropical.

Klima *n*
Manche mögen tropisches Klima lieber.

húmedo, a *adj*
El norte de España es muy **húmedo**.

feucht
Der Norden Spaniens ist sehr feucht.

la humedad
En esta habitación hay mucha **humedad**.
Hay plantas que necesitan mucha **humedad**.

Feuchtigkeit *f*
In diesem Zimmer ist es sehr feucht.
Es gibt Pflanzen, die sehr viel Feuchtigkeit brauchen.

seco, a *adj*
Los países del Mediterráneo tienen un clima **seco**.

trocken
In Mittelmeerländern herrscht trockenes Klima.

la sequía
En época de **sequía** no hay agua en los ríos.

Dürre *f*
Während der Dürre haben die Flüsse kein Wasser.

templado, a *adj syn:* suave
En la costa el clima es **templado**.

mild, gemäßigt
An der Küste herrscht mildes Klima.

cálido, a *adj*
En Cuba el clima es **cálido**.

warm
In Kuba herrscht warmes Klima.

soleado, a *adj*
Mañana tendremos un día **soleado** con temperaturas agradables.

sonnig
Morgen bekommen wir einen sonnigen Tag mit angenehmen Temperaturen.

caluroso, a *adj*
Este verano ha sido bastante **caluroso**.

heiß
Dieser Sommer ist ziemlich heiß gewesen.

el bochorno
¡Qué **bochorno**! Estoy sudando.

Schwüle *f*
Ist das schwül, ich schwitze vielleicht!

nublado, a *adj*
Está **nublado**, pero no creo que llueva.

bewölkt
Es ist bewölkt, aber ich glaube nicht, dass es regnet.

lluvioso, a *adj*
Estos días han sido muy **lluviosos**.
Galicia es una región muy **lluviosa**.

regnerisch
Die letzten Tage waren sehr regnerisch.
Galicien ist ein sehr regenreiches Gebiet.

el fresco
Afuera hace **fresco**. Ponte un jersey.

frische Luft
Draußen ist es frisch. Zieh dir einen Pulli an.

el **tempestad** *syn:* tormenta
No salgáis de casa, hoy habrá **tempestad**.

Sturm *m*
Geht nicht hinaus. Es wird heute Sturm geben.

---

el **chubasco**
Dicen que habrá **chubascos** en el sur.

Regenschauer *m*
Für den Süden werden Regenschauer vorhergesagt.

---

el **huracán** ⚠ *pl* **los huracanes**
¿Has leído las noticias sobre el **huracán** Mitch en Centroamérica?

Wirbelsturm *m*

Hast du die Meldungen über den Wirbelsturm Mitch in Mittelamerika gelesen?

---

el **trueno**
Primero vimos relámpagos y luego se oyeron los **truenos**.

Donner *m*
Zuerst haben wir Blitze gesehen und dann war der Donner zu hören.

---

el **relámpago**
¿Ha sido eso un **relámpago**?

Blitz *m*
War das gerade ein Blitz?

---

el **rayo**
Durante la tormenta cayó un **rayo** sobre la casa del vecino.

Blitzstrahl *m*
Während des Gewitters hat der Blitz ins Nachbarhaus eingeschlagen.

---

refrescar *v* ⚠ **refresque, refresqué**
Esta noche va a **refrescar** un poco.

abkühlen

Heute Nacht wird es ein bisschen abkühlen.

---

el **termómetro**
¿Qué temperatura marca el **termómetro**? — Cinco bajo cero.

Thermometer *n*
Wie viel Grad zeigt das Thermometer an? — Fünf Grad unter null.

---

la **helada**
Hay **heladas** en toda la región debido a las bajas temperaturas.

Glatteis *n*
Aufgrund der niedrigen Temperaturen gibt es Glatteis in der ganzen Gegend.

---

congelarse *v*
Las tuberías **se han congelado** y no sale agua.

einfrieren
Die Wasserleitungen sind eingefroren, und es gibt kein Wasser.

---

mojarse *v*
Ha empezado a llover y **nos hemos mojado**.

nass werden
Es hat angefangen zu regnen, und wir sind nass geworden.

el **pronóstico del tiempo**
En el **pronóstico del tiempo** han dicho que va a llover.

Wettervorhersage f
In der Wettervorhersage hieß es, dass es regnen wird.

1.5.5 UMWELTPROBLEME

«1–2000»

la **ecología**
Fabricar materiales no reciclables va en contra de la **ecología**.

Ökologie f
Es ist nicht umweltfreundlich, Güter zu produzieren, die nicht wieder verwertbar sind.

ecológico, a *adj*

La técnica es cada vez más **ecológica**.
Adela es una persona muy **ecológica**.

umweltfreundlich; umweltbewusst

Die Technik wird immer umweltfreundlicher.
Adela ist ein sehr umweltbewusster Mensch.

el, la **ecologista**
Los **ecologistas** están consiguiendo que se proteja más el medio ambiente.

Umweltschützer(in) *m(f)*
Die Umweltschützer setzen sich für eine bessere Umwelt ein.

el **medio ambiente**
Si hubiera menos coches contaminaríamos menos el **medio ambiente**.

Umwelt f
Wenn es weniger Autos gäbe, würden wir die Umwelt weniger verschmutzen.

la **contaminación**
La **contaminación** es un problema en las grandes ciudades.

(Umwelt)verschmutzung f
In den Großstädten ist die Umweltverschmutzung ein Problem.

contaminar *v*
Durante mucho tiempo las fábricas **han contaminado** los ríos.

verschmutzen
Lange Zeit haben Fabriken Flüsse verschmutzt.

el **humo**
¿De dónde sale tanto **humo**?
— De aquella fábrica.

Rauch *m*
Woher kommt der viele Rauch?
— Aus der Fabrik dort.

los **gases de escape**
Los **gases de escape** de un coche son tóxicos.

Auspuffgase *pl*
Auspuffgase sind giftig.

el residuo

Habría que prohibir que los **resi-duos** tóxicos se tiraran en los ríos.

Schadstoff *m;* **Abfall** *m*

Man müsste verhindern, dass Schadstoffe in die Flüsse geleitet werden.

«2001–4000»

el smog

En México D.F. hay **smog**.

Smog *m*

In Mexiko City gibt es Smog.

la lluvia ácida

La Selva Negra también sufre las consecuencias de la **lluvia ácida**.

saurer Regen

Auch der Schwarzwald leidet unter den Folgen des sauren Regens.

el vertedero

En el **vertedero** han encontrado residuos radiactivos.

Mülldeponie *f*

Auf der Mülldeponie wurden radioaktive Abfälle gefunden.

reciclar *v*

Me gustaría saber cómo **reciclan** el plástico.

wieder verwerten

Ich wüsste gern, wie Kunststoff wieder verwertet wird.

reciclable *adj*

El papel es **reciclable**.

wieder verwertbar

Papier ist wieder verwertbar.

alternativo, a *adj*

La energía solar es una energía **alternativa** que no contamina.

alternativ

Sonnenenergie ist eine alternative, umweltschonende Energie.

el catalizador

Los coches con **catalizador** contaminan menos.

Katalysator *m*

Autos mit Katalysator sind weniger umweltverschmutzend.

el plomo

La gasolina sin **plomo** es más ecológica.

Blei *n*

Bleifreies Benzin ist umweltfreundlicher.

la capa de ozono

El agujero en la **capa de ozono** cada vez es más grande.

Ozonschicht *f*

Das Ozonloch wird immer größer.

1.6 Technik und Materialien

1.6.1 ENERGIE UND TECHNIK

«1–2000»

la **energía**
Hoy en día ahorramos más **energía** que antes.

Energie f
In der heutigen Zeit sparen wir mehr Energie als früher.

---

la **electricidad**
¿Tú podrías vivir sin **electricidad** ni agua corriente?

Elektrizität f
Und du könntest ohne Strom und fließendes Wasser leben?

---

la **potencia**
Este motor tiene poca **potencia**.

Leistung f
Dieser Motor ist nicht sehr leistungsstark.

---

potente adj
El motor de mi coche es muy **potente**.

stark
Der Motor meines Autos ist sehr stark.

---

la **máquina**
Las **máquinas** facilitan el trabajo al hombre.

Maschine f
Maschinen erleichtern die Arbeit des Menschen.

---

el **sistema**
Los coches modernos tienen muchos **sistemas** de seguridad.

System n
Moderne Autos haben viele Sicherheitssysteme.

---

el **motor**
Los coches con **motor** eléctrico no contaminan.

Motor m
Autos mit Elektromotor verschmutzen die Umwelt nicht.

---

el **aparato**
En todas las casas hay algún **aparato** eléctrico.

Gerät n
In jedem Haus gibt es irgendein elektrisches Gerät.

---

la **bomba**
Mediante esa **bomba** el agua llega a todos los pisos.

Pumpe f
Mithilfe dieser Pumpe gelangt das Wasser in alle Stockwerke.

---

funcionar v
El aparato no **funciona**.
— ¿Seguro que lo has enchufado?

funktionieren
Das Gerät funktioniert nicht.
— Bist du sicher, dass du es angeschlossen hast?

el **funcionamiento**
Apretando este interruptor, el aparato se pone en **funcionamiento**.

Betrieb *m*
Wird dieser Schalter betätigt, setzt man das Gerät in Betrieb.

«2001–4000»

la **tecnología**
Los científicos trabajan con aparatos de alta **tecnología**.

Technologie *f*
Die Wissenschaftler arbeiten mit technologisch hoch entwickelten Geräten.

tecnológico, a *adj*
El progreso **tecnológico** es cada vez más rápido.

technologisch
Der Fortschritt in der Technologie wird immer schneller.

la **técnica**
Nuestro jefe tiene muchos conocimientos de **técnica**.

Technik *f*
Unser Chef hat viel Ahnung von Technik.

técnico, a *adj*
El avión no puede despegar por problemas **técnicos**.

technisch
Das Flugzeug kann aus technischen Gründen nicht starten.

mecánico, a *adj*
Este sistema es **mecánico** y no necesita electricidad.

mechanisch
Das ist ein mechanisches System. Es benötigt keinen Strom.

eléctrico, a *adj*
En casa tenemos cocina **eléctrica**.

elektrisch
Zu Hause haben wir einen elektrischen Herd.

electrónico, a *adj*
Los coches modernos llevan sistemas **electrónicos** de seguridad.

elektronisch
Moderne Fahrzeuge haben elektronische Sicherheitssysteme.

nuclear *adj*
Muchos están en contra de la energía **nuclear**.

Atom-
Viele sind gegen Atomenergie.

la **central nuclear**
Van a cerrar la **central nuclear** por motivos de seguridad.

Atomkraftwerk *n*
Das Atomkraftwerk wird aus Sicherheitsgründen geschlossen.

solar *adj*
Una alternativa a favor del medio ambiente es la energía **solar**.

Sonnen-, Solar-
Für die Umwelt ist Sonnenenergie eine Alternative.

la **presión**
La máquina explotó por la alta
presión del vapor.

Druck *m*
Die Maschine explodierte durch
den hohen Druck des Wasser-
dampfs.

conectar *v ant:* desconectar
Primero tienes que **conectar** el
vídeo al televisor.

anschließen; einschalten
Zuerst musst du das Videogerät
an den Fernseher anschließen.

desconectar *v ant:* conectar
Por la noche es mejor que **des-
conectes** todos los aparatos.

ausschalten
Du schaltest nachts besser alle
Geräte aus.

la **corriente**
Creo que el cable está roto y no
pasa **corriente**.

Strom *m*
Ich glaube, dass das Kabel ka-
putt ist, und es daher keinen
Strom gibt.

corriente *adj*
Hay personas que viven en casas sin luz ni agua **corriente**.

fließend
Es gibt Menschen, die in Häu-
sern ohne elektrisches Licht und
fließendes Wasser leben.

enchufar *v*
Primero tienes que **enchufar** la
máquina para que funcione.

anschließen
Du musst die Maschine erst anschließen, damit sie funktioniert.

instalar *v*
Ya nos **han instalado** la calefacción central.

installieren
Bei uns wurde die Zentralhei-
zung schon installiert.

el **cable**
En casa tenemos televisión por
cable.

Kabel *n*
Wir haben zu Hause Kabelfern-
sehen.

el **tubo**
Por este **tubo** sale el vapor de la
máquina.

Rohr *n*
Durch dieses Rohr entweicht
der Dampf der Maschine.

la **tubería**
En invierno las **tuberías** del
agua pueden congelarse.

Leitung *f*
Im Winter können die Wasserleitungen einfrieren.

el **interruptor**
Con este **interruptor** se enciende y se apaga la lámpara.

Schalter *m*
Mit diesem Schalter macht man
die Lampe an oder aus.

la **batería**
No olvides apagar las luces del
coche, porque podrías quedarte
sin **batería**.

Batterie *f*
Vergiss nicht, das Licht am Auto
auszumachen, sonst könntest
du mit einer leeren Batterie da-
stehen.

TIPP: *Nur Autobatterie.*

la **pila**
Hay que cambiar las **pilas** del reloj.

Batterie *f*
Die Batterien der Uhr müssen ausgewechselt werden.

1.6.2   INFORMATIONSTECHNIK

«1–2000»

la **informática**
Para usar este programa no hay que saber **informática**.

Informatik *f*
Um dieses Programm zu benutzen, muss man sich nicht in Informatik auskennen.

el **ordenador**
Actualmente casi todo se puede controlar por **ordenador**.

Computer *m*
Heutzutage kann man fast alles per Computer regeln.

*TIPP: In Lateinamerika sagt man la **computadora**.*

el **software**   *ant:* hardware
Este **software** me parece demasiado caro.

Software *f*
Diese Software finde ich zu teuer.

el **hardware**   *ant:* software
En esta tienda hay muy buenas ofertas de **hardware**.

Hardware *f*
Dieses Geschäft hat gute Hardwareangebote.

la **impresora**
Mi **impresora** imprime cuatro páginas por minuto.

Drucker *m*
Mein Drucker druckt vier Seiten pro Minute aus.

imprimir *v*
Por favor, ¿podrías **imprimir** esta carta y mandarla por correo?

drucken
Könntest du mir bitte diesen Brief ausdrucken und mit der Post wegschicken?

*TIPP: Das Partizip Perfekt von **imprimir** ist **impreso** und auch **imprimido**. **el impreso** bedeutet „Formular" oder „Drucksache".*

el **teclado**
En un **teclado** español sale la letra "ñ".

Tastatur *f*
Eine spanische Tastatur hat den Buchstaben „ñ".

el **monitor**
Cuando apagues el ordenador, apaga también el **monitor**.

Monitor *m*
Wenn du den Computer ausschaltest, mach bitte auch den Monitor aus.

TIPP: *Man kann für Bildschirm auch* **la pantalla** *sagen.*

el **ratón** ⚠ *pl* **los ratones**
Con el **ratón** puedo escoger las funciones del programa.

Maus *f*
Mit der Maus kann ich die Programmfunktionen auswählen.

TIPP: *Man kann auch das englische Wort* **el mouse** *benützen.*

los **datos**
Tengo que introducir nuevos **datos** en este archivo.

Daten *pl*
Ich muss in diese Datei neue Daten eingeben.

el **archivo**
En este **archivo** tengo guardados los datos de mis clientes.

Datei *f*
In dieser Datei habe ich meine Kundendaten gespeichert.

«2001–4000»

el **ordenador personal**
Mis hijos saben manejar mejor que yo mi **ordenador personal**.

Personalcomputer *m*
Meine Kinder kennen sich mit meinem PC besser aus als ich.

TIPP: *abgekürzt auch* **el PC**.

el **disquete**
He borrado toda la información que había en el **disquete**.

Diskette *f*
Ich habe alles, was auf der Diskette war, gelöscht.

el **disco duro**
Graba el archivo en el **disco duro**.

Festplatte *f*
Leg die Datei auf der Festplatte an.

el **tratamiento de textos**
Hemos instalado un nuevo programa de **tratamiento de textos**.

Textverarbeitungsprogramm *n*
Wir haben ein neues Textverarbeitungsprogramm installiert.

el **sistema operativo**
Linux es un **sistema operativo**.

Betriebssystem *n*
Linux ist ein Betriebssystem.

el **correo electrónico**
¿Tienes **correo electrónico**?

E-Mail *f*
Hast du E-Mail?

TIPP: *Man sagt auch* **el e-mail**.

la/el **Internet**
Cada noche navego por **Internet**.

Internet *n*
Ich surfe jeden Abend im Internet.

TIPP: *wird fast immer ohne Artikel benützt*

1.6.3   MATERIALIEN

«1–2000»

el **material**
¿De qué **material** es esta mesa?

Material *n*
Aus welchem Material ist dieser Tisch?

duro, a *adj ant:* blando
El hierro es **duro** y resistente.

hart
Eisen ist hart und widerstandsfähig.

TIPP: ser *wird benutzt, um die Eigenschaft eines Materials zu beschreiben, die dieses immer besitzt. Mit* **estar** *wird der momentane Zustand beschrieben, in dem sich ein Material befindet.* **estar duro** *wird also gesagt, um den Zustand eines Gegenstands zu bezeichnen, der eigentlich weich sein sollte, z. B.* **El pan está duro, ya no se puede comer.** *Das Brot ist hart, man kann es nicht essen. Diese Unterscheidung gilt für alle Adjektive, die Eigenschaften beschreiben.*

blando, a *adj ant:* duro
Las pelotas de goma son **blandas**. → *duro TIPP S. 233*

weich
Gummibälle sind weich.

suave *adj*
La piel de los bebés es **suave**. → *duro TIPP S. 233*

zart, weich; mild
Babyhaut ist zart.

TIPP: *Man könnte sagen,* **suave** *ist eine Mischung aus* **liso** *glatt und* **blando** *weich.*

liso, a *adv ant:* áspero
La superficie de un espejo es **lisa**. → *duro TIPP S. 233*

glatt
Spiegel haben eine glatte Oberfläche.

áspero, a *adj ant:* liso, suave
Con el tacto se nota si una superficie es **áspera** o lisa.
→ *duro TIPP S. 233*

rau, uneben
Ob eine Oberfläche glatt oder rau ist, merkt man durch Befühlen.

mojado, a *adj ant:* seco
He salido sin paraguas y ahora toda mi ropa está **mojada**.

nass
Ich bin ohne Regenschirm aus dem Haus gegangen, und jetzt sind meine ganzen Kleider nass.

romperse *v*
Se han roto todas las copas.
Ayer **se rompió** la lavadora.

zerbrechen; kaputtgehen
Alle Gläser sind zerbrochen.
Gestern ist die Waschmaschine kaputtgegangen.

la **madera**
Marcos colecciona estatuas africanas de **madera**.

Holz *n*
Marcos sammelt afrikanische Holzfiguren.

la **piedra**
En el jardín hemos construido un muro de **piedra**.

Stein *m*
Wir haben im Garten eine Mauer aus Stein gebaut.

el **carbón**
Mi abuelo trabajaba en una mina de **carbón**.

Kohle *f*
Mein Großvater arbeitete in einem Kohlenbergwerk.

el **petróleo**
La gasolina y el plástico se hacen a partir del **petróleo**.

Erdöl *n*
Kunststoff und Benzin werden aus Erdöl gewonnen.

el **algodón**
Estas camisas son de **algodón** cien por cien.

Baumwolle *f*
Diese Hemden sind aus hundertprozentiger Baumwolle.

la **lana**
Mi abuela me ha regalado un jersey de **lana** para el invierno.

Wolle *f*
Meine Großmutter hat mir für den Winter einen Wollpulli geschenkt.

el **metal**
El oro y la plata son **metales**.

Metall *n*
Gold und Silber sind Metalle.

el **oro**
La gente casada lleva un anillo de **oro**.

Gold *n*
Verheiratete tragen einen Ring aus Gold.

la **plata**
Esta pulsera es de **plata**.

Silber *n*
Dieses Armband ist aus Silber.

«2001–4000»

el **combustible**	Treibstoff *m*; Brennstoff *m*
La gasolina es un **combustible**.	Benzin ist ein Treibstoff.

sólido, a *adj*	fest
El carbón es un combustible **só-lido**. → *duro TIPP S. 233*	Kohle ist ein fester Brennstoff.

espeso, a *adj*	dickflüssig
La sopa me ha quedado **espesa**.	Die Suppe ist mir zu dick geworden.

líquido, a *adj*	flüssig
Esta sopa debería estar más **líquida**. Pon más agua. → *duro TIPP S. 233*	Diese Suppe sollte flüssiger sein. Nimm mehr Wasser.

grueso, a *adj ant:* fino	stark
Para coser los vaqueros, necesito un hilo más **grueso**.	Um diese Jeans zu nähen, brauche ich einen stärkeren Faden.

fino, a *adj ant:* grueso	dünn
Las hojas de este libro son bastante **finas**.	Die Blätter dieses Buches sind ziemlich dünn.

el **líquido**	Flüssigkeit *f*
En verano hay que beber mucho **líquido**.	Im Sommer muss man viel Flüssigkeit zu sich nehmen.

químico, a *adj*	chemisch
Para limpiar en casa, intente no usar productos **químicos**.	Versuchen Sie beim Hausputz chemische Mittel zu vermeiden.

artificial *adj*	künstlich
¡Qué bonitas son estas flores! Pero no huelen a nada. — Claro, son **artificiales**. → *cruel TIPP S. 30*	Wie hübsch diese Blumen sind! Aber sie duften gar nicht. — Klar, die sind künstlich.

sintético, a *adj*	synthetisch
La ropa de tela **sintética** me da alergia.	Ich bekomme von Kleidung aus Kunstfasern eine Allergie.

auténtico, a *adj*	echt
Este collar es de perlas **auténticas**.	Dieses Kollier ist aus echten Perlen.

puro, a *adj*	sauber, rein
Nos vamos al campo para relajarnos y respirar aire **puro**.	Wir fahren aufs Land, um uns zu erholen und saubere Luft zu atmen.

mezclar *v*
El agua y el aceite no se pueden **mezclar**.

(ver)mischen
Wasser und Öl kann man nicht mischen.

el hierro
Algunos alimentos contienen pequeñas cantidades de **hierro**.

Eisen *n*
Einige Lebensmittel enthalten Spuren von Eisen.

el acero
Con el hierro se fabrica el **acero**.

Stahl *m*
Aus Eisen produziert man Stahl.

el cobre
El **cobre** se utiliza, por ejemplo, para hacer cables eléctricos.

Kupfer *n*
Kupfer benutzt man z. B., um elektrische Kabel herzustellen.

la goma
Pásame la **goma** de borrar, por favor.

Gummi *m oder n*
Gib mir bitte den Radiergummi her.

el plástico
Las botellas de **plástico** pesan menos que las de vidrio.

Plastik *n*
Plastikflaschen wiegen weniger als Glasflaschen.

elástico, a *adj*
La ropa de deporte es normalmente de tela **elástica**.

dehnbar
Sportkleidung ist normalerweise aus dehnbarem Stoff.

flexible *adj*
La goma es un material muy **flexible**.

biegsam
Gummi ist ein sehr biegsames Material.

delicado, a *adj*
La piel de los niños es muy **delicada**.

empfindlich, zart
Die Haut von Kindern ist sehr empfindlich.

frágil *adj ant:* resistente
El cristal es un material muy **frágil**.

zerbrechlich
Glas ist ein sehr zerbrechliches Material.

resistente *adj ant:* frágil
El plástico es un material **resistente**.

widerstandsfähig
Plastik ist ein widerstandsfähiges Material.

la tela
Tengo que comprar **tela** para hacerme una falda.

Stoff *m*
Um mir einen Rock zu nähen, muss ich Stoff kaufen.

la seda
Me encantan las blusas de **seda**, son suaves y ligeras.

Seide *f*
Seidenblusen mag ich sehr. Sie sind weich und leicht.

el cuero	**Leder** *n*
Ahí está Sebastián.	Da ist Sebastián.
— ¿Es aquél de la moto y los pantalones de **cuero**?	— Ist das der mit dem Motorrad und den Lederhosen?

el ladrillo	**Backstein** *m*
Correos es aquel edificio de **ladrillos**, ¿lo ve?	Die Post ist das Backsteingebäude dort, sehen Sie es?

el cemento	**Zement** *m*
El **cemento** se mezcla con agua y cuando está seco es tan duro como una piedra.	Zement wird mit Wasser vermischt, und wenn er trocken ist, ist er hart wie Stein.

el hormigón	**Beton** *m*
Muchos edificios modernos se construyen con **hormigón**.	Viele moderne Gebäude sind aus Beton.

el vidrio	**Glas** *n*
Las botellas de **vidrio** no se tiran a la basura, se reciclan.	Glasflaschen kommen nicht in den Abfall, sondern werden wieder verwertet.

el cristal	**Kristallglas** *n*
Me han regalado unas copas de **cristal** de Bohemia.	Ich habe Gläser aus böhmischem Kristall geschenkt bekommen.

1.7 Essen und Trinken

1.7.1 ALLGEMEINES

«1–2000»

la comida	**Essen** *n*
Has hecho demasiada **comida**, estamos llenísimos.	Du hast dermaßen viel Essen gemacht, dass wir jetzt absolut satt sind.
Tome una pastilla antes de cada **comida**.	Nehmen Sie vor dem Essen eine Tablette.

comer _v_

Me muero de hambre, tengo que **comer** algo ahora mismo.
En España se **come** entre la una y las tres del mediodía.

essen

Ich sterbe vor Hunger, ich muss jetzt sofort etwas essen.
In Spanien wird zwischen ein und drei Uhr mittags gegessen.

---

comerse _v_

Pedrito, tienes que **comértelo** todo.

aufessen

Pedrito, du musst das alles aufessen.

---

beber _v_

En las comidas yo nunca **bebo** nada.

trinken

Ich trinke nie etwas zum Essen.

TIPP: _Als intransitives Verb bezieht sich_ **beber** _auf Alkohol:_ **¿Quieres una cerveza? — No, gracias. No bebo.** _Möchtest du ein Bier? — Nein danke, ich trinke keinen Alkohol._ **Alguien que no bebe es abstemio.** _Jemand, der nicht trinkt, ist Abstinenzler._

---

el hambre _f_

Tengo **hambre**, ¿preparamos algo para comer? → _alma TIPP S. 205_

Hunger _m_

Ich habe Hunger. Machen wir etwas zu essen?

---

la sed

Lo mejor contra la **sed** es beber agua con unas gotas de limón.

Durst _m_

Das beste Mittel gegen den Durst ist, Wasser mit ein paar Tropfen Zitrone zu trinken.

---

el desayuno

Lorenzo siempre lee el periódico durante el **desayuno**.

Frühstück _n_

Beim Frühstück liest Lorenzo immer Zeitung.

---

desayunar _v_

Los españoles **desayunan** muy poco.

frühstücken

Spanier frühstücken sehr wenig.

---

el almuerzo

En este hotel se sirve el **almuerzo** a las dos.

Mittagessen _n_

In diesem Hotel gibt es um zwei Uhr Mittagessen.

---

almorzar _v_ ⚠ _irr 7_, **almuerce, almorcé**

Hoy he quedado con Paquita para **almorzar**.

zu Mittag essen

Ich habe mich heute zum Mittagessen mit Paquita verabredet.

la **merienda**

Mis hijos toman la **merienda** cuando vuelven de la escuela, a eso de las cinco y media.

¿Qué te parece si el domingo nos vamos de **merienda** al campo?

(Nachmittags)happen *m;* **Picknick** *n*
Wenn meine Kinder so gegen halb sechs von der Schule nach Hause kommen, dann essen sie einen Happen.
Was hältst du davon, wenn wir am Sonntag zum Picknick rausfahren?

la **cena**
¿Vendréis a la **cena** de Nochebuena?

Abendessen *n*
Kommt ihr Heiligabend zum Abendessen?

cenar *v*
En mi casa **cenamos** a las nueve y media.

zu Abend essen
Bei mir zu Hause essen wir um halb zehn zu Abend.

«2001–4000»

el **aperitivo**
El **aperitivo** se toma para abrir el apetito.

Aperitif *m*
Ein Aperitif regt den Appetit an.

el **plato**

De primer **plato** hemos comido verdura.
La paella es un **plato** típico valenciano.

Gang *m (Speisenfolge);* **Gericht** *n*
Als ersten Gang haben wir Gemüse gegessen.
Paella ist ein typisches Gericht aus Valencia.

el **postre**
¿Qué tienen de **postre**?
— Tenemos flan o fresas con nata.

Nachtisch *m*
Was gibt es als Nachtisch?
— Wir haben Karamellpudding oder Erdbeeren mit Sahne.

el **alimento**
La leche es un **alimento** muy completo.

Lebensmittel *n*
Milch ist ein sehr nährstoffreiches Lebensmittel.

el **apetito**
Sara no come nada por falta de **apetito**, quizás esté enferma.

Appetit *m*
Sara hat kein bisschen Appetit und isst deshalb überhaupt nichts. Vielleicht ist sie krank.

TIPP: „Guten Appetit" heißt auf Spanisch: **buen provecho** oder auch: **que aproveche**.

caliente *adj ant:* frío
El té estaba demasiado **caliente**
y me he quemado la lengua.
→ *amable TIPP S. 26*

heiß
Der Tee war so heiß, dass ich
mir die Zunge verbrannt habe.

---

frío, a *adj ant:* caliente
Camarero, esta sopa está **fría**.

kalt
Herr Ober! Die Suppe ist kalt!

---

masticar *v* ⚠ **mastique, mas-
tiqué**
Sin dientes no podríamos **masticar** la comida.

kauen

Ohne Zähne könnten wir das
Essen nicht kauen.

---

tragar *v* ⚠ **trague, tragué**
Con agua, seguro que podrás
tragar fácilmente estas pastillas.

schlucken
Mit Wasser wirst du die Tabletten sicher ganz leicht schlucken
können.

1.7.2   LEBENSMITTEL

1.7.2.1   ALLGEMEINES

«1–2000»

el pan
¿Puedes ir tú a comprar el **pan**?

Brot *n*
Gehst du mal Brot einkaufen?

TIPP: *Stangenbrot heißt* **la barra de pan**.

---

el panecillo
Déme dos **panecillos**, por favor.
¿Cuánto es?

Brötchen *n*
Geben Sie mir bitte zwei Brötchen. Wie viel macht das?

---

el bocadillo
Te he preparado un **bocadillo**
de jamón.

belegtes Brötchen
Ich habe dir ein Schinkenbröt-
chen gemacht.

---

la leche
Póngame un café con **leche**, por
favor.

Milch *f*
Geben Sie mir bitte einen Milch-
kaffee.

TIPP: **cortado** *heißt der Kaffee mit etwas Milch, während der Kaffee
ohne Milch (schwarzer Kaffee)* **un café solo** *ist.*

la mantequilla
¿Quieres una rebanada de pan con **mantequilla** y mermelada?

Butter *f*
Möchtest du eine Scheibe Brot mit Butter und Marmelade?

el queso
A José Luis le gusta tomar **queso** de postre, como los franceses.

Käse *m*
José Luis isst gern Käse zum Nachtisch wie die Franzosen.

el huevo
No deberías comer tantos **huevos** fritos.

Ei *n*
Du solltest nicht so viele Spiegeleier essen.

la tortilla
¿Quieres una **tortilla** francesa o española (⚠ *auch:* **a la francesa/española**)?

Omelett *n;* **Tortilla** *f*
Möchtest Omelett oder Tortilla?

TIPP: *Tortilla wird mit Kartoffeln und Zwiebeln zubereitet. Das (französische) Omelett wird aus Eiern und Salz zubereitet.*

el dulce
A mi mujer le encantan los **dulces**, especialmente la tarta de fresas.

Süßspeise *f;* **Süßigkeit** *f*
Meine Frau isst sehr gern Süßes und ganz besonders Erdbeertorte.

dulce *adj*
El azúcar es **dulce**. → *amable und tranquilo TIPP S. 26, 28*

süß
Zucker ist süß.

salado, a *adj*
Creo que esta carne está demasiado **salada**. → *tranquilo TIPP S. 28*

salzig
Ich glaube, dass dieses Fleisch zu salzig ist.

soso, a *adj*
Esta sopa está **sosa**, le falta sal. → *tranquilo TIPP S. 28*

fade
Diese Suppe ist fade, weil Salz daran fehlt.

amargo, a *adj*
Me sirvieron algo que tenía un sabor muy **amargo**, pero no recuerdo el nombre.

bitter
Ich habe etwas serviert bekommen, was sehr bitter geschmeckt hat. Ich weiß aber nicht mehr, wie es hieß.

picante *adj*
Algunos platos mexicanos son muy **picantes**. → *tranquilo TIPP S. 28*

scharf
Einige mexikanische Gerichte sind sehr scharf.

ácido, a *adj*
Esos caramelos de limón son un poco **ácidos**. → *tranquilo TIPP S. 28*

sauer
Die Zitronenbonbons da sind etwas sauer.

---

agrio, a *adj*
Esta leche está **agria**, seguro que no la habías guardado en la nevera. → *tranquilo TIPP S. 28*

sauer
Diese Milch ist sauer. Die hattest du bestimmt nicht im Kühlschrank.

---

el arroz ⚠ *pl* **los arroces**
Prefiero el **arroz** integral al normal.

Reis *m*
Ungeschälten Reis mag ich lieber als geschälten.

---

la pasta
En nuestro restaurante sólo servimos **pasta** italiana.

Los ingleses toman té con **pastas**.

Teigwaren *pl;* **Gebäck** *n*
In unserem Restaurant servieren wir nur italienische Teigwaren.
Engländer nehmen Gebäck zum Tee.

---

la patata
En el jardín de al lado están comiendo carne asada con **patatas**.

Kartoffel *f*
Im Garten nebenan gibt es gerade gegrilltes Fleisch mit Kartoffeln zum Essen.

TIPP: *In Lateinamerika und Teilen Südspaniens wird die Kartoffel auch* **la papa** *genannt.*

---

la sopa
¿Quieres un poco más de **sopa**?

Suppe *f*
Möchtest du noch Suppe?

---

la ensalada
De primero quisiera una **ensalada** y de segundo, pollo con arroz.

Salat *m*
Zuerst hätte ich gern Salat und dann Hähnchen mit Reis.

---

la tostada
Hoy en el desayuno me he comido todas las **tostadas** que había.

(Scheibe) Toast *m*
Heute habe ich beim Frühstück alle Scheiben Toast gegessen, die noch da waren.

---

la mermelada
¿Has probado esta **mermelada** de melocotón?

Marmelade *f*
Hast du die Pfirsichmarmelade hier probiert?

el pastel
Acabo de hacer **pastel** de manzana.
Mi tía nos ha hecho **pastel** de carne.

Kuchen *m*; **Pastete** *f*
Ich habe gerade Apfelkuchen gemacht.
Meine Tante hat uns Fleischpastete gemacht.

la tarta
Para tu cumpleaños vamos a hacer una **tarta** de fresas con nata.

Torte *f*
Zu deinem Geburtstag machen wir eine Erdbeertorte mit Sahne.

el chocolate
Me encanta el **chocolate**.

Schokolade *f*
Ich esse sehr gern Schokolade.

el helado
Póngame dos bolas de **helado** de limón, por favor.

Eis *n*
Geben Sie mir bitte zwei Kugeln Zitroneneis.

rico, a *adj*
¡Este helado está **riquísimo**!
→ *guapo TIPP S. 18*

lecker
Dieses Eis ist sehr lecker.

el caramelo
Estos **caramelos** de fresa son muy dulces. → *bombón S. 244*

Bonbon *n*
Diese Erdbeerbonbons sind sehr süß.

el azúcar
Hay gente que toma el café sin **azúcar**.

Zucker *m*
Manche trinken Kaffee ohne Zucker.

el aceite
El **aceite** de oliva es un producto mediterráneo.

Öl *n*
Olivenöl ist ein Produkt aus dem Mittelmeerraum.

el vinagre
¿Ya le has puesto **vinagre** y aceite a la ensalada?

Essig *m*
Hast du schon Essig und Öl an den Salat getan?

la sal
¿Qué tal el pollo?
— Le falta **sal**.

Salz *n*
Wie ist das Hähnchen?
— Es fehlt Salz daran.

la pimienta
Has echado mucha **pimienta** en la comida, está demasiado picante para mí.

Pfeffer *m*
Du hast dermaßen Pfeffer ans Essen getan. Das ist mir zu scharf.

la salsa
¡Qué rica está la **salsa** de tomate!

Soße *f*
Die Tomatensoße ist aber lecker!

«2001–4000»

la **harina** El pan se hace con **harina**.	**Mehl** *n* Brot backt man mit Mehl.
integral *adj* Ahora compramos solamente pan **integral**. → *cruel TIPP S. 30*	**Vollkorn-; ungeschält** Wir kaufen zurzeit nur Vollkornbrot.
la **miel** A los osos les encanta la **miel**.	**Honig** *m* Bären mögen Honig sehr.
la **especia** El anís y la pimienta son **especias**.	**Gewürz** *n* Anis und Pfeffer sind Gewürze.
la **hierba aromática** El perejil es una **hierba aromática**.	**Gewürzkraut** *n* Petersilie ist ein Gewürzkraut.
el **flan** ¿Quién se ha comido todos los **flanes** que anoche guardé en la nevera?	**(Karamell)pudding** *m* Wer hat all die Puddinge gegessen, die ich gestern Abend in den Kühlschrank getan habe?
la **nata** Para hacer salsas se puede usar **nata** líquida.	**Sahne** *f* Zur Zubereitung von Soßen kann man Sahne nehmen.
el **yogur** El **yogur** tengo que comerlo con azúcar, si no, me parece demasiado ácido.	**Jog(h)urt** *m* Jogurt esse ich nur mit Zucker, sonst schmeckt er mir zu sauer.
la **ración** ⚠ *pl* **las raciones** Tráigame una **ración** de patatas fritas, por favor.	**Portion** *f* Bringen Sie mir bitte eine Portion Pommes frites.
el **entremés** ⚠ *pl* **los entremeses** Antes de traer los primeros platos, nos sirvieron **entremeses**.	**Vorspeise** *f* Vor dem ersten Gang wurden uns die Vorspeisen serviert.
el **bombón** ⚠ *pl* **los bombones** Me han regalado una caja de **bombones** carísimos. → *caramelo S. 243*	**Praline** *f* Ich habe eine Schachtel mit wirklich teuren Pralinen geschenkt bekommen.

el **chicle**
Yo siempre compro **chicle** sin azúcar.

Kaugummi *m oder n*
Ich kaufe immer Kaugummi ohne Zucker.

la **grasa**
Este jamón tiene demasiada **grasa**.
Limpia la cocina, hay **grasa** por todas partes.

Fett *n*
An diesem Schinken ist zu viel Fett.
Mach die Küche sauber, denn es ist überall fettig.

la **caloría**
¿Cuántas **calorías** tendrá un bombón?
— Seguro que muchas.

Kalorie *f*
Wie viele Kalorien wird wohl eine Praline haben?
— Gewiss sehr viele.

el **colesterol**
Los huevos tienen mucho **colesterol**.

Cholesterin *n*
Eier haben viel Cholesterin.

1.7.2.2   FLEISCH UND FISCH

«1–2000»

la **carne**
Para esta receta necesitamos **carne** de cerdo.

Fleisch *n*
Für dieses Rezept brauchen wir Schweinefleisch.

la **ternera**
Argentina exporta carne de vaca y de **ternera**.

Kalb *n*
Argentinien exportiert Rind- und Kalbfleisch.

TIPP: *Man sagt auch **ternera** zu Rindfleisch.*

el **pollo**
¿Qué hay para comer?
— **Pollo** con patatas.

Hähnchen *n*
Was gibts zu essen?
— Hähnchen mit Kartoffeln.

la **salchicha**
La butifarra es una **salchicha** típica catalana.

Würstchen *n*
Die „butifarra" ist eine typisch katalanische Bratwurst.

el **pescado**
¿Has probado la sopa de **pescado**? → *pez S. 214*

Fisch *m*
Hast du die Fischsuppe probiert?

el **marisco**
La paella es un plato de arroz con **marisco** y otros ingredientes.

Meeresfrucht *f*
Paella ist ein Gericht mit Reis, Meeresfrüchten und anderen Zutaten.

«2001–4000»

la **carnicería**

¿Puedes ir a la **carnicería** de enfrente y comprar dos filetes de ternera?

Metzger *m*, **Schlachtergeschäft** *n*
Kannst du zum Metzger gegenüber gehen und zwei Kalbsschnitzel kaufen?

el **bistec** ⚠ *pl* **los bistecs**
Has echado poca sal en el **bistec**.

Steak *n*
Du hast wenig Salz an das Steak getan.

el **filete**
Póngame cuatro **filetes** de lenguado, por favor.

Schnitzel *n*; **Filet** *n*
Geben Sie mir bitte vier Seezungenfilets.

la **chuleta**
Me encantan las **chuletas** de cordero.

Kotelett *n*
Ich esse sehr gern Lammkotelett.

la **pechuga**
¿Qué prefieres: muslo o **pechuga**?

Bruststück *n* (*vom Geflügel*)
Magst du lieber Brust oder Keule?

el **muslo**

Keule *f*

el **cordero**
La carne de **cordero** tiene mucha grasa.

Lamm *n*
Lammfleisch ist sehr fett.

el **conejo**
Estamos preparando **conejo** a la brasa.

Kaninchen *n*
Wir haben gerade ein Kaninchen auf dem Grill.

el **asado**
El **asado** de mi abuela es el mejor que he probado en mi vida.

Braten *m*
Großmutters Braten ist der beste, den ich je gegessen habe.

el **jamón** ⚠ *pl* **los jamones**
¿Qué quieres: **jamón** serrano o **jamón** cocido?

Schinken *m*
Möchtest du rohen oder gekochten Schinken?

el **chorizo**
Hoy para comer tenemos judías con **chorizo**.

Paprikawurst *f*
Heute gibt es Paprikawurst mit Bohnen zum Essen.

el **embutido**
De entremeses nos han servido **embutido**.

Wurst *f*
Als Vorspeise wurde uns Wurst serviert.

crudo, a *adj*
La zanahoria la como siempre **cruda**.
Las patatas todavía están **crudas**, déjalas más tiempo en el horno.

roh
Karotten esse ich immer roh.

Die Kartoffeln sind noch nicht gar, lass sie noch etwas im Ofen.

tierno, a *adj*
La carne de ternera es muy **tierna**. → *tranquilo TIPP S. 28*

zart
Kalbfleisch ist sehr zart.

el **calamar**
Ahora vuelvo, pide para mí unos **calamares** a la romana.

Tintenfisch *m*
Ich komme gleich wieder. Bestell für mich frittierten Tintenfisch.

el **mejillón** ⚠ *pl* **los mejillones**
Les recomiendo **mejillones** al vapor.

Miesmuschel *f*
Ich empfehle Ihnen gedünstete Miesmuscheln.

la **gamba**
¿Tiene **gambas** frescas o congeladas?

Garnele *f*
Haben Sie frische oder tiefgekühlte Garnelen?

el **atún** ⚠ *pl* **los atunes**
Compra un par de latas de **atún**.

T(h)unfisch *m*
Kauf ein paar Dosen Tunfisch.

la **merluza**
Mi hermano prepara una **merluza** a la vasca que está para chuparse los dedos.

Seehecht *m*
Mein Bruder bereitet einen Seehecht auf baskische Art so lecker zu, dass man sich alle zehn Finger danach leckt.

el **salmón** ⚠ *pl* **los salmones**
El **salmón** es mi pescado favorito.

Lachs *m*
Lachs ist mein Lieblingsfisch.

el **lenguado**
Quiero medio kilo de **lenguado**, por favor.

Seezunge *f*
Ich hätte gern ein halbes Kilo Seezunge.

la **pescadería**
Jacinto trabaja en una **pescadería**.

Fischgeschäft *n*
Jacinto arbeitet in einem Fischgeschäft.

la **espina**
No como pescado porque odio las **espinas**.

Gräte *f*
Ich esse keinen Fisch, weil ich die Gräten nicht ausstehen kann.

1.7.2.3 OBST UND GEMÜSE

«1–2000»

la **verdura**
De pequeña nunca quería comer **verdura**.

Gemüse *n*
Als ich klein war, mochte ich kein Gemüse.

la **lechuga**
Luis, compra **lechuga** y tomates para la ensalada.

Kopfsalat *m*
Luis, kaufe Kopfsalat und Tomaten für den Salat.

el **tomate**
Por favor, corta estos **tomates**.

Tomate *f*
Schneide bitte die Tomaten hier.

la **cebolla**
Primero hay que freír la **cebolla** y luego se pone el resto de ingredientes.

Zwiebel *f*
Zuerst werden die Zwiebeln angebraten, und dann gibt man die übrigen Zutaten hinzu.

el **ajo**
Para esta salsa necesito un huevo, un diente de **ajo**, sal y aceite.

Knoblauch *m*
Ich brauche für diese Soße ein Ei, eine Knoblauchzehe, Öl und Salz.

la **fruta**
Raúl hace ejercicio y come mucha **fruta** y verdura.

Obst *n*
Raúl treibt Sport und isst viel Obst und Gemüse.

la **manzana**
A media mañana siempre me como una **manzana**.

Apfel *m*
Vormittags esse ich immer einen Apfel.

la **pera**
Estas **peras** son las mejores, aunque también las más caras.

Birne *f*
Diese Birnen sind die besten, allerdings auch die teuersten.

la **naranja**
La **naranja** tiene mucha vitamina C.

Apfelsine *f*
Die Apfelsine hat viel Vitamin C.

el **plátano**
En esta frutería venden **plátanos** de Canarias.

Banane *f*
In diesem Obstladen haben sie Bananen von den Kanarischen Inseln.

TIPP: In Lateinamerika sagt man **la banana**.

«2001–4000»

la **frutería**	Obstladen *m*
En la **frutería** no quedan pláta-	Der Obstladen hat keine Bana-
nos ni naranjas.	nen und Orangen mehr.

la **uva**	Weintraube *f*
Este año no comeremos las	Wir werden dieses Jahr wohl
uvas porque pasamos la No-	keine Weintrauben essen, weil
chevieja en Paraguay.	wir Silvester in Paraguay ver-
	bringen.

TIPP: Es gibt in Spanien den Brauch, in der Nacht vom 31. Dezember auf den ersten Tag des neuen Jahres genau um Mitternacht zwölf Weintrauben zu essen, und zwar bei jedem Glockenschlag eine. Das soll Glück bringen.

la **fresa**	Erdbeere *f*
De postre hay **fresas** con nata.	Es gibt Erdbeeren mit Sahne
	zum Nachtisch.

TIPP: In manchen Ländern Lateinamerikas sagt man **la frutilla**.

el **limón** ⚠ *pl* **los limones**	Zitrone *f*
Acabo de hacer zumo de **limón**,	Ich habe gerade Zitronensaft
¿queréis un poco?	gemacht. Möchtet ihr welchen?

la **mandarina**	Mandarine *f*
Póngame un kilo y medio de	Geben Sie mir anderthalb Kilo
mandarinas.	Mandarinen.

el **melón** ⚠ *pl* **los melones**	(Honig)melone *f*
El **melón** es dulce y tiene mu-	Die Honigmelone ist süß und
chas semillas.	voller Kerne.

la **sandía**	(Wasser)melone *f*
En España la **sandía** se cultiva	Die Wassermelone wird in Spa-
mucho.	nien häufig angebaut.

TIPP: In manchen Ländern Lateinamerikas sagt man auch **el melón de agua**.

la **ciruela**	Pflaume *f*
Ésta es la mejor mermelada de	Das hier ist die beste Pflaumen-
ciruelas que he probado en mi	marmelade, die ich je in meinem
vida.	Leben probiert habe.

el **albaricoque**
¿Quieres un trozo de tarta de **al-
baricoques**?

Aprikose f
Möchtest du ein Stück Apriko-
sentorte?

TIPP: In manchen Ländern Lateinamerikas sagt man el damasco.

el **melocotón** ⚠ *pl* **los melo-
cotones**
Prefiero la mermelada de **melocotón** a la de fresa.

Pfirsich m

Pfirsichmarmelade mag ich lieber als Erdbeermarmelade.

TIPP: In Lateinamerika auch: el durazno.

la **cereza**
En verano tuve una indigestión
de **cerezas** porque comí demasiadas.

Kirsche f
Im Sommer bekam ich von Kir-
schen Bauchschmerzen, weil
ich zu viele gegessen hatte.

la **piña**
Para mí un zumo de **piña**, por
favor.

Ananas f
Für mich bitte einen Ananassaft.

TIPP: In Lateinamerika sagt man el ananá(s).

la **ensalada de frutas**
Esta **ensalada de frutas** es de
lata.

Obstsalat m
Der Obstsalat ist aus der Dose.

TIPP: Obstsalat heißt auch la macedonia.

maduro, a *adj*
¿Estos melones están todavía
verdes? — No, ya están **madu-
ros**.

reif
Sind diese Melonen noch un-
reif? — Nein, die sind schon reif.

el **fruto seco**
Si haces dieta, no comas **frutos
secos**. Tienen un montón de calorías.

Trockenobst n
Iss bloß keine Trockenfrüchte,
wenn du eine Diät machst. Die
haben Unmengen Kalorien.

la **nuez** ⚠ *pl* **las nueces**
Las **nueces** son un poco amar-
gas.

Walnuss f
Walnüsse sind etwas bitter.

la **judía**
Le puedo ofrecer arroz con **judías** o patatas con **judías verdes**.

Bohne f
Ich kann Ihnen Reis mit Bohnen
oder Kartoffeln mit grünen Bohnen anbieten.

*TIPP: In Lateinamerika nennt man sie auch **la habichuela** oder **el frijol**.*

el **guisante**	**Erbse** *f*
Abre esa lata de **guisantes**, por favor.	Öffne bitte die Dose mit Erbsen.

*TIPP: In manchen Ländern Lateinamerikas sagt man **la arveja**.*

la **lenteja**	**Linse** *f*
En Italia dicen que da suerte comer **lentejas** el día de Año Nuevo.	In Italien sagt man, am Neujahrstag Linsen zu essen bringe Glück.
el **garbanzo**	**Kichererbse** *f*
En casa nunca comemos **garbanzos**.	Zu Hause essen wir nie Kichererbsen.

la **verdulería**	**Gemüseladen** *m*
Tengo que pasar por la **verdulería** para comprar zanahorias y tomates.	Ich muss noch in den Gemüseladen, Karotten und Tomaten kaufen.
la **zanahoria**	**Karotte** *f*
Mi conejo sólo come **zanahorias**.	Mein Kaninchen frisst nur Karotten.
el **perejil**	**Petersilie** *f*
Esta salsa está hecha con aceite, ajo y **perejil**.	Diese Soße ist aus Öl, Knoblauch und Petersilie zubereitet.
el **pimiento**	**Paprika** *m oder f*
Hay **pimientos** rojos, verdes y amarillos.	Es gibt roten, grünen und gelben Paprika.

*TIPP: Gewürzpaprika heißt **el pimentón**.*

la **col**	**Kohl** *m*
Nunca he probado las **coles** de Bruselas.	Ich habe noch nie Rosenkohl probiert.
la **coliflor**	**Blumenkohl** *m*
No me gusta el olor de la **coliflor**.	Ich mag keinen Blumenkohlgeruch.
la **aceituna** *syn:* oliva	**Olive** *f*
Cuidado: estas **aceitunas** tienen hueso.	Sei vorsichtig, die Oliven hier haben Kerne.
la **oliva** *syn:* aceituna	**Olive** *f*
Me encantan las **olivas** rellenas.	Gefüllte Oliven mag ich sehr gern.

1.7.2.4 GETRÄNKE

«1–2000»

la **bebida**
¿Puedes ir a comprar **bebida** para la fiesta de esta noche?

Getränk *n*
Kannst du für das Fest heute Abend noch Getränke kaufen?

el **agua mineral** *f*
¿Quiero una botella de **agua mineral**? — ¿Con gas o sin gas? → *alma TIPP S. 205*

Mineralwasser *n*
Ich hätte gern eine Flasche Mineralwasser. — Mit oder ohne Kohlensäure?

el **té**
¿Quieres que te prepare un **té**?

Tee *m*
Soll ich dir einen Tee machen?

*TIPP: **té** bezeichnet den Schwarztee, zu Kräutertee sagt man **la tisana**, **la infusión** bezeichnet Aufgussgetränke allgemein.*

el **café**
Por las noches prefiero no tomar **café**.
Nos vemos a las dos en el **café** de enfrente.

Kaffee *m;* **Café** *n*
Ich trinke abends lieber keinen Kaffee.
Wir sehen uns um zwei Uhr im Café gegenüber.

el **vino**
A mi suegro le encanta el **vino** tinto español.

Wein *m*
Mein Schwiegervater mag spanischen Rotwein sehr.

*TIPP: Man unterscheidet **vino tinto, rosado y blanco**.*

la **cerveza**
Anoche salí con un amigo y bebimos un par de **cervezas**.

Bier *n*
Gestern Abend bin ich mit einem Freund weggegangen, und wir haben ein paar Bier getrunken.

tomar *v*
¿Qué quieres **tomar**? Yo voy a pedir un cortado.

(zu sich) nehmen
Was trinkst du? Ich bestelle einen Kaffee mit wenig Milch.

*TIPP: **cortado** wird in Spanien oft getrunken. Das ist Expresso mit einem Spritzer Milch.*

el **refresco**
En la reunión nos sirvieron **refrescos**.
Toma dinero y cómprale un **refresco** al niño.

Erfrischung *f*
Bei der Versammlung haben sie uns Erfrischungen gereicht.
Nimm das Geld und kauf dem Kleinen etwas zu trinken.

el **zumo**
Voy a hacer **zumo** de naranja.

Saft *m*
Ich mache einen Orangensaft.

TIPP: *In Lateinamerika heißt es* **el jugo**. *Statt* **zumo de naranja** *hört man auch oft* **la naranjada**, *und bei* **zumo de limón** *auch* **la limonada** *jeweils für frisch gepresste Säfte.*

la **gaseosa**
Para mí, una **gaseosa**. Para ella, una cerveza, por favor.

Sprudel *m*
Für mich einen Sprudel. Für sie bitte ein Bier.

la **botella**
Guillermo, ¿podrías comprar dos **botellas** de leche?

Flasche *f*
Guillermo, könntest du zwei Flaschen Milch kaufen?

la **lata**
Bernardo siempre compra cerveza de **lata**.

Dose *f*
Bernardo kauft immer Dosenbier.

«2001–4000»

el **licor**
Sírvame una copita de **licor** de melocotón.

Likör *m*
Bringen Sie mir ein Gläschen Pfirsichlikör.

TIPP: *-ito/-ita ist eine Form der Verniedlichung* **copa** – **copita**, **Juan** – **Juanito**.

el **alcohol**
Los fines de semana, la gente joven bebe mucho **alcohol**.

Alkohol *m*
Jugendliche trinken an den Wochenenden viel Alkohol.

alcohólico, a *adj*
Los menores de edad no pueden comprar bebidas **alcohólicas**.
Hace diez años Carla era **alcohólica**.

alkoholisch
Minderjährige dürfen keine alkoholischen Getränke kaufen.

Vor zehn Jahren war Carla Alkoholikerin.

borracho, a *adj*
Manuel no está acostumbrado a beber, y con una cerveza ya está **borracho**.

betrunken
Manuel ist es nicht gewohnt, Alkohol zu trinken. Er ist schon nach einem Bier betrunken.

TIPP: **ser un borracho** *heißt „ein Alkoholiker sein" und* **estar borracho** *bedeutet „betrunken sein".*

el barril	**Fass** *n*
Para la fiesta, hemos comprado dos **barriles** de cerveza.	Wir haben zwei Fässer Bier für das Fest gekauft.
la bodega	**Weinkeller** *m*
En la **bodega** hay unos barriles de vino enormes.	Im Weinkeller sind riesige Weinfässer.
el coñac	**Kognak** *m*, **Weinbrand** *m*
Póngame otra copa de **coñac**, por favor.	Geben Sie mir bitte noch einen Kognak.

1.7.3   ZUBEREITUNG DER SPEISEN

«1–2000»

cocinar *v*	**kochen**
A mi marido le encanta **cocinar**.	Mein Mann kocht sehr gern.
hervir *v* ⚠ *irr* 30	**kochen**
Hay que **hervir** la pasta durante diez minutos.	Die Nudeln müssen zehn Minuten kochen.
freír *v* ⚠ *irr* 27, **frito**	**(an)braten**
Primero tienes que cortar la cebolla y luego la **fríes**.	Zuerst schneidest du die Zwiebeln, und dann brätst du sie an.
asar *v*	**braten**
En este restaurante se puede ver cómo **asan** la carne.	In diesem Restaurant kann man sehen, wie das Fleisch gebraten wird.
preparar *v*	**zubereiten**
Mientras Antonio **prepara** la comida, nosotras podemos ver la tele.	Während Antonio das Essen macht, können wir fernsehen.
probar *v* ⚠ *irr* 7	**probieren**
¿Qué tal está el salmón? — Riquísimo, ¿quieres **probarlo**?	Wie ist denn der Lachs? — Sehr lecker, möchtest du mal probieren?

«2001–4000»

el ingrediente
Los **ingredientes** de esta salsa son tomate, cebolla, aceite, sal y hierbas aromáticas.

Zutat *f*
Die Zutaten bei dieser Soße sind Tomaten, Zwiebeln, Öl, Salz und Gewürzkräuter.

la receta
¿Puedes darme la **receta** de ese arroz tan rico que preparaste el otro día?

Rezept *n*
Kannst du mir das Rezept von dem Reis geben, den du neulich gemacht hast? Der war so lecker.

la rebanada
Haz el favor de cortar un par de **rebanadas** de pan.

Scheibe *f*
Tu mir den Gefallen, und schneide mir ein paar Scheiben Brot ab.

---

calentar *v* ⚠ *irr* 22
Voy a **calentar** la sopa un poco más.

aufwärmen
Ich wärme die Suppe noch ein bisschen mehr auf.

cocer *v* ⚠ *irr* 20, **cuezo**
Tienes que **cocer** la verdura.

kochen
Du musst das Gemüse dünsten.

TIPP: cocer en el horno heißt „backen".

---

a la brasa *adv*
La carne **a la brasa** tiene un sabor especial.

gegrillt, Grill-
Grillfleisch hat einen besonderen Geschmack.

TIPP: a la brasa heißt, dass die Zutaten auf dem Holzkohlegrill zubereitet werden.

a la plancha *adv*
¿Estás haciendo dieta?, pues te haré pollo **a la plancha**.

gebraten, Brat-
Machst du gerade eine Diät? Dann werde ich dir Brathähnchen machen.

TIPP: a la plancha heißt, dass die Zutaten in der Pfanne zubereitet werden oder auf dem Tischgrill.

a la romana *adv*
De segundo quiero calamares **a la romana**.

frittiert
Als zweiten Gang nehme ich frittierten Tintenfisch.

al ajillo *adv*
¿Quieres quedarte a comer? Paca ha hecho pollo **al ajillo**.

in Knoblauchsoße
Möchtest du zum Essen dableiben? Paca hat Hähnchen in Knoblauchsoße gemacht.

1.7.4 GESCHIRR UND BESTECK

«1–2000»

el plato
¿Puedes poner la mesa? Aquí tienes los **platos** y los cubiertos.

Teller *m*
Kannst du den Tisch decken? Hier hast du die Teller und das Besteck.

el vaso
El niño tiene sed; dale un **vaso** de agua.

Glas *n*
Der Kleine hat Durst. Gib ihm ein Glas Wasser.

la copa
¡Ya has vuelto a romper todas las **copas** de vino!

Glas *n*
Du hast schon wieder alle Weingläser zerbrochen.

*TIPP: Mit **copa** werden Stielgläser bezeichnet.*

la taza
Sirve el café, por favor; allí están las **tazas**.

Tasse *f*
Bring bitte den Kaffee. Die Tassen sind da.

la cuchara
La sopa se toma con **cuchara**.

Löffel *m*
Suppe isst man mit dem Löffel.

la cucharilla, la cucharita
Me has servido el café, pero te has olvidado de darme una **cucharilla**.

Kaffeelöffel *m*
Du hast mir zwar den Kaffee gebracht, aber du hast den Kaffeelöffel dazu vergessen.

el tenedor
Los chinos no usan **tenedor**.

Gabel *f*
Chinesen benützen keine Gabeln.

el cuchillo
Necesito otro **cuchillo** para cortar la carne; éste no sirve.

Messer *n*
Um das Fleisch klein zu schneiden, brauche ich ein anderes Messer, weil das hier nicht scharf genug ist.

«2001–4000»

la vajilla
Esta **vajilla** es el regalo de boda de mis suegros.

Geschirr *n*
Dieses Geschirr ist ein Hochzeitsgeschenk meiner Schwiegereltern.

el **cubierto**
Pon los **cubiertos** y los platos
en el lavavajillas.

Besteck *n*
Tu das Besteck und die Teller in
den Geschirrspüler.

la **jarra**
Camarero, una **jarra** de sangría,
por favor.

Karaffe *f;* **Krug** *m*
Herr Ober, bitte eine Karaffe
Sangria.

*TIPP: **una jarra de cerveza** sagt man bei einer Halben oder bei einer
Maß. Ein kleines Helles oder 0,3 l heißt **una caña**. **una garrafa** ist
keine Karaffe, sondern eine sehr große Flasche.*

el **cuenco**
Sirve la ensalada de frutas en
esos **cuencos**.

Schüssel *f*, **Schale** *f*
Tu den Obstsalat in die Schüs-
seln da.

*TIPP: In Lateinamerika heißt die Schale auch **el bol**, was ursprünglich
vom englischen „bowl" abgeleitet wurde.*

la **bandeja**
Los camareros suelen llevar
bandeja.

Tablett *n*
Normalerweise servieren Kellner auf Tabletts.

la **sartén** ⚠ *pl* **las sartenes**
Voy a freír un par de huevos,
¿dónde está la **sartén**?

Pfanne *f*
Ich mache Spiegeleier. Wo ist
denn die Pfanne?

*TIPP: In mehreren Ländern Lateinamerikas heißt es **el sartén**.*

la **olla**
En la **olla** queda todavía un poco de sopa.

Kochtopf *m*
Es ist noch etwas Suppe im
Topf.

la **tapa**
¿Dónde está la **tapa** de la olla?

Deckel *m*
Wo ist der Deckel zum Topf?

*TIPP: Der Ausdruck **una tapa**, eine kleine Beilage zum Getränk,
kommt tatsächlich daher, dass man Tapas auf kleinen Tellern anrich-
tete, die wie Deckelchen auf den Getränken serviert wurden.*

el **mantel**
Hay que poner **mantel**, para que
la mesa no se ensucie.

Decke *f*
Damit der Tisch nicht schmutzig
wird, legt man eine Decke auf.

*TIPP: Vorsicht! Der deutsche „Mantel" heißt **el abrigo**.*

la **servilleta**
Para comer, siempre usamos
servilletas de tela o de papel.

Serviette *f*
Wir benutzen immer Stoff- oder
Papierservietten bei Tisch.

el **abrebotellas** ⚠ *pl* **los abre-botellas** Para abrir la botella de cerveza será mejor que uses el **abrebotellas**.	**Flaschenöffner** *m* Du nimmst besser den Flaschenöffner, wenn du die Bierflasche aufmachen willst.
el **abrelatas** ⚠ *pl* **los abrelatas** Necesito un **abrelatas** para abrir esta lata de atún.	**Dosenöffner** *m* Um die Dose Tunfisch hier zu öffnen, brauche ich einen Dosenöffner.
el **sacacorchos** ⚠ *pl* **los sacacorchos** No encuentro ningún **sacacorchos** para abrir esta botella de vino.	**Korkenzieher** *m* Ich finde keinen Korkenzieher, um die Weinflasche hier zu öffnen.

1.7.5   RESTAURANT

«1–2000»

el **restaurante** ¿En qué **restaurante** habéis quedado?	**Restaurant** *n* In welchem Restaurant habt ihr euch verabredet?
el **bar** Generalmente los **bares** cierran a las tres de la madrugada. El sábado fuimos de **bares** (⚠ *auch:* **de copas**).	**Kneipe** *f* Normalerweise schließen die Kneipen um drei Uhr morgens. Letzten Samstag haben wir einen Kneipenbummel gemacht.
la **cafetería** Siempre desayuno en la **cafetería** de enfrente.	**Café** *n* Ich frühstücke immer im Café gegenüber.
el **camarero**, la **camarera** En verano trabajo de **camarero** para pagarme los estudios.	**Kellner(in)** *m(f)* Im Sommer arbeite ich als Kellner, um mein Studium zu finanzieren.
el **menú** Aquí los **menús** son muy baratos.	**Menü** *n* Hier sind die Menüs sehr preiswert.
la **carta** En seguida les traigo la **carta**.	**Karte** *f* Ich bringe Ihnen sofort die Karte.

«2001–4000»

servir *v ⚠ irr* 21
¿Cuándo nos **sirven** la comida?
Hemos pedido hace media hora.

bringen
Wann bringen Sie uns das Essen? Wir haben schon vor einer halben Stunde bestellt.

---

el servicio
En este hotel el **servicio** es poco satisfactorio.

Service *m;* **Bedienung** *f*
In diesem Hotel ist der Service kaum zufriedenstellend.

el (los) servicio(s) *syn:* lavabo
Perdone, ¿dónde están los **servicios**?

Toilette *f*
Entschuldigung, wo ist die Toilette?

---

la cuenta
La **cuenta**, por favor.

Rechnung *f*
Zahlen bitte.

*TIPP: Um die Rechnung bittet man nach einem Essen im Restaurant. Isst oder trinkt man nur eine Kleinigkeit, sagt man eher: ¿**Cuánto es?** Wie viel macht das?*

la propina
¿No le das (⚠ *auch:* **dejas**) **propina** al camarero?

Trinkgeld *n*
Gibst du dem Kellner kein Trinkgeld?

TIPP: In Spanien legt man das Trinkgeld zur Rechnung oder lässt es auf dem Tisch liegen, wenn man geht.

---

incluido, a *adj*
¿Está **incluido** el IVA en el precio?

enthalten
Ist die Mehrwertsteuer im Preis enthalten?

TIPP: IVA = impuesto sobre el valor añadido

1.8   Reise und Verkehr

1.8.1   REISE

«1–2000»

viajar *v*	**(ver)reisen**
A mi abuelo le encanta **viajar**.	Mein Großvater verreist sehr gern.
el viaje	**Reise** *f*
Espero que hayas tenido un buen **viaje**.	Ich hoffe, du hast eine angenehme Reise gehabt.
el turismo	**Tourismus** *m*
Muchos países viven del **turismo**.	Viele Länder leben vom Tourismus.
el, la turista	**Tourist(in)** *m(f)*
Viajemos a algún sitio donde no haya **turistas**.	Fahren wir doch irgendwohin, wo keine Touristen sind!
el, la guía	**Reiseleiter(in)** *m(f)*, **Fremdenführer(in)** *m(f)*
El **guía** les acompañará por la ciudad.	Der Reiseleiter wird Sie durch die Stadt führen.
la guía	**Reiseführer** *m*
En esta **guía** salen los lugares más interesantes de la ciudad.	In diesem Reiseführer stehen die interessantesten Orte der Stadt.
la llegada *ant:* salida	**Ankunft** *f*
Hemos preparado una fiesta para celebrar vuestra **llegada**.	Wir haben ein Fest vorbereitet, um eure Ankunft zu feiern.
el pasajero, **la pasajera**	**Passagier(in)** *m(f)*
En el vagón del tren sólo había dos **pasajeros**.	Im Zugabteil waren nur zwei Passagiere.
el equipaje	**Gepäck** *n*
En el aeropuerto perdieron nuestro **equipaje**.	Unser Gepäck ist am Flughafen verloren gegangen.
el hotel	**Hotel** *n*
Este **hotel** de tres estrellas está muy bien.	Dieses Drei-Sterne-Hotel ist sehr gut.
la pensión ⚠ *pl* **las pensiones**	**Pension** *f*
Os recomiendo esta **pensión**; es barata y limpia.	Diese Pension kann ich euch empfehlen. Sie ist preiswert und sauber.

la **habitación doble** ⚠ *pl* **las
habitaciones**
¿Tienen **habitaciones dobles**?

Doppelzimmer *n*

Haben Sie Doppelzimmer?

la **habitación individual** ⚠ *pl*
las habitaciones
Quisiera reservar una **habitación individual**.

Einzelzimmer *n*

Ich möchte gern ein Einzelzimmer reservieren.

«2001–4000»

el **billete de ida y vuelta**
Quiero un **billete** a Madrid **de
ida y vuelta**, por favor.

Rückfahrkarte *f*
Ich hätte gern eine Fahrkarte
nach Madrid hin und zurück.

partir *v syn:* salir
El presidente **partirá** mañana
para Roma.

abreisen, abfahren
Der Präsident wird morgen nach
Rom abreisen.

regresar *v syn:* volver
Un día el marido de Rosa se fue
y no **regresó** jamás.

wiederkommen
Eines Tages ging Rosas Ehemann weg und kam nie mehr
wieder.

el **viajero**, la **viajera**
Por nuestro pueblo a veces pasa algún **viajero** perdido.

¡**Viajeros** al tren!

Reisende(r) *f(m)*
Manchmal kommt in unser Dorf
ein Reisender, der sich verirrt
hat.
Alles einsteigen!

turístico, a *adj*
Mallorca y la Costa Brava son
lugares **turísticos**.

touristisch
Mallorca und die Costa Brava
sind Touristenorte.

el **recorrido**
¿Nos recomienda Ud. algún **recorrido** turístico?

Wegstrecke *f*
Können Sie uns eine sehenswerte Strecke empfehlen?

la **combinación** ⚠ *pl* **las combinaciones**
¿Cuál es la mejor **combinación**
para ir a Burgos?

Verbindung *f*

Was ist die beste Verbindung
nach Burgos?

la **maleta**
Llévame tú la **maleta**, por favor.
Es que pesa mucho.

Koffer *m*
Trag du bitte meinen Koffer. Er
ist sehr schwer.

*TIPP: In manchen Ländern Lateinamerikas sagt man auch **la valija**.*

la **bolsa**
En el tren me robaron la **bolsa** de viaje.
He guardado los pasaportes en esa **bolsita** de plástico.

Tasche *f*
Im Zug wurde mir meine Reisetasche gestohlen.
Ich habe die Pässe in dieser Plastikhülle aufbewahrt.

el **plano**
No encuentro en el **plano** la calle Pelayo. → *mapa S. 222*

(Stadt)plan *m*
Ich finde auf dem Plan die Calle Pelayo nicht.

el **pasaporte**
Si sales fuera de la Comunidad Europea, necesitarás (el) **pasaporte**.

Pass *m*
Wenn du außerhalb Europas reist, wirst du deinen Pass benötigen.

el **visado**
¿Se necesita **visado** para entrar en su país?

Visum *n*
Braucht man ein Visum, um in Ihr Land zu kommen?

la **aduana**
Tuvimos que abrir las maletas en la **aduana**.

Zoll *m*
Am Zoll mussten wir die Koffer öffnen.

declarar *v*
¿Tiene Ud. algo que **declarar**?

verzollen
Haben Sie etwas zu verzollen?

el **alojamiento**
Llegaremos tan tarde que no sé si encontraremos **alojamiento**.

Unterkunft *f*
Wir werden so spät ankommen, dass ich nicht weiß, ob wir noch Unterkunft finden.

la **media pensión**
¿Cuánto cuesta la habitación con **media pensión**?

Halbpension *f*
Wie viel kostet ein Zimmer mit Halbpension?

el **albergue**
Durante la excursión dormimos en un **albergue** juvenil.

Herberge *f*
Während des Ausflugs schliefen wir in einer Jugendherberge.

la **recepción** ⚠ *pl* las **recepciones**
En la **recepción** del hotel te darán la llave de la habitación.

Rezeption *f*

An der Hotelrezeption bekommst du den Zimmerschlüssel.

el **camping** ⚠ *pl* los **campings**
Nosotros preferimos ir de (⚠ *auch:* hacer) **camping**.

Zelten *n*
Wir gehen lieber zelten.

la **tienda de campaña**
¡Venga! Vamos a montar la **tienda de campaña**.

Zelt *n*
Also los, bauen wir das Zelt auf.

TIPP: In manchen Ländern Lateinamerikas auch **la carpa**.

la **oficina de turismo**
En la **oficina de turismo** me dieron este plano.

Fremdenverkehrsamt *n*
Diesen Plan haben sie mir im Fremdenverkehrsamt gegeben.

la **agencia de viajes**
En esa **agencia de viajes** tienen siempre alguna oferta.

Reisebüro *n*
In dem Reisebüro haben sie immer irgendein Angebot.

reservar *v*
Quisiera **reservar** una habitación para el 21 de agosto.

reservieren
Ich möchte ein Zimmer reservieren für den 21. August.

anular *v*
Quisiera **anular** mi reserva.

stornieren
Ich möchte meine Reservierung stornieren.

aplazar *v* ⚠ aplace, aplacé
Si hace mal tiempo, habrá que **aplazar** el viaje.

verschieben
Bei schlechtem Wetter wird man die Reise verschieben müssen.

completo, a *adj*
Lo siento, para esa fecha está todo **completo**.

ausgebucht
Tut mir Leid, an dem Tag ist alles ausgebucht.

la **temporada**
Si viajas en **temporada** baja, el vuelo te saldrá más barato.

Saison *f*
Wenn du in der Nebensaison verreist, wird dich der Flug weniger kosten.

el **medio de transporte**
En una gran ciudad es mejor usar los **medios de transporte** públicos.

Verkehrsmittel *n*
In einer Großstadt benützt man besser die öffentlichen Verkehrsmittel.

el **retraso**
El tren llegará con **retraso**.

Verspätung *f*
Der Zug hat Verspätung.

el **autostop**
Tuvimos que hacer **autostop** para volver a casa.

Autostopp *m*, per Anhalter
Wir mussten per Anhalter fahren, um nach Hause zu kommen.

TIPP: Die Betonung liegt auf „stop".

1.8.2   VERKEHR

1.8.2.1   STRASSENVERKEHR

1.8.2.1.1   Allgemein

«1–2000»

el **tráfico** *syn:* circulación En Buenos Aires hay muchísi- mo **tráfico**.	**(Straßen)verkehr** *m* In Buenos Aires herrscht starker Verkehr.
la **parada** ¿Dónde está la **parada** del bus? Sólo veo una de taxi.	**Haltestelle** *f* Wo ist die Bushaltestelle? Ich sehe nur einen Taxistand.
el **conductor**, la **conductora** El **conductor** se durmió y tuvo un accidente.	**Fahrer(in)** *m(f)* Der Fahrer ist eingeschlafen und hat einen Unfall gehabt.
conducir *v* ⚠ *irr* 4 No me gusta **conducir** de no- che.	**fahren** *(am Steuer sein)* Ich fahre nicht gern nachts.

TIPP: *In Lateinamerika sagt man* **manejar***.*

girar *v* En esta calle no se puede **girar**. Ahora **gire** a la derecha.	**wenden; abbiegen** In dieser Straße darf man nicht wenden. Und jetzt biegen Sie rechts ab.
cruzar *v* ⚠ **cruce, crucé** No **cruces** la calle si ves que viene algún coche.	**überqueren** Geh nicht über die Straße, wenn du siehst, dass ein Auto kommt.
aparcar *v* ⚠ **aparque, apar- qué** Mira, puedes **aparcar** allí.	**parken** Sieh mal, da kannst du parken.
el **aparcamiento** En el centro no es fácil encontrar **aparcamiento**.	**Parkplatz** *m* In der Innenstadt ist es nicht ein- fach, einen Parkplatz zu finden.

«2001–4000»

la **hora punta** En las **horas punta** el metro está llenísimo. → *guapo TIPP S. 18*	**Hauptverkehrszeit** *f* In der Hauptverkehrszeit ist die U-Bahn absolut voll.
el **atasco** Hay un **atasco** de 10 kilómetros.	**Stau** *m* Es gibt einen Stau von 10 Kilometern.
la **autopista** Será mejor que vayamos por (la) **autopista**.	**Autobahn** *f* Es wird besser sein, wenn wir die Autobahn nehmen.
el **peaje** En España hay que pagar **peaje** en casi todas las autopistas.	**Autobahngebühr** *f* In Spanien muss man auf fast allen Autobahnen Autobahngebühr bezahlen.
la **velocidad** En España la **velocidad** máxima permitida es de 120 km/h.	**Geschwindigkeit** *f* In Spanien liegt die erlaubte Höchstgeschwindigkeit bei 120 km/h.

TIPP: *Gesagt wird* **kilómetros por hora**.

la **multa** No pienso pagar esta **multa**.	**Strafzettel** *m*, **Bußgeld** *n* Ich denke nicht daran, dieses Bußgeld zu bezahlen.
el **cruce** En el **cruce** hay un(a señal de) STOP.	**Kreuzung** *f* An der Kreuzung ist ein Stoppschild.
la **curva** Ahora viene una **curva** cerrada a la derecha.	**Kurve** *f* Jetzt kommt eine scharfe Rechtskurve.
el **peatón**, la **peatona** ⚠ *pl* **los peatones** El **peatón** cruzó la calle sin mirar.	**Fußgänger(in)** *m(f)* Der Fußgänger ist über die Straße gegangen, ohne sich umzusehen.
el **paso de peatones** Hay que cruzar la calle por el **paso de peatones**.	**Zebrastreifen** *m* Diese Straße muss man am Zebrastreifen überqueren.
atropellar *v* Vi cómo **atropellaban** a una mujer mayor.	**überfahren** Ich habe gesehen, wie eine ältere Frau überfahren wurde.

la **calle peatonal**
En el centro hay un par de **calles peatonales**.

Fußgängerzone *f*
In der Innenstadt sind einige
Fußgängerzonen.

la **gasolinera**
En las **gasolineras** está prohibido fumar.

Tankstelle *f*
An Tankstellen ist das Rauchen
verboten.

TIPP: *Man sagt auch* **la estación de servicio***. In manchen Ländern
Lateinamerikas sagt man* **la bomba***.*

la **avería**
He tenido una **avería** en la carretera.

Panne *f*
Ich hatte eine Panne auf der
Landstraße.

el **accidente**
Tuvimos un **accidente** en aquel
cruce.

Unfall *m*
An der Kreuzung da hatten wir
einen Unfall.

chocar *v* ⚠ **choque, choqué**
Esperando en el semáforo, un
coche nos **chocó** por detrás.

auffahren
Als wir an der Ampel warteten,
fuhr uns ein Auto hinten drauf.

el **choque**
El **choque** no fue muy fuerte.

Zusammenstoß *m*
Der Zusammenstoß war nicht
sehr heftig.

la **emergencia**
¡Vengan en seguida: es un caso
de **emergencia**!
Llámenos si hay alguna **emergencia**.

Notfall *m*
Kommen Sie schnell! Das ist ein
Notfall!
Rufen Sie uns im Notfall!

el **semáforo**
¿Es que no has visto que el **semáforo** estaba en rojo?

Ampel *f*
Hast du etwa nicht gesehen,
dass die Ampel auf Rot war?

la **señal de tráfico**
Pedro nunca ve las **señales de
tráfico**.

Verkehrszeichen *n*
Pedro übersieht immer die Verkehrszeichen.

la **acera**
Hay un coche aparcado en medio de la **acera**.

Bürgersteig *m*
Da hat ein Auto mitten auf dem
Bürgersteig geparkt.

TIPP: *In manchen Ländern Lateinamerikas* **la vereda***.*

la **calzada**
El camión se salió de la **calzada**.

Fahrbahn *f*
Der Lastwagen ist von der Fahrbahn abgekommen.

la **zona azul** En la **zona azul** hay que pagar.	blaue Zone In der blauen Zone muss man zahlen.
adelantar *v* En la autopista está prohibido **adelantar** por la derecha.	überholen Auf der Autobahn ist es verboten, rechts zu überholen.
frenar *v* No pude **frenar** a tiempo y choqué contra un árbol.	bremsen Ich konnte nicht rechtzeitig bremsen und fuhr gegen einen Baum.
el, la **ciclista** El **ciclista** iba tan lento que lo adelanté.	Radfahrer(in) *m(f)* Der Radfahrer fuhr so langsam, dass ich ihn überholte.
la **circulación** *syn:* tráfico A las 9 de la mañana hay problemas de **circulación**.	Verkehr *m* Um 9 Uhr morgens gibt es Verkehrsprobleme.

1.8.2.1.2 Fahrzeuge

«1–2000»

el **coche** *syn:* automóvil Sólo uso el **coche** los domingos.	Auto *n* Ich benütze das Auto nur sonntags.

TIPP: *In Lateinamerika auch* **el auto** *oder* **el carro***.*

la **moto(cicleta)** No me gusta correr con la **moto**.	Motorrad *n* Ich fahre nicht gern schnell Motorrad.
la **bici(cleta)** No sé ir en **bicicleta**.	Fahrrad *n* Ich kann nicht Rad fahren.

TIPP: *In Lateinamerika heißt es* **andar en bicicleta***.*

el **autobús** ⚠ *pl* **los autobuses** ¡Pero sube de una vez (⚠ *nicht:* **por fin**) al **autobús**!	(Auto)bus *m* Jetzt steig endlich in den Bus ein!
el **autocar** El viaje en **autocar** es más barato que en avión.	Reisebus *m* Mit dem Bus zu fahren ist billiger als zu fliegen.
el **taxi** Tomemos un **taxi**.	Taxi *n* Nehmen wir ein Taxi!

TIPP: *In Spanien auch* **coger un taxi***.*

el **tranvía**
En España quedan muy pocos **tranvías**.

Straßenbahn *f*
In Spanien gibt es nur noch wenige Straßenbahnen.

«2001–4000»

el **vehículo**
El policía me pidió que saliera del **vehículo**.

Fahrzeug *n*
Der Polizist hat mich aufgefordert, aus dem Fahrzeug auszusteigen.

el **automóvil** *syn:* coche
Tengo un libro sobre la historia del **automóvil**.

Auto(mobil) *n*
Ich habe ein Buch über die Geschichte des Automobils.

el, la **automovilista** *syn:* conductor
Los **automovilistas** deberían conducir con más cuidado.

Autofahrer(in) *m(f)*

Autofahrer müssten vorsichtiger fahren.

el **camión** ⚠ *pl* **los camiones**
Vamos a alquilar un **camión** de mudanzas.

Lastwagen *m*
Wir mieten einen Umzugswagen.

la **furgoneta**

Podemos transportar el sofá en mi **furgoneta**.

Kleintransporter *m*, **Lieferwagen** *m*
Wir können das Sofa in meinem Transporter mitnehmen.

el **permiso de conducir**
¿Tienes **permiso de conducir**?

Führerschein *m*
Hast du den Führerschein?

TIPP: auch el carnet (de identidad/de conducir).

el **cinturón de seguridad**
⚠ *pl* **los cinturones**
El uso del **cinturón de seguridad** es obligatorio.

Sicherheitsgurt *m*

Es besteht Gurtpflicht.

el **casco**
Si vas en moto, ¿por qué no te pones el **casco**?

Helm *m*
Warum setzt du nicht deinen Helm auf, wenn du mit dem Motorrad fährst?

la **rueda**
Una bicicleta tiene dos **ruedas**.

Rad *n*
Ein Fahrrad hat zwei Räder.

el **freno**	**Bremse** f
Los **frenos** de mi coche no funcionan.	Bei meinem Auto funktionieren die Bremsen nicht.
el **neumático**	**Reifen** m
Yo no sabría cambiar un **neumático**.	Ich könnte keinen Reifen wechseln.
la **gasolina**	**Benzin** n
¿Cuánta **gasolina** has puesto (⚠ auch: **echado**)?	Wie viel Benzin hast du getankt?
el **gasóleo**, el **gas-oil**	**Diesel** m
El **gasóleo** es más barato.	Diesel ist billiger.
el **depósito**	**Tank** m
Vamos a la gasolinera; el **depósito** está casi vacío.	Fahren wir zur Tankstelle! Der Tank ist fast leer.
la **marcha**	**Gang** m
Casi todos los coches tienen 5 **marchas**.	Fast alle Autos haben 5 Gänge.

1.8.2.2 EISENBAHN

«1–2000»

el **ferrocarril**	**Eisenbahn** f
El **ferrocarril** es un medio de transporte muy corriente.	Die Eisenbahn ist ein sehr gängiges Verkehrsmittel.
el **tren**	**Zug** m
Han dicho que el **tren** llegará con retraso.	Es heißt, dass der Zug Verspätung hat.
el **metro**	**U-Bahn** f
¿Todavía no has ido nunca en **metro**?	Bist du noch nie mit der U-Bahn gefahren?
la **estación** ⚠ pl **las estaciones**	**Bahnhof** m
Nuestro tren sale de la **estación** central.	Unser Zug fährt vom Hauptbahnhof ab.
la **vía**	**Gleis** n
El tren para Burgos sale de la **vía** 2.	Der Zug nach Burgos fährt auf Gleis 2 ab.

el billete
¿Ya has comprado los **billetes**?

Fahrkarte *f*
Hast du schon die Fahrkarten gekauft?

TIPP: *In manchen Ländern Lateinamerikas auch el boleto.*

«2001–4000»

la reserva
Quisiera hacer una **reserva** para la semana que viene.

Reservierung *f*
Ich möchte gern für die nächste Woche eine Reservierung machen.

el suplemento
Si viajas con el Talgo, tendrás que pagar (un) **suplemento**.

Zuschlag *m*
Wenn du mit dem Talgo fährst, musst du Zuschlag bezahlen.

la correspondencia
El tren tiene **correspondencia** con el Talgo que sale de Barcelona.

Anschluss *m*
Der Zug hat Anschluss an den Talgo aus Barcelona.

la ventanilla
Las reservas se hacen en aquella **ventanilla**.

Schalter *m*
Reservierungen werden an dem Schalter dort vorgenommen.

el transbordo
Tenemos que hacer **transbordo** en Barcelona.

Umsteigen *n*
Wir müssen in Barcelona umsteigen.

el andén ⚠ *pl* **los andenes**
Los pasajeros están esperando en el **andén**.

Bahnsteig *m*
Die Passagiere warten auf dem Bahnsteig.

la consigna
Hemos dejado el equipaje en la **consigna**.

Gepäckaufbewahrung *f*
Wir haben unser Gepäck in der Gepäckaufbewahrung gelassen.

el revisor, la revisora
Todavía no ha pasado el **revisor**.

Fahrkartenkontrolleur(in) *m(f)*
Der Kontrolleur ist noch nicht vorbeigekommen.

el vagón ⚠ *pl* **los vagones**
¿Dónde está el **vagón** de fumadores?

Abteil *n*; Wagen *m*
Wo ist das Raucherabteil?

el **coche-cama** ⚠ *pl* **los co-ches-cama**
Mejor viajamos en **coche-cama**, así llegaremos descansados.

Schlafwagen *m*

Wir fahren besser im Schlafwagen. Dann kommen wir ausgeruht an.

el **coche-litera** ⚠ *pl* **los co-ches-litera**
No me gusta viajar en **coche-litera**, porque duermes junto a desconocidos.

Liegewagen *m*

Ich fahre nicht gern im Liegewagen, weil man zusammen mit Fremden schläft.

la **RENFE**
Los empleados de (la) **RENFE** han hecho huelga.

spanische Eisenbahn
Die Eisenbahner haben gestreikt.

TIPP: RENFE = Red Nacional de Ferrocarriles Españoles. *Es wird wie ein Wort ausgesprochen.*

el **tren de alta velocidad**
Con el **tren de alta velocidad** se va de Madrid a Sevilla en tres horas.

Hochgeschwindigkeitszug *m*
Mit dem Hochgeschwindigkeitszug fährt man in drei Stunden von Madrid nach Sevilla.

TIPP: *Entspricht dem ICE. Man sagt auch **el AVE**.*

el **expreso**
Ayer perdí el **expreso** de las ocho.

Schnellzug *m*
Gestern habe ich den Acht-Uhr-Schnellzug verpasst.

el **rápido**
¿De qué vía sale el **rápido** para Valencia?

D-Zug *m*
Von welchem Gleis fährt der D-Zug nach Valencia ab?

el **Talgo**
Hemos ido hasta Tarragona con el **Talgo**.

spanischer Intercity
Bis Tarragona sind wir mit dem Talgo gefahren.

1.8.2.3 *FLUGZEUG*

«1–2000»

el **avión** ⚠ *pl* **los aviones**
A Antonia le da miedo viajar en **avión**.

Flugzeug *n*
Antonia hat Angst, mit dem Flugzeug zu reisen.

volar v ⚠ irr 7	**fliegen**
Me da miedo **volar**.	Ich habe Angst vor dem Fliegen.
el vuelo	**Flug** m
El **vuelo** ha llegado con retraso.	Der Flug ist mit Verspätung angekommen.
el aeropuerto	**Flughafen** m
Tenemos que estar en el **aeropuerto** una hora antes del embarque.	Wir müssen eine Stunde, bevor wir an Bord gehen, am Flughafen sein.

«2001–4000»

la azafata	**Stewardess** f
Si necesitas algo, llama a la **azafata**.	Wenn du etwas brauchst, ruf die Stewardess.

TIPP: In Lateinamerika la aeromoza.

el auxiliar de vuelo	**Steward** m, **Flugbegleiter** m
En el avión nos atendieron dos azafatas y dos **auxiliares de vuelo**.	Im Flugzeug empfingen uns zwei Stewardessen und zwei Stewards.
el, la piloto	**Pilot(in)** m(f)
Pedro quería ser **piloto**.	Pedro wollte Pilot werden.
despegar v ⚠ **despegue, despegué**	**starten**
Llegué tan tarde al aeropuerto que el avión ya **había despegado**.	Ich kam so spät am Flughafen an, dass das Flugzeug schon gestartet war.
aterrizar v ⚠ **aterrice, aterricé**	**landen**
Aterrizaremos dentro de unos minutos.	Wir werden in wenigen Minuten landen.
el embarque	**Einsteigen** n
Preparen la tarjeta de **embarque**.	Bitte halten Sie Ihre Bordkarte bereit.
la escala	**Zwischenlandung** f
Hay que hacer **escala** en Londres.	In London muss man eine Zwischenlandung machen.

1.8.2.4 SCHIFF

«1–2000»

el barco
Nunca me he mareado viajando en **barco**.

Schiff *n*
Auf Schiffsreisen ist mir noch nie schlecht geworden.

---

el puerto
¡Mira cuántos yates hay en el **puerto**!

Hafen *m*
Sieh mal, wie viele Yachten im Hafen liegen!

---

el pasaje
Aún tenemos que reservar los **pasajes**.

(Schiffs)ticket *n*
Wir müssen noch die Tickets reservieren.

«2001–4000»

el transbordador
¿Cuándo sale el próximo **transbordador** para Mallorca?

Fähre *f*
Wann geht die nächste Fähre nach Mallorca?

*TIPP: Man kann auch sagen **el ferry**.*

---

la barca
A veces salgo a pescar con la **barca**.

Boot *n*
Manchmal fahre ich mit dem Boot zum Angeln hinaus.

---

a bordo *adv*
Los pasajeros ya están **a bordo**.

an Bord
Die Passagiere sind schon an Bord.

---

navegar *v* ⚠ navegue, navegué
Bernardo salió a **navegar** solo.

Boot fahren; zur See fahren

Bernardo ist mit dem Boot allein losgefahren.

---

el crucero
Vamos a hacer un **crucero** por el Mediterráneo.

Kreuzfahrt *f*
Wir werden eine Mittelmeerkreuzfahrt machen.

---

el marinero
Dicen que los **marineros** tienen una novia en cada puerto.

Seemann *m*
Es heißt, Seeleute haben eine Braut in jedem Hafen.

*TIPP: Die Form **la marinera** ist plausibel, aber nicht geläufig.*

el **pescador**, la **pescadora**

Cadaqués es un pueblo de **pescadores** en la Costa Brava.

Fischer(in) *m(f)*

Cadaqués ist ein Fischerdorf an der Costa Brava.

ahogarse *v* ⚠ **me ahogue, me ahogué**

Me salvaron antes de que **me ahogara**.

ertrinken

Man hat mich vor dem Ertrinken gerettet.

hundirse *v*

El Titanic **se hundió** en 1912.

untergehen

Die Titanic ist 1912 untergegangen.

1.8.2.5 RAUMFAHRT

«1–2000»

el **satélite**

Muchos **satélites** giran alrededor de la Tierra.

Satellit *m*

Um die Erde kreisen viele Satelliten.

el **espacio**

Vista desde el **espacio** la Tierra es de color azul.

(Welt)raum *m*

Aus dem Weltraum betrachtet ist die Erde blau.

el **planeta**

Los **planetas** giran alrededor del Sol.

Planet *m*

Die Planeten drehen sich um die Sonne.

el **cohete**

Por causas técnicas el **cohete** no pudo despegar.

Rakete *f*

Die Rakete konnte aus technischen Gründen nicht starten.

«2001–4000»

el, la **astronauta**

Amstrong fue el primer **astronauta** que pisó la Luna.

Astronaut(in) *m(f)*

Armstrong war der erste Astronaut, der den Mond betreten hat.

el **universo**

¿Crees que algún día conoceremos todo el **universo**?

Universum *n*

Glaubst du, dass wir eines Tages das ganze Universum kennen?

1.9　Länder und Völker

1.9.1　LÄNDER

«1–2000»

Europa *f*	**Europa** *n*
España *f*	**Spanien** *n*

> **TIPP:** *Die autonomen Regionen Spaniens heißen* **Andalucía, Aragón, Asturias, las (Islas) Baleares, Canarias, Cantabria, Castilla-León, Castilla-La Mancha, Cataluña, Euskadi** *oder* **País Vasco, Extremadura, Galicia, La Mancha, La Rioja, Madrid, Murcia, Navarra, Valencia.**

Alemania *f*	**Deutschland** *n*
Me gusta **Alemania**.	Ich mag Deutschland.
Austria *f*	**Österreich** *n*
Mis tíos viven en **Austria**.	Mein Onkel und meine Tante leben in Österreich.
Suiza *f*	**Schweiz** *f*
Cada año viajo a **Suiza**.	Ich reise jedes Jahr in die Schweiz.

América Latina, Latinoamérica *f*	**Lateinamerika** *n*
América Central, Centroamérica *f*	**Mittelamerika** *n*
América del Sur, Sudamérica *f*	**Südamerika** *n*
América del Norte, Norteamérica *f*	**Nordamerika** *n*

Argentina *f*	**Argentinien** *n*
Bolivia *f*	**Bolivien** *n*
Chile *m*	**Chile** *n*
Colombia *f*	**Kolumbien** *n*
Costa Rica *f*	**Costa Rica** *n*
Cuba *f*	**Kuba** *n*
Ecuador *m*	**Ecuador** *n*
El Salvador *m*	**El Salvador** *n*
Guatemala *f*	**Guatemala** *n*
Honduras *m*	**Honduras** *n*
Méjico, México *m*	**Mexiko** *n*

> **TIPP:** *Beides wird gleich ausgesprochen* ['mexiko].

Nicaragua f	**Nicaragua** n
Panamá m	**Panama** n
Paraguay m	**Paraguay** n
Perú m	**Peru** n
Puerto Rico m	**Puerto Rico** n
República Dominicana f	**Dominikanische Republik** f
Uruguay m	**Uruguay** n
Venezuela f	**Venezuela** n

«2001–4000»

África f	**Afrika** n
América f	**Amerika** n
Australia f	**Australien** n
Asia f	**Asien** n

la **Unión Europea**	**Europäische Union**

TIPP: Die spanische Abkürzung lautet *UE*.

la **República Federal de Alemania**	**Bundesrepublik Deutschland** f

TIPP: Die spanische Abkürzung lautet *RFA*.

Bélgica f	**Belgien** n
Brasil m	**Brasilien** n
China f	**China** n
Dinamarca f	**Dänemark** n
los **Estados Unidos**	**Vereinigte Staaten** pl

TIPP: Die spanische Abkürzung lautet *EE.UU*.

Francia f	**Frankreich** n
Gran Bretaña f	**Großbritannien** n
Grecia f	**Griechenland** n
Holanda f	**Holland** n
Hungría f	**Ungarn** n
Inglaterra f	**England** n
Italia f	**Italien** n
Japón m	**Japan** n
Marruecos m	**Marokko** n
Noruega f	**Norwegen** n
los **Países Bajos**	**Niederlande** pl
Portugal m	**Portugal** n
Rusia f	**Russland** n
Suecia f	**Schweden** n

Turquía *f*	**Türkei** *f*

el **Atlántico**	**Atlantik** *m*
el **Mediterráneo**	**Mittelmeer** *n*
el **Pacífico**	**Pazifik** *m*

los **Pirineos**	**Pyrenäen** *pl*
los **Andes**	**Anden** *pl*
los **Alpes**	**Alpen** *pl*

1.9.2   BEWOHNER, SPRACHEN UND NATIONALITÄTEN

«1–2000»

europeo, a	**Europäer(in); europäisch**
español, a	**Spanier(in); spanisch**

*TIPP: Sprachen sind maskulin **el español** das Spanisch(e).*

alemán, alemana	**Deutsche(r); deutsch**
austríaco, a	**Österreicher(in); österreichisch**
suizo, a	**Schweizer(in); schweizerisch**

latinoamericano, a	**Lateinamerikaner(in); lateinamerikanisch**
sudamericano, a	**Südamerikaner(in); südamerikanisch**

argentino, a	**Argentinier(in); argentinisch**
boliviano, a	**Bolivianer(in); bolivianisch**
chileno, a	**Chilene, Chilenin; chilenisch**
colombiano, a	**Kolumbianier(in); kolumbianisch**
costarricense, costarrique-ño, a	**Costa-Ricaner(in); costa-ricanisch**
cubano, a	**Kubaner(in); kubanisch**
dominicano, a	**Dominikaner(in); dominikanisch**
ecuatoriano, a	**Ecuadorianer(in); ecuadorianisch**
guatemalteco, a	**Guatemalteke, Guatemaltekin; guatemaltekisch**
hondureño, a	**Honduraner(in); honduranisch**

mejicano, a, mexicano, a	Mexikaner(in); mexikanisch

TIPP: *Beides wird gleich ausgesprochen* [mexi'kano].

nicaragüense, nicaragüe-ño, a	Nicaraguaner(in); nicaragua-nisch
panameño, a	Panamaer(in); panamaisch
paraguayo, a	Paraguayer(in); paraguayisch
peruano, a	Peruaner(in); peruanisch
puertorriqueño, a	Puertoricaner(in); puertorica-nisch
salvadoreño, a	Salvadorianer(in); salvadoria-nisch
uruguayo, a	Uruguayer(in); uruguayisch
venezolano, a	Venezolaner(in); venezolanisch

«2001–4000»

africano, a	Afrikaner(in); afrikanisch
americano, a	Amerikaner(in); amerikanisch
asiático, a	Asiat(in); asiatisch
australiano, a	Australier(in); australisch
belga	Belgier(in); belgisch
brasileño, a	Brasilianer(in); brasilianisch
británico, a	Brite, Britin; britisch
chino, a	Chinese, Chinesin; chinesisch
danés, danesa	Däne, Dänin; dänisch
estadounidense	Amerikaner(in); amerikanisch, aus den Vereinigten Staaten
francés, francesa	Franzose, Französin; franzö-sisch
griego, a	Grieche, Griechin; griechisch
holandés, holandesa	Holländer(in); holländisch
húngaro, a	Ungar(in); ungarisch
inglés, inglesa	Engländer(in); englisch
italiano, a	Italiener(in); italienisch
japonés, japonesa	Japaner(in); japanisch
marroquí	Marokkaner(in); marokkanisch
norteamericano, a	Nordamerikaner(in); nordame-rikanisch
noruego, a	Norweger(in); norwegisch
portugués, portuguesa	Portugiese, Portugiesin; portu-giesisch
ruso, a	Russe, Russin; russisch
sueco, a	Schwede, Schwedin; schwe-disch

turco, a	Türke, Türkin; türkisch

el **castellano, español**	Kastilisch *n*, Spanisch *n*

TIPP: *Es gibt diese vier offiziellen Sprachen in Spanien.*

el **catalán**	Katalanisch *n*
el **eusquera, vasco**	Baskisch *n*
el **gallego**	Galicisch *n*

2   ALLGEMEINE BEGRIFFE

2.1   Zeit

2.1.1   JAHRESABLAUF

«1–2000»

el **día** ¿Qué **día** es hoy? — Lunes.	Tag *m* Welcher Tag ist heute? — Montag.
la **semana** Voy al cine una vez por (⚠ *auch:* **a la**) **semana**.	Woche *f* Ich gehe einmal in der Woche ins Kino.
el **mes** No veo a Daniel desde hace un **mes**.	Monat *m* Ich habe Daniel schon seit einem Monat nicht gesehen.
el **año** El **año** que viene me caso. ¿Cuántos **años** tienes?	Jahr *n* Nächstes Jahr heirate ich. Wie alt bist du?
la **estación (del año)** ⚠ *pl* **las estaciones** El verano es la **estación (del año)** más calurosa.	Jahreszeit *f* Der Sommer ist die heißeste Jahreszeit.
la **primavera** En **primavera** empieza a hacer buen tiempo.	Frühling *m* Im Frühling fängt das schöne Wetter an.

el **verano**
En **verano** mis hijos tienen vacaciones.

Sommer *m*
Im Sommer haben meine Kinder
Ferien.

el **otoño**
Después del verano viene el
otoño.

Herbst *m*
Nach dem Sommer kommt der
Herbst.

el **invierno**
El **invierno** pasado nevó mucho
en Castilla.

Winter *m*
Letzten Winter hat es in Kastili-
en viel geschneit.

«2001–4000»

el **día festivo**
El 12 de octubre es **(día) festivo**
(⚠ *auch:* **(día de) fiesta**).

Feiertag *m*
Der zwölfte Oktober ist ein Feiertag.

*TIPP: Das ist der **día de la Hispanidad**, der Tag der Entdeckung Amerikas.*

el **día laborable**
Los **(días) laborables** abrimos
de 9 a 20.

Werktag *m*
Werktags haben wir von 9 bis 20
Uhr geöffnet.

el **fin de semana**
Los **fines de semana** vamos a
ver a mis abuelos.

Wochenende *n*
An den Wochenenden besu-
chen wir meine Großeltern.

diario, a *adj*
No soporto la rutina **diaria**.

täglich
Ich ertrage die tägliche Routine
nicht.

*TIPP: **el diario** bedeutet „Tageszeitung".*

semanal *adj*
"El Jueves" es una revista de humor **semanal**.

wöchentlich, Wochen-
„El Jueves" ist eine humoristi-
sche Wochenzeitschrift.

mensual *adj*
"La Tierra" es una revista **mensual** sobre ecología.

monatlich, Monats-
„La Tierra" ist eine Monatszeit-
schrift mit Umweltthemen.

anual *adj*
Acabo de leer el informe **anual**
de la empresa.

jährlich, Jahres-
Ich habe gerade den Jahresbe-
richt der Firma gelesen.

el **Año Nuevo**
¡Feliz **Año Nuevo**!

Neujahr *n*
Glückliches neues Jahr!

la **Nochevieja**
Los españoles celebran la **Nochevieja** en familia.

Silvesterabend *m*
Die Spanier feiern Silvester mit
der Familie.

2.1.2   MONATSNAMEN

enero
Januar *m*

> *TIPP: Alle Monate sind männlich.*

febrero
Madrid, (a) 4 (⚠ *nicht:* **el cuar-
to**) de febrero del 2001
Februar *m*
Madrid, den 4. Februar 2001

> *TIPP: Bei Datumsangaben stehen Grund- und nicht Ordnungszahlen.
> Beim Ersten des Monats kann man allerdings **el primero** oder **el uno**
> sagen.*

marzo
abril
mayo
junio
julio
agosto
se(p)tiembre
octubre
noviembre
diciembre

März *m*
April *m*
Mai *m*
Juni *m*
Juli *m*
August *m*
September *m*
Oktober *m*
November *m*
Dezember *m*

2.1.3   WOCHENTAGE

el **lunes**
Este **lunes** vamos al teatro.

Montag *m*
Nächsten Montag gehen wir ins
Theater.

> *TIPP: Man kann auch sagen **el lunes que viene** oder **el próximo lu-
> nes**.*

el **martes**
El **martes** pasado fui al dentista.

Dienstag *m*
Letzten Dienstag war ich beim
Zahnarzt.

el **miércoles**
Los **miércoles** tengo clase de español.

Mittwoch *m*
Mittwochs habe ich Spanischkurs.

TIPP: *Man kann auch sagen* **cada miércoles** *und* **todos los miércoles**.

el **jueves**
el **viernes**
el **sábado**
el **domingo**

Donnerstag *m*
Freitag *m*
Samstag *m*
Sonntag *m*

2.1.4   TAGESZEIT

«1–2000»

la **mañana**
Hoy por la (⚠ *auch:* **Esta**) mañana he recibido un telegrama.

Morgen *m*
Heute früh habe ich ein Telegramm bekommen.

TIPP: *In Lateinamerika sagt man* **a/en la mañana** *statt* **por la mañana***; so auch bei* **tarde** *und* **noche***. „Guten Morgen" heißt* **Buenos días** *und wird gesagt bis zum Mittagessen.*

la **tarde**
Esta **tarde** los niños no han tenido clase.
El curso de español empieza a las siete de la **tarde**.

Nachmittag *m;* **früher Abend**
Heute Nachmittag hatten die Kinder keinen Unterricht.
Der Spanischunterricht fängt um sieben Uhr abends an.

la **noche**
Esta **noche** he dormido muy mal.
En mi casa cenamos a las 9 de la **noche**.

Nacht *f;* **später Abend**
Heute Nacht habe ich sehr schlecht geschlafen.
Bei uns zu Hause essen wir um 21 Uhr zu Abend.

«2001–4000»

el **mediodía**
Al **mediodía** como muy poco.

Mittag *m*
Mittags esse ich sehr wenig.

la **medianoche**
Un ruido me despertó a **medianoche**.

Mitternacht *f*
Um Mitternacht weckte mich ein Geräusch.

la madrugada
Volvimos a casa de **madrugada**.

Morgenfrühe *f*
Wir kamen frühmorgens nach Hause.

2.1.5   UHRZEIT

«1–2000»

la hora
¿A qué **hora** te levantas normalmente?
¿Qué **hora** es?
Ahora sólo trabajo seis **horas** al día (⚠ *auch:* **seis horas diarias**).

Uhr *f;* **Stunde** *f*
Um wie viel Uhr stehst du normalerweise auf?
Wie spät ist es?
Ich arbeite jetzt nur sechs Stunden am Tag.

TIPP: *Man sagt auch oft ¿**Tiene(s) hora?** Hast du die Uhrzeit? Hierbei nicht **hora** mit **reloj** verwechseln!*

el minuto
Mis padres llegarán dentro de quince **minutos**.

Minute *f*
Meine Eltern werden in der nächsten Viertelstunde da sein.

el segundo
Este anuncio dura veinte **segundos**.
Espera un **segundo**, por favor.

Sekunde *f;* **kurzer Moment**
Diese Ansage dauert zwanzig Sekunden.
Warte bitte einen Moment.

y *prep*
Hoy he comido a las tres **y** media.
Ayer trabajé hasta las ocho **y** cuarto de la tarde.
Es la una **y** veinticinco.

nach
Heute habe ich um halb vier gegessen.
Gestern arbeitete ich bis Viertel nach acht abends.
Es ist fünf vor halb zwei.

TIPP: *las **veinte y quince** (20.15) ist eine offizielle Zeitangabe z. B. im Bahnhof, Flughafen oder Radio. Vor Wörtern, die mit „i" oder „hi" beginnen, außer wenn das „i" Bestandteil eines Diphthonges ist (z. B. hielo), wird **y** zu **e** (z. B. **padres e hijos** oder **españoles e italianos**).*

menos *adv*
Ya son las seis **menos** cuarto.

vor
Es ist schon Viertel vor sechs.

en punto *adv*
Tengo que llegar al trabajo a las nueve **en punto**.

pünktlich
Ich muss pünktlich um neun in der Arbeit sein.

el cuarto
Sólo estuvimos hablando (durante) un **cuarto** de hora.

Viertel *n*
Wir haben uns nur eine Viertelstunde unterhalten.

medio, a *adj*
El viaje dura más o menos **media** hora.

halb
Die Reise dauert etwa eine halbe Stunde.

TIPP: *Man kann auch* **dura una media hora** *sagen, wenn es sich um eine ungefähre Zeitangabe handelt.*

---

a *prep*
Anoche llegamos **a** las tres de la madrugada.

um
Gestern Nacht kamen wir um drei Uhr früh an.

TIPP: *Man sagt* **a eso de las tres** *o* **hacia las tres**, *wenn die Uhrzeit nicht genau bekannt ist.*

---

de ... a *prep*
Hoy tengo una reunión **de** diez **a** doce.

von ... bis
Ich habe heute eine Besprechung von zehn bis zwölf.

«2001–4000»

adelantado, a *adj*
Llegué pronto porque mi reloj iba **adelantado**.

vor
Ich kam rechtzeitig an, weil meine Uhr vorgegangen ist.

atrasado, a *adj*
Creo que este reloj va cinco minutos **atrasado**.

nach
Ich glaube, dass diese Uhr fünf Minuten nachgeht.

2.1.6   ANDERE ZEITBEGRIFFE

2.1.6.1   VERGANGENHEIT, GEGENWART UND ZUKUNFT

«1–2000»

---

el tiempo
¡Cómo pasa el **tiempo**!

Zeit *f*
Wie die Zeit vergeht!

---

el siglo
Mi abuelo nació a principios del **siglo** XX.

Jahrhundert *n*
Mein Großvater wurde Anfang des zwanzigsten Jahrhunderts geboren.

---

la fecha
¿De qué **fecha** es esta carta?

Datum *n*
Welches Datum trägt dieser Brief?

---

la época
Ahora vivimos una **época** de crisis.

Zeit *f*, **Zeitabschnitt** *m*
Wir leben gerade in einer Zeit der Krise.

---

cuando *conj*
Nadie escucha al jefe **cuando** habla.
Cuando era pequeño, mi abuelo me contaba cuentos.
Cuando seas mayor, lo entenderás.

(immer) wenn; als; sobald
Niemand hört dem Chef zu, wenn er spricht.
Als ich klein war, erzählte mir mein Großvater Märchen.
Sobald du groß bist, wirst du es verstehen.

TIPP: *Wenn* **cuando** *„sobald" heißt, steht das spanische Verb im Konjunktiv.*

---

cuándo *adv*
¿**Cuándo** llegan tus primos de Costa Rica?
Aún no sé **cuándo** nos vamos de vacaciones.

wann
Wann kommen deine Vettern aus Costa Rica?
Ich weiß noch nicht, wann wir in Urlaub fahren.

---

mientras *conj*
Mientras yo cocino, tú pones la mesa.
Mientras estés sin trabajo, tendrás que gastar menos dinero.

während; solange
Während ich koche, deckst du den Tisch.
Solange du arbeitslos bist, wirst du weniger Geld ausgeben dürfen.

TIPP: *Wenn* **mientras** *„solange" heißt, steht das spanische Verb im Konjunktiv.*

ahora *adv*	**jetzt**
Ahora no puedo hablar contigo. Luego te llamo.	Ich kann jetzt nicht mit dir reden. Ich rufe dich später an.

el **presente** *ant:* pasado, futuro	**Gegenwart** *f*
Olvida el pasado y piensa en el **presente**.	Vergiss die Vergangenheit und denke an die Gegenwart.

hoy *adv*	**heute**
Hoy me he levantado tarde.	Heute bin ich spät aufgestanden.

el **momento**	**Moment** *m*
Espera un **momento**, por favor. En este **momento** (⚠ *auch:* **En estos momentos**) no estoy en casa: puedes dejar un mensaje en el contestador (automático).	Warte bitte einen Moment. Ich bin im Moment nicht zu Hause. Du kannst eine Nachricht auf dem Anrufbeantworter hinterlassen.

el **pasado** *ant:* presente, futuro	**Vergangenheit** *f*
En el **pasado** hice muchas cosas que hoy no volvería a hacer.	In der Vergangenheit habe ich vieles gemacht, was ich heute nicht noch einmal tun würde.

ayer *adv*	**gestern**
Ayer te llamé, pero no estabas en casa.	Ich habe dich gestern angerufen, aber du warst nicht zu Hause.

mañana *adv*	**morgen**
Si quieres, vamos **mañana** al cine.	Wenn du willst, gehen wir morgen ins Kino.

el **futuro** *ant:* pasado	**Zukunft** *f*
¿Le conociste ayer y ya habéis hecho planes para el **futuro**?	Du hast ihn gestern kennen gelernt, und ihr habt schon Zukunftspläne gemacht?

«2001–4000»

anoche *adv*	**gestern Abend; gestern Nacht**
Anoche me invitaron a cenar.	Gestern Abend war ich zum Essen eingeladen.
Anoche hubo un incendio mientras todos dormían.	Gestern Nacht brannte es, während alle schliefen.

anteayer *adv*	**vorgestern**
Si hoy es miércoles, **anteayer** era lunes.	Wenn heute Mittwoch ist, war vorgestern Montag.

pasado mañana *adv*
Mañana no puedo, pero **pasado mañana** te llamaré.

übermorgen
Morgen kann ich nicht, aber übermorgen werde ich dich anrufen.

---

el período, **el periodo**
Hemos pasado un **período** de crisis, pero ahora nos va mejor.

Zeit(raum) *m*
Wir hatten eine Zeit der Krise, aber jetzt geht es uns besser.

el plazo
El **plazo** termina el 30 de junio.
Lo podré hacer en un **plazo** de 20 días.

Frist *f*
Die Frist endet am 30. Juni.
Ich werde es in 20 Tagen machen können.

hoy (en) día *adv*
Hoy (en) día es difícil encontrar (un) trabajo.

heutzutage
Heutzutage ist es schwierig, eine Arbeit zu finden.

antiguo, a *adj ant:* moderno, nuevo
Carolina colecciona libros **antiguos**.

alt; antik

Carolina sammelt alte Bücher.

---

anterior *adj*
El lunes tenía sueño, ya que la noche **anterior** salí hasta tarde.

zuvor, vorig
Letzten Montag war ich müde, weil ich am Abend zuvor bis spät in die Nacht ausgegangen bin.

---

ya no *adv*
Mi bisabuelo **ya no** puede caminar.

nicht mehr
Mein Urgroßvater kann nicht mehr gehen.

2.1.6.2 DAUER

«1–2000»

hasta *prep*
Hoy no puedo ayudarte; tendrás que esperar **hasta** mañana.

Esperaré **hasta** que llegue alguien.

bis
Heute kann ich dir nicht helfen. Du wirst bis morgen warten müssen.
Ich warte, bis jemand kommt.

---

*TIPP: Nach Zeitadverbien wie **hasta que, antes de que, despues de que, cuando** stehen die Verben im Konjunktiv, wenn bei der zukünftigen Handlung noch unklar ist, ob bzw. wann sie sich ereignet.*

durante *adv*
¡Me has estado engañando **durante** todo este tiempo!

während
Während dieser ganzen Zeit hast du mich betrogen!

hace
Rafa me llamó **hace** (⚠ *nicht:* **antes**) dos días.
Hacía años que no veía a Paco, y ayer nos vimos por casualidad.

vor
Rafa rief mich vor zwei Tagen an.
Es ist Jahre her, dass ich Paco gesehen habe und gestern haben wir uns zufällig getroffen.

desde *prep*
Trabajo **desde** 1985.
Desde que tomo estas pastillas, me siento mejor.

seit
Ich arbeite seit 1985.
Seit ich diese Tabletten nehme, fühle ich mich besser.

TIPP: desde bezieht sich auf einen bestimmten Zeitpunkt.

desde hace *adv*
Trabajo en el mismo despacho **desde hace** doce años.

seit
Seit zwei Jahren arbeite ich in demselben Büro.

TIPP: desde hace bezieht sich auf einen Zeitraum.

todavía *adv syn:* aún
Todavía no he terminado de leer esta novela.

noch
Ich habe diesen Roman immer noch nicht zu Ende gelesen.

aún *adv syn:* todavía
Aún queda comida, ¿no quieres un poco más?

noch
Es ist noch Essen da, möchtest du nicht noch etwas?

para siempre *adv*
Me voy **para siempre**.

für immer
Ich gehe für immer.

durar *v*
El viaje en avión **duró** unas tres horas.

dauern
Die Reise im Flugzeug dauerte etwa drei Stunden.

tardar *v*
Tardé mucho en acabar los deberes.

Por favor, no **tardes** en venir.

brauchen
Ich habe lange dazu gebraucht, meine Hausaufgaben zu machen.
Komm bitte bald.

«2001–4000»

el rato
Tendremos que esperar un **rato**.

Weile *f*
Wir werden eine Weile warten müssen.

la duración La **duración** del contrato es de cinco años.	**Dauer** *f* Die Dauer des Vertrags ist auf fünf Jahre festgesetzt.
mientras tanto *adv* Voy a preparar la comida, **mientras tanto** tú pones la mesa.	**in der Zwischenzeit** Ich mache das Essen, und in der Zwischenzeit deckst du den Tisch.
eterno, a *adj* No creo en el amor **eterno**.	**ewig** Ich glaube nicht an die ewige Liebe.
constante *adj* ¿Qué es ese ruido **constante**?	**ständig** Was ist das für ein ständiger Lärm?
breve *adj* Nuestra conversación fue muy **breve**.	**kurz** Unsere Unterhaltung war sehr kurz.
quince días Me voy **quince días** a la montaña.	**zwei Wochen, vierzehn Tage** Ich fahre für zwei Wochen in die Berge.

2.1.6.3 HÄUFIGKEIT

«1–2000»

siempre *adv ant:* nunca Casi **siempre** compro en este supermercado.	**immer** Ich kaufe fast immer in diesem Supermarkt ein.
normalmente *adv* Para ir al trabajo, **normalmente** uso el coche, pero hoy he ido en bus.	**normalerweise** Ich fahre normalerweise mit dem Auto zur Arbeit, aber heute bin ich mit dem Bus gefahren.
regularmente *adv* Deberías hacer ejercicio **regularmente**.	**regelmäßig** Du solltest regelmäßig Sport treiben.
muchas veces *adv ant:* pocas veces **Muchas veces** escucho música mientras cocino.	**oft** Beim Kochen höre ich oft Musik.

varias veces *adv*	**mehrmals**
Francisca ha estado **varias veces** en Madrid.	Francisca ist mehrmals in Madrid gewesen.
a veces *adv*	**manchmal**
A veces pienso que te ríes de mí.	Ich denke manchmal, dass du mich auslachst.
pocas veces *adv ant:* muchas veces	**selten**
Pocas veces me han puesto una multa.	Ich habe selten eine Geldstrafe bekommen.
una vez *adv*	**einmal**
Una vez me confundieron con una actriz.	Einmal bin ich mit einer Schauspielerin verwechselt worden.
nunca *adv syn:* jamás, *ant:* siempre	**nie(mals)**
Nunca dejas que te ayuden.	Niemals lässt du zu, dass man dir hilft.
No vamos al teatro casi **nunca**.	Wir gehen fast nie ins Theater.

TIPP: *Steht* **nunca** *am Satzanfang, entfällt die Verneinung „no". Dasselbe gilt für* **jamás**.

«2001–4000»

siempre que *conj*	**immer wenn; vorausgesetzt, dass**
Siempre que paso por este bar, veo a la misma gente.	Immer, wenn ich in dieses Lokal komme, sehe ich dieselben Gäste.
Te ayudaré, **siempre que** tú me ayudes a mí.	Ich werde dir helfen, vorausgesetzt du hilfst mir.
cada vez que *conj syn:* siempre que	**immer wenn**
Cada vez que oigo esta canción, pienso en ti.	Immer, wenn ich dieses Lied höre, denke ich an dich.
cada vez más *adv*	**immer mehr**
Cada vez es **más** difícil encontrar trabajo.	Es wird immer schwieriger, Arbeit zu finden.
a menudo *adv syn:* con frecuencia, *ant:* de vez en cuando, casi nunca	**oft**
¿Vienes **a menudo** por aquí?	Kommst du oft hierher?

con frecuencia *adv syn:* a menudo, *ant:* de vez en cuando, casi nunca
Antes paseábamos **con frecuencia** por este parque.

oft

Früher gingen wir häufig in diesem Park spazieren.

---

continuamente *adv*
¡Deja de quejarte **continuamente**!

ständig, andauernd
Hör auf, ständig zu jammern.

---

frecuente *adj*
En esta zona las lluvias son poco **frecuentes**.

häufig
In dieser Gegend regnet es nicht so häufig.

---

de vez en cuando *adv ant:* a menudo, con frecuencia
De vez en cuando hacemos una fiesta en casa.

ab und zu, gelegentlich

Ab und zu machen wir zu Hause ein Fest.

---

alguna vez *adv*
¿Te ha picado una abeja **alguna vez**?

einmal
Hat dich schon einmal eine Biene gestochen?

---

jamás *adv syn:* nunca
Espero no volver a verte **jamás**.

Jamás te había visto tan enfadado.

nie(mals)
Hoffentlich sehe ich dich nie wieder.
Ich hatte dich noch nie so wütend gesehen.

2.1.6.4 FRÜHER UND SPÄTER

«1–2000»

ya *adv*
Ya hemos terminado los deberes.

schon
Wir haben die Hausaufgaben schon gemacht.

---

ahora mismo *adv*
Voy a tu casa **ahora mismo**.

sofort
Ich komme sofort zu dir.

---

en seguida *adv*
¡Qué rápido eres! Lo has terminado **en seguida**.

sofort
Du bist vielleicht schnell! Du hast das ja sofort erledigt.

---

a tiempo *adv*
Por suerte, llegaste **a tiempo** y no perdiste el tren.

rechtzeitig
Zum Glück bist du rechtzeitig gekommen und hast den Zug nicht verpasst.

temprano *adv ant:* tarde
No me gusta levantarme **temprano**.

früh
Ich stehe nicht gern früh auf.

pronto *adv*
Pronto anochecerá.

bald
Es wird bald dunkel.

entonces *adv*
Mañana no tengo nada que hacer. — **Entonces** podremos ir de compras juntos.

dann
Morgen muss ich nichts erledigen. — Dann können wir zusammen einkaufen gehen.

antes *adv*
Antes salía todas las noches, pero ahora ya no.

früher
Früher ging ich jeden Abend aus, aber jetzt nicht mehr.

después *adv*
¿Salimos a pasear? — **Después**, ahora estoy leyendo.
Después del trabajo, voy a casa directamente.

später; danach
Machen wir einen Spaziergang? — Später, jetzt lese ich.
Nach der Arbeit gehe ich direkt nach Hause.

luego *adv ant:* después
Ahora estoy trabajando, pero **luego** podríamos vernos.

später
Jetzt arbeite ich, aber später könnten wir uns treffen.

tarde *adv ant:* temprano
Anoche llegué muy **tarde** a casa.

Si ahora no tienes tiempo, puedo llamarte más **tarde**.

spät
Gestern Nacht kam ich sehr spät nach Hause.
Wenn du jetzt keine Zeit hast, kann ich dich später anrufen.

«2001–4000»

urgente *adj*
Si es algo **urgente**, puedes llamarme al (teléfono) móvil.

dringend
Wenn es etwas Dringendes ist, kannst du mich übers Handy erreichen.

inmediatamente *adv*
¡Pídele perdón a tu hermano **inmediatamente**!

sofort
Bitte deinen Bruder sofort um Entschuldigung!

tan pronto como *conj*
Mándenos las piezas de recambio **tan pronto como** sea posible.

so bald wie
Schicken Sie uns die Ersatzteile so bald wie möglich.

puntual *adj*
Amparo siempre llega **puntual**.

pünktlich
Amparo ist immer pünktlich.

dentro de *prep*
Vuelvo a Alemania **dentro de** dos días.

in
Ich komme in zwei Tagen nach Deutschland zurück.

por fin *adv*
¡**Por fin** lo hemos logrado!

TIPP: auch **al fin**.

endlich
Endlich haben wir es geschafft!

último, a *adj*
Lo **último** que yo haría sería pedir consejo a tu suegra.

letzte(r, -s)
Deine Schwägerin um Rat zu fragen, wäre das Letzte, was ich tun würde.

definitivo, a *adj*
Dame una respuesta **definitiva** tan pronto como puedas.

definitiv, endgültig
Gib mir deine endgültige Antwort, sobald du kannst.

2.1.7 ZEITLICHER ABLAUF

«1–2000»

comenzar *v syn:* empezar, *ant:* acabar, terminar ⚠ *irr 22*, **comience, comencé**
¿A qué hora **comienza** la obra de teatro?

anfangen

Wann fängt das Theaterstück an?

empezar *v syn:* comenzar, *ant:* acabar, terminar ⚠ *irr 22*, **empiece, empecé**
La Guerra Civil **empezó** en 1936.

beginnen

Der Bürgerkrieg begann 1936.

el principio *syn:* comienzo, *ant:* fin, final
Al **principio** me pareciste antipático, pero ahora sé que no lo eres.
El **principio** del libro es aburrido, pero el final es emocionante.

Anfang *m*

Am Anfang fand ich dich unsympathisch, aber heute weiß ich, dass du es nicht bist.
Der Anfang des Buches ist langweilig, aber der Schluss ist spannend.

la **vez** ⚠ *pl* **las veces**
¿Es la primera **vez** que vienes a este bar?

Mal *n*
Ist es das erste Mal, dass du in dieses Lokal kommst?

otra vez *adv syn:* de nuevo
Hemos cambiado **otra vez** la decoración del piso.

noch einmal
Wir haben die Wohnung noch einmal neu eingerichtet.

repetir *v* ⚠ *irr* 21
Perdona, ¿podrías **repetir** lo que has dicho?

wiederholen
Entschuldigung; könntest du wiederholen, was du gesagt hast?

seguir *v* ⚠ *irr* 21, **sigo, siga**
Fernando **sigue** en la misma escuela.
A la primavera le **sigue** el verano.

ebenso/weiterhin tun; folgen
Fernando geht weiter in dieselbe Schule.
Auf den Frühling folgt der Sommer.

volverse *v* ⚠ *irr* 37
¿**Te has vuelto** loco?

werden
Bist du verrückt geworden?

el **cambio**
Marcos dijo que necesitaba un **cambio** en su vida, por eso dejó este trabajo.

Veränderung *f*
Marcos sagte, er brauche eine Veränderung in seinem Leben, deshalb hörte er mit dieser Arbeit auf.

cambiar *v*
Pedro **ha cambiado** mucho; ahora está más delgado.

(sich) verändern
Pedro hat sich sehr verändert. Er ist jetzt viel schlanker.

acabar *v syn:* terminar, *ant:* empezar, comenzar
Cuando **acabe** la película, apaga la tele.

aufhören

Wenn der Film zu Ende ist, mach den Fernseher aus.

terminar *v syn:* acabar, *ant:* empezar, comenzar
La casa ya **está terminada**; podremos mudarnos pronto.

beenden

Das Haus ist bereits fertig. Wir werden bald einziehen können.

el **final** *ant:* principio, comienzo
El **final** de esta película es muy triste.
Van a pagarme a **final(es)** de mes.
Al **final** de la calle hay una oficina de correos.
Al **final** (⚠ *nicht:* **al fin**) no ha venido nadie a la fiesta.

Ende *n*
Das Ende dieses Films ist sehr traurig.
Man bezahlt mich am Monatsende.
Am Ende der Straße ist ein Postamt.
Schließlich ist niemand zu dem Fest gekommen.

final *adj*
¿Cuándo tienes los exámenes **finales**?

Schluss-
Wann sind deine Abschlussprüfungen?

el fin *ant:* principio, comienzo
Te podré prestar dinero a **fin(es)** de mes.
¿Vendrás a la fiesta de **fin** de curso?

Ende *n,* **Schluss** *m*
Ich kann dir am Monatsende Geld leihen.
Kommst du zum Abschlussfest des Kurses?

listo, a *adj syn:* preparado
Ya estamos **listos**, podemos salir cuando quieras.

fertig
Wir sind schon fertig. Wir können gehen, wann du willst.

«2001–4000»

el comienzo *syn:* principio, *ant:* fin, final
Llegamos tarde al cine y no vimos el **comienzo** de la película.

Anfang *m*

Wir kamen zu spät im Kino an und haben den Anfang des Films nicht gesehen.

la introducción ⚠ *pl* **las introducciones**
Te recomiendo que leas primero la **introducción** del libro.

Vorwort *n;* **Einführung** *f*

Ich empfehle dir, zuerst das Vorwort des Buches zu lesen.

el desarrollo
El gobierno ha decidido ayudar a los países en vías de **desarrollo**.

Entwicklung *f*
Die Regierung hat beschlossen, den Entwicklungsländern zu helfen.

el progreso
Cualquier **progreso** es bueno, por muy pequeño que sea.

Fortschritt *m*
Jedweder Fortschritt ist gut, wie klein er auch sein mag.

aumentar *v*
Este año **ha aumentado** el número de estudiantes.

steigen
In diesem Jahr ist die Zahl der Studenten gestiegen.

continuar *v syn:* seguir ⚠ *irr* 8
Decidí **continuar** la novela que había empezado a escribir mi abuelo.

fortsetzen
Ich beschloss, den Roman weiterzuschreiben, den mein Großvater begonnen hatte.

al mismo tiempo *adv syn:* a la vez
No soy capaz de hacer tantas cosas **al mismo tiempo**.

gleichzeitig

Ich kann nicht so viele Dinge gleichzeitig tun.

a la vez *adv syn:* al mismo tiempo
Si habláis **a la vez** no voy a entender nada.

auf einmal, gleichzeitig, zur selben Zeit
Wenn ihr alle auf einmal redet, verstehe ich gar nichts.

---

de nuevo *adv syn:* otra vez
El trabajo ha salido tan mal que tendrás que hacerlo **de nuevo**.

noch einmal
Die Arbeit ist so schlecht geworden, dass du sie noch einmal machen musst.

últimamente *adv*
Últimamente duermo muy poco por las noches.

in letzter Zeit; neulich
In letzter Zeit schlafe ich nachts sehr wenig.

---

actual *adj*
Me preocupa la política **actual**.

heutig, aktuell
Die aktuelle Politik macht mir Sorgen.

---

actualmente *adv*
Actualmente hay cinco mil empleados en esta empresa.

zurzeit
Zurzeit gibt es fünftausend Angestellte in dieser Firma.

---

interrumpir *v*
Uno de los empleados **interrumpió** el discurso del director con un comentario gracioso,

unterbrechen
Einer der Angestellten unterbrach die Rede des Direktors mit einem witzigen Kommentar.

---

convertirse *v* ⚠ *irr* 30
¡Te **has convertido** en una estrella!

sich verwandeln in, werden
Du bist ein Star geworden!

2.2 Raum

2.2.1 RÄUMLICHE BEGRIFFE

«1–2000»

el lugar
La biblioteca es un **lugar** tranquilo para estudiar.

Ort *m*
Die Bibliothek ist ein ruhiger Ort zum Lernen.

próximo, a *adj*
Tenemos que bajar en la **próxima** parada.

nächste(r, -s)
Wir müssen an der nächsten Haltestelle aussteigen.

siguiente *adj*
Ya puede pasar el **siguiente** paciente.

folgend, nächste(r, -s)
Der nächste Patient kann hereinkommen.

el sitio
En este **sitio** estaba la casa donde nació mi abuela.

Platz *m*, **Ort** *m*
An diesem Platz stand das Haus, in dem meine Großmutter geboren wurde.

donde *adv relativo*
Este es el lugar **donde** lo atropellaron.

wo
Das ist die Stelle, wo er überfahren wurde.

dónde *adv interrogativo*
¿Sabe Ud. **dónde** puedo encontrar un cajero automático?

wo
Wissen Sie, wo ich einen Geldautomaten finden kann?

aquí *adv*
Aquí no reparamos aparatos eléctricos, tendrá que ir a otra tienda.

¡Ven **aquí** ahora mismo!

hier(her)
Wir reparieren hier keine elektrischen Geräte. Da werden Sie in einen anderen Laden gehen müssen.
Komm sofort hierher!

*TIPP: In Lateinamerika: **acá**.*

ahí *adv*
Mira, **ahí** están las llaves que has estado buscando todo este tiempo.
He puesto tus cosas **ahí**.

da(hin)
Sieh mal, da sind die Schlüssel, die du die ganze Zeit gesucht hast.
Ich habe deine Sachen dahin getan.

allí *adv*
Nunca he estado en Andalucía, pero dicen que **allí** la gente es más simpática.
Podemos ir a pie hasta **allí**.

dort, da(hin)
Ich war noch nie in Andalusien, aber man sagt, dass die Menschen dort netter sein sollen.
Wir können zu Fuß dahin gehen.

allá *adv*
Allá en las montañas hay un monasterio, ¿lo ves?

da, dort
Da in den Bergen ist ein Kloster. Siehst du es?

en *prep*
Tus gafas están **en** (⚠ *auch:* **sobre**) la mesa.
Tus llaves están **en** mi bolso.

Ahora vivo **en** casa de mis suegros.
Creo que ahora Marta no está **en** casa.

auf; in; bei; zu
Deine Brille liegt auf dem Tisch.

Deine Schlüssel sind in meiner Tasche.
Jetzt lebe ich bei meinen Schwiegereltern.
Ich glaube, dass Marta jetzt nicht zu Hause ist.

---

sobre *prep syn:* encima de
El libro está **sobre** la mesa.

auf
Das Buch liegt auf dem Tisch.

---

encima (de) *adv, prep*
Tus documentos están ahí **encima**.
He dejado tu correo **encima del** escritorio.

auf
Deine Unterlagen sind da drüben.
Ich habe deine Post auf dem Schreibtisch gelassen.

---

debajo (de) *adv, prep*
No toques esa toalla, **debajo** hay una araña.
He encontrado un calcetín **debajo de** la cama.

darunter; unter
Fass das Handtuch nicht an, es ist eine Spinne darunter.
Ich habe eine Socke unter dem Bett gefunden.

---

lejos (de) *adv, prep*
Esa calle no está muy **lejos**, podemos ir a pie.
Ramón vive **lejos de** aquí.

weit (weg)
Die Straße ist nicht weit weg.
Wir können zu Fuß gehen.
Ramón lebt weit weg von hier.

---

cerca (de) *adv, prep*
El cine está bastante **cerca**, llegaremos enseguida.
Alberto vive **cerca de** mi casa.

nah(e) (bei)
Das Kino ist ziemlich nah. Wir sind gleich da.
Alberto wohnt in meiner Nähe.

---

al lado (de) *adv, prep*
Los García viven aquí **al lado**.

Al lado de mi casa hay un restaurante.

neben(an)
Die Familie García wohnt hier nebenan.
Neben unserem Haus gibt es ein Restaurant.

---

junto a *prep*
¿Quién es aquella señora sentada **junto a** Daniel?

neben
Wer ist die Dame, die neben Daniel sitzt?

delante (de) *adv, prep ant:* detrás (de)
El coche que iba **delante** frenó en seco.
Delante de la catedral hay una plaza.

voraus

Das vorausfahrende Auto bremste plötzlich.
Vor der Kathedrale befindet sich ein Platz.

---

enfrente (de) *adv, prep*
Allí **enfrente** está el Museo Picasso.
Enfrente del banco hay un museo.

drüben; gegenüber

Dort drüben ist das Picasso-Museum.
Gegenüber der Bank ist ein Museum.

---

frente a *prep*
Ha habido un accidente **frente a** mi casa.

direkt vor, gegenüber

Direkt vor meinem Haus hat es einen Unfall gegeben.

---

alrededor (de) *adv, prep*
Desde que tenemos la gata siempre pasean gatos **alrededor de** la casa.

um (herum)

Seit wir die Katze haben, streichen immer Kater um das Haus herum.

---

en medio de *prep*
El niño estaba jugando **en medio de** la calle.

mitten auf

Der Junge spielte mitten auf der Straße.

---

entre *prep*
Costa Rica está **entre** Nicaragua y Panamá.

zwischen

Costa Rica liegt zwischen Nicaragua und Panama.

---

detrás (de) *adv, prep ant:* delante (de)
En un coche, se recomienda que los menores de 12 años vayan sentados **detrás**.
Detrás de mi casa hay un parque.

hinten; hinter

Es ist ratsam, dass Kinder bis zu zwölf Jahren im Auto hinten sitzen.
Hinter meinem Haus ist ein Park.

---

derecho, a *adj ant:* izquierdo
Yo escribo con la mano **derecha**.

rechte(r, -s)

Ich schreibe mit der rechten Hand.

---

izquierdo, a *adj ant:* derecho
El niño se ha roto el brazo **izquierdo**.

linke(r, -s)

Der Junge hat sich den linken Arm gebrochen.

---

arriba *adv ant:* abajo
Mis suegros viven **arriba**.

¡Manos **arriba**!

oben; hoch

Meine Schwiegereltern wohnen oben.
Hände hoch!

abajo *adv ant:* arriba
En el piso de **abajo** aún no vive nadie.
Cuando pases por ese puente, no mires hacia **abajo**.

unten
In der unteren Wohnung wohnt noch niemand.
Sieh nicht nach unten, wenn du über diese Brücke gehst.

«2001–4000»

fuera (de) *adv, prep ant:* dentro (de)
Estaré **fuera** un par de semanas.
Por **fuera**, el coche parece nuevo.
Nuestros amigos viven **fuera de** la ciudad.
¡**Fuera** de aquí!

weg; außerhalb; heraus
Ich werde ein paar Wochen weg sein.
Von außen sieht das Auto neu aus.
Unsere Freunde leben außerhalb der Stadt.
Raus hier!

afuera *adv ant:* adentro
Con este frío no podremos hacer la fiesta **afuera**.

No salgas **afuera** sin el abrigo.

draußen; hinaus
Bei dieser Kälte werden wir das Fest nicht draußen machen können.
Geh nicht ohne Mantel hinaus.

dentro (de) *adv, prep ant:* fuera (de)
Mira el coche por **dentro**, está bastante sucio.
No sé qué habrá **dentro de** estas cajas.
Pon tu ropa **dentro de** ese cajón.

(dr)innen; in

Sieh dir das Auto von innen an. Es ist ziemlich schmutzig.
Ich weiß nicht, was in diesen Schachteln ist.
Lege deine Kleider in diese Schublade.

adentro *adv ant:* afuera
Prefiero quedarme **adentro**; afuera hace mucho frío.
Vamos **adentro** porque está empezando a llover.

drinnen; hinein
Ich möchte lieber drinnen bleiben. Draußen ist es zu kalt.
Gehen wir hinein. Es fängt nämlich an zu regnen.

atrás *adv ant:* adelante
Llevamos tanto equipaje que no veo los coches de **atrás**.

Quise caminar hacia **atrás** y me caí.

hinter; hinten
Wir haben so viel Gepäck geladen, dass ich die Autos hinter uns nicht sehe.
Ich wollte rückwärts gehen und bin hingefallen.

adelante *adv syn:* atrás
Sigue todo recto, más **adelante** verás un cruce.

¡**Adelante**! La puerta está abierta.

vorn; voran
Gehe weiter geradeaus, weiter vorn wirst du eine Kreuzung sehen.
Herein, die Tür ist offen.

---

la parte
¿Dónde estabas? Te hemos buscado por todas **partes**.
Esto se puede comprar en cualquier **parte** de España.
Este CD ya no lo venden en ninguna **parte**.

Ort *m;* **Teil** *m*
Wo warst du? Wir haben dich überall gesucht.
Das hier kann man überall in Spanien kaufen.
Diese CD wird nirgends mehr verkauft.

---

el lado
A un **lado** de la calle hay casas, y al otro hay un edificio enorme.

Seite *f*
Auf der einen Seite der Straße sind Häuser, und auf der anderen steht ein riesiges Gebäude.

---

el espacio
Necesito más **espacio** en el armario para guardar toda mi ropa.

Platz *m*
Ich brauche mehr Platz im Schrank, um meine ganzen Kleider aufzubewahren.

---

la distancia
Entre Barcelona y Valencia hay una **distancia** de 350 kilómetros.

Entfernung *f*
Barcelona und Valencia liegen 350 Kilometer voneinander entfernt.

---

la posición ⚠ *pl* **las posiciones**
Mientras dormimos, cambiamos varias veces de **posición**.
El asiento del conductor tiene varias **posiciones**.

Stellung *f,* **Position** *f*

Im Schlaf wechseln wir mehrmals die Stellung.
Der Fahrersitz ist in mehrere Positionen verstellbar.

---

superior *adj ant:* inferior
En la parte **superior** de la casa hay dos habitaciones y un baño.

obere(r, -s)
Im oberen Teil des Hauses sind zwei Zimmer und ein Badezimmer.

---

inferior *adj ant:* superior
En la parte **inferior** de la casa están la entrada, el comedor y la cocina.

untere(r, -s)
Im unteren Teil des Hauses befinden sich Eingang, Esszimmer und Küche.

profundo, a *adj*
Aquí los niños no deben bañarse porque es demasiado **profundo**.

tief
Die Kinder sollen hier nicht baden, da es ziemlich tief ist.

---

el **interior** *ant:* exterior
No sé si hay algo en el **interior** de esta caja.

Innere(s) *n*
Ich weiß nicht, ob etwas in der Schachtel ist.

---

interior *adj ant:* exterior
En mi edificio hay un patio **interior**.

Innen-, innen
Das Haus, in dem ich wohne, hat einen Innenhof.

---

caber *v* ⚠ *irr* 2
No va a **caber** tanta ropa en la maleta.

hineinpassen, Platz haben
In den Koffer wird nicht so viel Kleidung hineinpassen.

---

el **exterior** *ant:* interior
Antes el WC estaba en el **exterior** de las casas.

Äußere(s) *n*
Früher war das WC außerhalb der Häuser.

---

exterior *adj ant:* interior
La temperatura **exterior** es de 10 grados centígrados.

Außen-, außen
Die Außentemperatur ist 10 Grad Celsius.

---

el **centro**
Madrid está en el **centro** de España.

Zentrum *n*
Madrid befindet sich im Zentrum von Spanien.

---

central *adj*
Tomaré un taxi hasta la estación **central**.
Hoy hemos estado en el parque **central**.

Haupt-
Ich nehme ein Taxi zum Hauptbahnhof.
Heute sind wir im Stadtpark gewesen.

---

céntrico, a *adj*
Nuestro piso está en una zona **céntrica**.

zentral
Unsere Wohnung ist zentral gelegen.

---

la **altura**
La **altura** de aquella montaña es de dos mil metros.

Höhe *f*
Der Berg ist zweitausend Meter hoch.

---

el **rincón** ⚠ *pl* **los rincones**
La tele está en un **rincón** del comedor.

Ecke *f*
Das Fernsehen steht in einer Ecke des Esszimmers.

---

aparte *adv*
Pon un trozo de tarta **aparte** para cuando llegue Ana.

beiseite
Leg ein Stück Kuchen beiseite für Ana, wenn sie kommt.

largo, a *adj ant:* corto
La falda te queda demasiado **larga**.

lang
Dein Rock ist zu lang.

---

el largo
La mesa mide un metro y medio de **largo**.

Länge *f*
Der Tisch hat eine Länge von anderthalb Metern.

---

corto, a *adj ant:* largo
El cable es demasiado **corto**.

kurz
Das Kabel ist zu kurz.

---

estrecho, a *adj ant:* ancho
Por esa calle tan **estrecha** no podría pasar un camión.

eng
Durch diese derart enge Straße könnte kein Lkw fahren.

---

ancho, a *adj ant:* estrecho
Siempre llevo ropa **ancha** porque es más cómoda.

weit
Ich trage immer weite Kleidung, weil die viel bequemer ist.

---

el ancho
Hay que medir la altura, el largo y el **ancho** de esta mesa.

Breite *f*
Man muss Höhe, Länge und Breite dieses Tisches messen.

---

amplio, a *adj*
Mi habitación es muy **amplia**.

geräumig
Meine Wohnung ist sehr geräumig.

---

la superficie
La **superficie** del agua parece un espejo.

Oberfläche *f*
Die Wasseroberfläche wirkt wie ein Spiegel.

---

recto, a *adj*
Intenta dibujar una línea **recta**.

gerade
Versuche, eine gerade Linie zu zeichnen.

---

recto *adv*
Tienes que seguir todo **recto** hasta el final de la calle.

geradeaus
Du musst ganz geradeaus gehen bis zum Ende der Straße.

---

llano, a *adj*
Este terreno es bastante **llano**.

flach
Dieses Gelände ist sehr flach.

2.2.2 BEWEGUNG UND RUHE

«1–2000»

moverse *v* ⚠ *irr* 20
Si **te mueves**, el perro te morderá.

sich bewegen
Wenn du dich bewegst, beißt dich der Hund.

parar *v*
Durante el viaje hemos **parado** dos veces para descansar.

anhalten
Während der Fahrt haben wir zweimal angehalten um auszuruhen.

sentarse *v* ⚠ *irr* 22
Siéntate a mi lado.

sich setzen
Setz dich neben mich.

subir *v*
Como no había ascensor, tuve que **subir** por las escaleras.

hinaufgehen
Da es keinen Fahrstuhl gab, musste ich die Treppen hinaufgehen.

bajar *v*
Voy a **bajar** un momento al sótano.

hinuntergehen
Ich gehe kurz in den Keller runter.

«2001–4000»

estar de pie *v* ⚠ *irr* 13
Jaime es el que **está de pie**, y Juan es el que está sentado.

stehen
Jaime ist der, der steht, und Juan ist der, der sitzt.

TIPP: *Statt* **estar de pie** *sagt man in einigen Ländern Lateinamerikas* **estar parado**, *was in Spanien „arbeitslos sein" bedeutet.*

saltar *v*
Los ladrones **saltaron** el muro y desaparecieron.

springen (über)
Die Diebe sprangen über die Mauer und verschwanden.

caer(se) *v* ⚠ *irr* 3
Hoy **me he caído** por las escaleras.

(hin)fallen
Heute bin ich die Treppe hinuntergefallen.

pararse *v*
No **te pares** cada vez que pasemos por una tienda.

stehen bleiben
Bleib nicht jedesmal stehen, wenn wir an einem Geschäft vorbeikommen.

TIPP: *In Lateinamerika heißt* **pararse** *„aufstehen".*

el **paso**
En este baile hay que dar dos **pasos** adelante y otro atrás.

Schritt *m*
Bei diesem Tanz muss man zwei Schritte vorgehen und einen zurück.

el **movimiento**
En Tai Chi los **movimientos** tienen que ser lentos.

Bewegung *f*
Die Bewegungen beim Tai-Chi müssen langsam sein.

la **calma**
Cuando uno está en peligro, hay que mantener la **calma**.
Por las noches todo está en **calma**.

Ruhe *f*
Wenn man in Gefahr ist, muss man Ruhe bewahren.
Nachts ist alles ruhig.

activo, a *adj*
Bárbara es una persona muy **activa**.

aktiv
Bárbara ist ein sehr aktiver Mensch.

avanzar *v* ⚠ avance, avancé
Las tropas siguen **avanzando**.

vorangehen
Die Truppen rücken weiter vor.

2.2.3   SCHNELL UND LANGSAM

«1–2000»

rápido *adv syn:* deprisa, *ant:* lento
Si conduces tan **rápido**, al final tendremos un accidente.

schnell

Wenn du so schnell fährst, werden wir noch einen Unfall haben.

rápido, a *adj ant:* lento
Mi coche es más **rápido** que el tuyo.

schnell
Mein Auto ist schneller als deins.

lento *adv syn:* despacio, *ant:* rápido
Este profesor habla tan **lento**, que los alumnos se duermen en clase.

langsam

Dieser Lehrer spricht so langsam, dass die Schüler im Unterricht einschlafen.

lento, a *adj ant:* rápido
María, eres tan **lenta** caminando que no llegaremos nunca.

langsam
María, du gehst so langsam, dass wir nie ankommen werden.

deprisa *adv* *syn:* rápido, *ant:*
despacio
Siempre como demasiado **deprisa**.

schnell

Ich esse immer zu schnell.

despacio *adv* *syn:* lento, *ant:*
deprisa
Mi profesora de español habla
claro y **despacio**.

langsam

Meine Spanischlehrerin spricht
langsam und deutlich.

«2001–4000»

tener prisa *v* ⚠ *irr* 32
Tengo prisa, me voy porque no
puedo perder el bus.

es eilig haben
Ich habe es eilig. Ich muss gehen, weil ich nicht den Bus verpassen darf.

*TIPP: In Lateinamerika sagt man **estar apurado, a**.*

darse prisa *v* ⚠ *irr* 9
Tenemos que **darnos prisa** si
queremos llegar puntuales.

sich beeilen
Wir müssen uns beeilen, wenn
wir pünktlich sein wollen.

*TIPP: In Lateinamerika sagt man **apurarse**.*

correr prisa *v*
La traducción no **corre prisa**,
puedes terminarla mañana.

eilen
Die Übersetzung eilt nicht. Du
kannst sie morgen fertig machen.

2.2.4   RICHTUNG

«1–2000»

a *prep*
Voy **a** Madrid.
Esta noche vamos **al** teatro.

nach; in
Ich fahre nach Madrid.
Heute Abend gehen wir ins
Theater.

adónde *adv interrogativo*
¿**Adónde** vamos esta noche?
— Podríamos ir al cine.

wohin
Wohin gehen wir heute Abend?
— Wir könnten ins Kino gehen.

adonde *adv relativo*
Esta noche vamos **adonde** tú quieras.

wohin
Heute Abend gehen wir, wohin du willst.

---

a la derecha *adv ant:* a la izquierda
Después del semáforo hay que girar **a la derecha**.

rechts

Nach der Ampel muss man rechts abbiegen.

---

a la izquierda *adv ant:* a la derecha
De esas tres chicas, mi hija es la que está **a la izquierda**.

links

Von den drei Mädchen ist die da links meine Tochter.

---

hacia *prep*
Vamos **hacia** el norte.

nach
Wir fahren nach Norden.

---

para *prep*
¿A qué hora sale el tren **para** Sevilla?

nach
Um wie viel Uhr fährt der Zug nach Sevilla?

---

hasta *prep*
Te acompaño **hasta** tu casa.
Sigue recto **hasta** el final de la calle.

nach; bis
Ich begleite dich nach Hause.
Geh geradeaus bis zum Ende der Straße.

«2001–4000»

la **dirección** ⚠ *pl* **las direcciones**
Miramos en todas **direcciones**, pero no vimos a nadie.

Richtung *f*

Wir sahen uns in alle Richtungen um, aber wir haben niemanden gesehen.

---

el **sentido**
Creo que vamos en **sentido** contrario.

Richtung *f*
Ich glaube, wir gehen in die entgegengesetzte Richtung.

---

a través de *prep syn:* por
Vamos a pasar **a través de** un túnel.

durch
Wir fahren durch einen Tunnel.

---

directo, a *adj, adv*
El perro venía **directo** hacia mí.

direkt
Der Hund kam direkt auf mich zu.

---

dirigirse *v* ⚠ **dirijo, dirija**
¿Sabe Ud. adónde **nos dirigimos**?

sich begeben; sich wenden
Wissen Sie, wohin wir fahren?

contra *prep*
El camión chocó **contra** un árbol.

gegen
Der LKW prallte gegen einen
Baum.

acercarse *v ant:* alejarse
⚠ **acerque, acerqué**
Si tienes frío, **acércate** a la estu-
fa.

sich nähern

Wenn du frierst, komm näher an
den Ofen.

alejarse *v ant:* acercarse
Había tanto viento que la barca
se alejó de la costa.

sich entfernen
Der Wind war so stark, dass das
Boot sich von der Küste entfern-
te.

2.2.5   KOMMEN UND GEHEN

«1–2000»

venir *v ant:* ir ⚠ *irr* 35
¿Quieres **venir** esta noche a mi
casa?

kommen
Möchtest du heute Abend zu mir
kommen?

llegar *v* ⚠ **llegue, llegué**
Manuel **llegó** tarde a la entrevista de trabajo.

(an)kommen
Manuel kam zu spät zu dem Vor-
stellungsgespräch.

volver *v syn:* regresar, *ant:* ir
⚠ *irr* 37
Tu madre quiere que **vuelvas**
pronto a casa.

zurückkommen

Deine Mutter möchte, dass du
früh nach Hause kommst.

de *prep*
Vengo **de** Buenos Aires.

aus
Ich komme aus Buenos Aires.

entrar *v ant:* salir
No quiero que nadie **entre** en
(⚠ *auch:* **en**) mi cuarto.

hereinkommen
Ich möchte nicht, dass jemand
in mein Zimmer kommt.

ir *v* ⚠ *irr* 17
¿**Habéis ido** ya a casa de tu tía?

gehen
Seid ihr schon zu deiner Tante
gegangen?

irse *v syn:* marcharse, *ant:*
quedarse ⚠ *irr* 17
Me voy, pero volveré dentro de
un rato.

weggehen

Ich gehe weg, aber ich komme
gleich wieder.

salir *v ant:* entrar ⚠ *irr* 29
Tendrás que **salir** por la puerta de atrás.

hinausgehen
Du wirst zur Hintertür hinausgehen müssen.

caminar *v syn:* andar
Pablito empezó a **caminar** a los diez meses.

laufen
Pablito fing mit zehn Monaten an zu laufen.

«2001–4000»

andar *v syn:* caminar ⚠ *irr* 1
Anduvimos durante horas por las calles del centro.

laufen
Wir liefen stundenlang durch die Straßen der Innenstadt.

pasar *v*
Hoy **he pasado** por tu casa, pero no estabas.

vorbeikommen
Ich bin heute bei dir vorbeigekommen, aber du warst nicht zu Hause.

marcharse *v syn:* irse, *ant:* quedarse
Sandra **se marchó** de la fiesta sin despedirse.

verlassen, weggehen
Sandra verließ das Fest, ohne sich zu verabschieden.

quedarse *v ant:* irse, marcharse
Esta noche prefiero **quedarme** en casa.

bleiben
Heute Abend bleibe ich lieber zu Hause.

la ida *ant:* vuelta
¿Qué tal el viaje? — La **ida** fue bien, pero a la vuelta tuvimos un accidente.

Hinfahrt *f*
Wie war die Reise? — Die Hinfahrt war gut, aber auf der Rückfahrt hatten wir einen Unfall.

la vuelta *ant:* ida
Me quedé sin dinero para la **vuelta**.
Mario ya está de **vuelta**.

Rückfahrt *f*
Ich hatte kein Geld für die Rückfahrt.
Mario ist schon zurück.

aparecer *v ant:* desaparecer ⚠ *irr* 5
El día de la boda, la novia no **apareció**.

erscheinen
Am Tag der Hochzeit ist die Braut nicht erschienen.

desaparecer *v ant:* aparecer ⚠ *irr* 5
Mi esposo **ha desaparecido**, creo que lo han secuestrado.

verschwinden
Mein Mann ist verschwunden. Ich glaube, dass man ihn entführt hat.

perderse *v* ⚠ *irr* 23
¿Dónde estamos? Creo que **nos hemos perdido**.

sich verlaufen
Wo sind wir? Ich glaube, wir haben uns verlaufen.

2.3   Menge und Maß

2.3.1   MENGENBEGRIFFE

«1–2000»

solamente *adv syn:* sólo
De los tres exámenes, he aprobado **solamente** uno.

nur; erst
Ich habe nur eine von den drei Prüfungen bestanden.

sólo *adv syn:* solamente
Mi hija empezó a caminar cuando **sólo** tenía diez meses.

erst; nur
Meine Tochter fing an zu laufen, als sie gerade erst 10 Monate alt war.

TIPP: *Nicht verwechseln mit dem Adjektiv* **solo, a** *(ohne Akzent)!*

otro, a *adj*
Camarero: **otra** cerveza, por favor.

noch
Herr Ober, bitte noch ein Bier.

TIPP: *Man sagt auf keinen Fall* **un otro/una otra***!*

cuánto *pron*
¿**Cuánto** cuesta?
¿**Cuántos** hijos tienes?

wie viel
Wie viel kostet das?
Wie viele Kinder hast du?

la **docena**
Póngame una **docena** de huevos, por favor.

Dutzend *n*
Geben Sie mir bitte ein Dutzend Eier.

el **cuarto**
Quisiera un **cuarto** de queso, por favor.

Viertel *n*
Ich hätte gern 250 Gramm Käse.

cuarto, a *adj*
Una **cuarta** parte de los españoles son solteros.

viertel
Ein Viertel der Spanier sind allein stehend.

medio, a *adj*
He bebido **medio** litro de cerveza.
¡Saludos a tu **media** naranja!

halb
Ich habe einen halben Liter Bier getrunken.
Grüße an deine bessere Hälfte!

la **mitad**
Sólo he leído la **mitad** del libro.

Hälfte *f*
Ich habe erst die Hälfte des Buches gelesen.

lleno, a *adj ant:* vacío
Anoche el restaurante estaba **lleno** (de gente).

voll
Gestern Abend war das Restaurant voll.

vacío, a *adj ant:* lleno
Si quieres, puedes llevarte esas cajas **vacías**.

leer
Wenn du willst, kannst du diese leeren Kartons mitnehmen.

más *adv, adj ant:* menos
No llores **más** y busca una solución.
Vosotros trabajáis **más** que (⚠ *nicht:* **como**) nosotros.
Mi abuelo tiene **más** de ochenta años.
Este señor tiene **más** de 10 nietos.
Sebastián se cree que es el chico **más** guapo del mundo.
¿Puedes prestarme **más** dinero?

mehr
Weine nicht mehr, sondern suche eine Lösung.
Ihr arbeitet mehr als wir.

Mein Großvater ist über achtzig.

Dieser Herr hat mehr als 10 Enkel.
Sebastián hält sich für den hübschesten Jungen der Welt.
Kannst du mir mehr Geld leihen?

TIPP: no más que *vor Zahlen bedeutet „nur"* **No tengo más que cien pesetas** = *Sólo tengo cien pesetas.*

mucho, a *adj ant:* poco
El día de mi cumpleaños me hicieron **muchos** regalos.

viel
An meinem Geburtstag habe ich viele Geschenke bekommen.

todo, a *adj*
Ayer estuve mirando la tele **todo** el día.
Voy al cine **todos** los domingos.

ganz; jede(r, -s)
Gestern habe ich den ganzen Tag ferngesehen.
Ich gehe jeden Sonntag ins Kino.

el **par**
En dos horas nos bebimos un **par** de litros de vino.

paar, einige
Innerhalb zwei Stunden haben wir ein paar Liter Wein getrunken.

un poco *adv ant:* bastante, mucho
¿Podrías hablar **un poco** más alto, por favor?
¿Te sirvo vino?
— Sí, pero sólo **un poco**.

ein bisschen

Könntest du bitte ein bisschen lauter sprechen?
Darf ich dir Wein einschenken?
— Ja, aber nur ein bisschen.

poco, a *adj ant:* mucho
A esta hora hay **pocos** coches en la autopista.

wenig
Um diese Zeit sind wenige Autos auf der Autobahn.

menos *adv, adj ant:* más
Si trabajaras **menos**, tendrías más tiempo para tus hijos.

Tú fumas **menos** que (⚠ *nicht:* **como**) yo.
Él tiene sesenta años y su esposa, **menos** de veinte.
Esta maestra es la **menos** simpática de todas las que he tenido.
Ahora bebo **menos** alcohol que antes.

weniger
Wenn du weniger arbeiten würdest, hättest du mehr Zeit für deine Kinder.
Du rauchst weniger als ich.

Er ist siebzig und seine Frau unter zwanzig.
Diese Lehrerin ist die unsympathischste von allen, die ich je gehabt habe.
Jetzt trinke ich weniger Alkohol als früher.

nada *pron ant:* todo
Llevas toda la mañana en la oficina y aún no has hecho **nada**.

nichts
Du bist schon den ganzen Vormittag im Büro und hast noch nichts getan.

«2001–4000»

contener *v* ⚠ *irr* 32
Esta bebida no **contiene** alcohol.

enthalten
Dieses Getränk enthält keinen Alkohol.

el contenido
Hemos tirado todo el **contenido** de esas botellas.

Inhalt *m*
Wir haben den ganzen Inhalt der Flaschen weggeschüttet.

la cantidad
Hay que poner azúcar, pero en la receta no sale la **cantidad** necesaria.

Menge *f*
Es gehört Zucker daran, aber aus dem Rezept geht nicht hervor, welche Menge notwendig ist.

sobrar *v*
Ha sobrado mucha comida, pero no la pienso tirar.

übrig bleiben
Es ist viel Essen übrig geblieben, aber ich will es nicht wegwerfen.

---

faltar *v*
Nos **faltan** huevos para hacer la tortilla.

fehlen
Uns fehlen die Eier, um Tortilla zu machen.

---

ni ... ni *conj*
A la fiesta no vinieron **ni** Carmen **ni** Antonio.

weder ... noch
Weder Carmen noch Antonio kamen zum Fest.

único, a *adj*
Soy hija **única**.
Lo **único** que te pido es que me entiendas.

einzig
Ich bin Einzelkind.
Das Einzige, worum ich dich bitte, ist, dass du mich verstehst.

---

el doble
En este nuevo trabajo gano el **doble**.

Doppelte(s) *n*
In der neuen Arbeit verdiene ich das Doppelte.

---

doble *adj*
Póngame una ración **doble** de patatas, por favor.

doppelt
Geben Sie mir bitte eine doppelte Portion Kartoffeln.

---

varios, varias *adj*
Andrés habla **varios** idiomas.

mehrere
Andrés spricht mehrere Sprachen.

---

la variedad
En EE.UU. hay una gran **variedad** de razas y culturas.

Vielfalt *f*
In den USA gibt es eine große Vielfalt an Rassen und Kulturen.

---

suficiente *adj*
Aún no tengo (el) dinero **suficiente** para comprarme un televisor.
Creo que no habrá comida **suficiente** para todos.

genügend
Ich habe noch nicht genügend Geld, um mir einen Fernseher zu kaufen.
Ich fürchte, das Essen reicht nicht für alle.

---

bastante *adj*
El año pasado suspendieron **bastantes** alumnos.

ziemlich viel
Letztes Jahr haben ziemlich viele Schüler nicht bestanden.

---

demasiado, a *adj*
¿Quieres ser espía? Creo que has visto **demasiadas** películas de James Bond.

zu viel
Du möchtest ein Spion sein? Ich glaube, du hast zu viele James-Bond-Filme gesehen.

tanto, a *adj ant:* tan poco	**so viel**
No creo que hayas tenido **tantas** novias, seguro que exageras.	Ich glaube nicht, dass du so viele Freundinnen gehabt hast, du übertreibst bestimmt.

el **montón** ⚠ *pl* **los montones**	**Haufen** *m*; **Stapel** *m*
¿Podrías cargar en la furgoneta este **montón** de cajas?	Könntest du bitte diesen Haufen Kartons in den Lieferwagen einladen?
Tengo un **montón** de deberes para mañana.	Ich habe einen Haufen Hausaufgaben bis morgen auf.

máximo, a *adj*	**größtmöglich**
Pon en el vaso la **máxima** cantidad de agua posible.	Fülle so viel Wasser wie möglich in das Glas.

mínimo, a *adj*	**niedrigste(r, -s), geringste(r, -s)**
Ayer la temperatura **mínima** fue de 3 grados (centígrados).	Gestern war die niedrigste Temperatur 3 Grad Celsius.

el **total**	**Summe** *f*
El **total** de dos más dos es cuatro.	Die Summe von zwei plus zwei ist vier.

total *adj*	**vollständig, gesamt**
En esta lista sale el número **total** de víctimas.	In dieser Liste ist die gesamte Anzahl der Opfer aufgeführt.
No sé cuánto me debes en **total**, lo tengo que calcular.	Ich weiß nicht, wie viel du mir insgesamt schuldest. Das muss ich ausrechnen.

2.3.2   GRUNDZAHLEN

«1–2000»

0	cero	null
1	uno	eins
2	dos	zwei
3	tres	drei
4	cuatro	vier
5	cinco	fünf
6	seis	sechs
7	siete	sieben
8	ocho	acht

9	nueve	neun
10	diez	zehn
11	once	elf
12	doce	zwölf
13	trece	dreizehn
14	catorce	vierzehn
15	quince	fünfzehn
16	dieciséis	sechzehn
17	diecisiete	siebzehn
18	dieciocho	achtzehn
19	diecinueve	neunzehn
20	veinte	zwanzig
21	veintiuno, a	einundzwanzig

TIPP: *Vor männlichen Substantiven im Singular oder Plural sagt man* **veintiún**.

22	veintidós	zweiundzwanzig
30	treinta	dreißig

TIPP: *Zahlen ab 30 werden getrennt geschrieben:* **treinta y uno, a**, *etc.*

40	cuarenta	vierzig
50	cincuenta	fünfzig
60	sesenta	sechzig
70	setenta	siebzig
80	ochenta	achtzig
90	noventa	neunzig
100	cien	hundert
101	ciento uno, a	hunderteins
200	doscientos, as	zweihundert
300	trescientos, as	dreihundert
400	cuatrocientos, as	vierhundert
500	quinientos, as	fünfhundert
600	seiscientos, as	sechshundert
700	setecientos, as	siebenhundert
800	ochocientos, as	achthundert
900	novecientos, as	neunhundert
1000	mil	tausend
1001	mil uno, a	tausendeins
2000	dos mil	zweitausend
100.000	cien mil	hunderttausend
500.000	quinientos, as mil	fünfhunderttausend
1.000.000	un millón	eine Million
1.000.000.000	mil millones	eine Milliarde

«2001–4000»

el **número**	**Zahl** *f*
¿Cuál es tu **número** de la suerte?	Was ist deine Glückszahl?

*TIPP: **número** kann abgekürzt werden mit **nº** oder **núm.***

la **cifra**	**Ziffer** *f*
Mi número de teléfono tiene sie-te **cifras**.	Meine Telefonnummer hat sie-ben Ziffern.

sumar *v*	**addieren**
Si **sumas** 2 más 3, el resultado es 5.	Wenn du 2 und 3 addierst, ergibt das 5.

restar *v*	**subtrahieren**
Si a 10 le **restamos** 3, el resulta-do es 7.	Wenn wir 3 von 10 subtrahieren, ergibt das 7.

multiplicar *v* ⚠ multiplique, multiplíqué	**multiplizieren**
3 **multiplicado** por 3 da 9.	3 multipliziert mit 3 ist 9.

*TIPP: Man kann auch sagen **3 por 3** 3 mal 3.*

dividir *v*	**dividieren**
6 (**dividido**) entre 2 da 3.	6 (dividiert) durch 2 ist 3.

2.3.3   MASSE UND GEWICHTE

«1–2000»

el **metro**	**Meter** *m*
el **centímetro**	**Zentimeter** *m*
el **kilómetro**	**Kilometer** *m*
el **litro**	**Liter** *m*
el **kilo(gramo)**	**Kilo(gramm)** *n*
el **gramo**	**Gramm** *n*
la **tonelada**	**Tonne** *f*

«2001–4000»

el **tamaño** Busco un diccionario de un **tamaño** más pequeño.	**Größe** f; **Format** n Ich suche ein Wörterbuch in einem kleineren Format.
la **medida** Antes de comprar los muebles, tomaré las **medidas** del cuarto. Voy a hacerle un traje a **medida**.	**Maß** n Bevor ich die Möbel kaufe, werde ich das Zimmer ausmessen. Ich werde Ihnen einen Maßanzug machen.
medir v ⚠ irr 21 ¿Cuánto **mides**? — Un metro setenta.	**messen** Wie groß bist du? — Ein Meter siebzig.
mayor adj ant: menor Australia es **mayor** que España.	**größer** Australien ist größer als Spanien.
menor adj ant: mayor España es **menor** que Australia.	**kleiner** Spanien ist kleiner als Australien.

TIPP: mayor und **menor** benützt man auch beim Alter **Soy mayor que tú.** Ich bin älter als du.

cuadrado, a adj Nuestra cocina mide nueve metros **cuadrados**.	**quadratisch; Quadrat-** Unsere Küche hat neun Quadratmeter.
pesado, a adj No creo que podamos mover estas cajas, son demasiado **pesadas**.	**schwer** Ich glaube nicht, dass wir diese Kisten bewegen können. Die sind zu schwer.
ligero, a adj Esto es tan **ligero** que hasta un niño podría levantarlo.	**leicht** Das ist so leicht. Das könnte sogar ein Kind heben.
pesar v La maleta **pesa** demasiado, tendré que sacar algunas cosas.	**wiegen** Der Koffer wiegt zu viel. Ich werde einige Sachen herausnehmen müssen.
el **peso** Estoy haciendo (una) dieta para perder **peso**.	**Gewicht** n Ich mache eine Diät um abzunehmen.

2.4   Ordnung

2.4.1   ORDNUNGSBEGRIFFE

«1–2000»

la calidad
La ropa de (buena) **calidad** es más cara.

Qualität *f*
Kleidung von guter Qualität ist teurer.

---

el orden
¿En qué **orden** has escrito nuestros nombres?

Reihenfolge *f*
In welcher Reihenfolge hast du unsere Namen geschrieben?

el lío
¡Esto es un **lío**! Habrá que organizarlo de nuevo.

Durcheinander *n*
Das ist ein Durcheinander. Das muss neu geordnet werden.

«2001–4000»

la especie
Este libro es una **especie** de diccionario ordenado por temas.

Art *f*
Dieses Buch ist eine Art Wörterbuch, das nach Themen geordnet ist.

---

la regla
La excepción confirma la **regla**.

Regel *f*
Ausnahmen bestätigen die Regel.

---

el nivel
Mi secretaria tiene un buen **nivel** de inglés.
En este videojuego es muy difícil pasar el primer **nivel**.

En verano aumenta el **nivel** de ozono.

Niveau *n*
Meine Sekretärin hat gute Englischkenntnisse.
Bei diesem Videospiel ist es sehr schwierig, die nächste Stufe zu erreichen.
Im Sommer steigen die Ozonwerte.

---

el grado
Un termómetro mide los **grados** de temperatura.
Dibuja un ángulo de 45 **grados**.

Grad *m*
Ein Thermometer misst die Temperaturgrade.
Zeichne einen Winkel von 45 Grad.

el turno	**Reihe** *f;* **Schicht** *f*
Avísame cuando sea mi **turno**.	Sag mir Bescheid, wenn ich an der Reihe bin.
José Manuel trabaja en el **turno** de noche.	José Manuel hat Nachtschicht.
la serie	**Reihe** *f;* **Serie** *f*
Tuve que hacer una **serie** de pruebas para entrar en el grupo de teatro.	Ich musste eine Reihe von Prüfungen ablegen, um in die Theatergruppe aufgenommen zu werden.
"Farmacia de guardia" era una **serie** de televisión española.	„Farmacia de guardia" war eine Fernsehserie in Spanien.
la fila	**Reihe** *f*
Cuando voy al teatro, me gusta sentarme en primera **fila**.	Wenn ich ins Theater gehe, sitze ich gern in der ersten Reihe.

2.4.2 UNTERSCHIED UND EINTEILUNG

«1–2000»

el trozo *syn:* pedazo	**Stück** *n*
¿Quieres un **trozo** de pan?	Möchtest du ein Stück Brot?
el pedazo *syn:* trozo	**Stück** *n*
La jarra de cristal se rompió en mil **pedazos**.	Die Kristallkaraffe zersprang in tausend Stücke.
la pieza	**Teil** *n*
Habrá que cambiar algunas **piezas** del motor.	Man wird Teile des Motors auswechseln müssen.
la parte	**Teil** *n*
¿Has visto la segunda **parte** de Superman?	Hast du den zweiten Teil von Superman gesehen?
La Península Ibérica formaba **parte** del Imperio Romano.	Die Iberische Halbinsel war Teil des Römischen Reiches.
el modelo	**Modell** *n*
Este no es el **modelo** que había encargado.	Das ist nicht das Modell, das ich bestellt habe.
pero *conj*	**aber**
Todos creen que Jorge es muy listo, **pero** yo sé que no lo es.	Alle glauben, dass Jorge sehr klug ist, aber ich weiß, dass er es nicht ist.

o *conj*
¿Qué te sirvo: vino **o** cerveza?

oder
Was darf ich dir bringen, Wein oder Bier?

TIPP: Vor Wörtern, die mit „o" oder „ho" beginnen wird o zu u: En este restaurante hay normalmente siete u ocho camareros. In diesem Restaurant sind normalerweise sieben oder acht Kellner.

---

sino *conj*
Recuerda que no somos ricos, **sino** pobres.

sondern
Denke daran, dass wir nicht reich sondern arm sind.

---

junto, a *adj*
Podemos ir **juntos** a la fiesta.

zusammen
Wir können zusammen auf das Fest gehen.

---

además (de) *adv, prep*
No tengo ganas de salir, **además** no tengo dinero.

Además de profesor, soy traductor.

außerdem; außer
Ich habe keine Lust auszugehen, außerdem habe ich kein Geld.
Ich bin Lehrer und außerdem Übersetzer.

---

tan ... como *adv*
Tranquilo, no es **tan** grave **como** parece.

so ... wie
Ruhig Blut, es ist nicht so schlimm, wie es scheint.

---

tanto, a ... como *adj*
En mi país hay **tanta** delincuencia **como** en el vuestro.

so viel ... wie
In meinem Land gibt es genau so viel Kriminalität wie bei euch.

---

tanto como *adv*
Tú no estudias **tanto como** yo, pero sacas mejores notas.

so viel
Du lernst nicht so viel wie ich, hast aber bessere Noten.

---

el mismo, la misma *adj*
¡Que casualidad! Llevamos **el mismo** vestido.

gleich
So ein Zufall! Wir haben das gleiche Kleid an.

---

lo mismo
Un barco y una barca no son **lo mismo**.

dasselbe, das Gleiche
Ein Schiff und ein Kahn sind nicht dasselbe.

---

igual *adj ant:* diferente
Las dos faldas son **iguales**, pero de color distinto.
Me da **igual** conseguir o no ese puesto de trabajo.

gleich
Die beiden Röcke sind gleich, nur die Farbe ist anders.
Mir ist es gleich, ob ich die Stelle bekomme oder nicht.

parecido, a *adj*

Tu hermano y tú sois tan **parecidos** que a veces os confundo.

ähnlich

Dein Bruder und du, ihr seid euch so ähnlich, dass ich euch manchmal verwechsle.

---

el resto

Pepe se marchó pronto, pero el **resto** de invitados se quedó hasta la madrugada.

Rest *m*

Pepe ist schon früh gegangen, aber der Rest der Gäste blieb bis zum frühen Morgen.

---

diferente *adj syn:* distinto, *ant:* igual

Mi marido y yo somos muy **diferentes**: él es muy nervioso y yo soy más bien tranquila.

unterschiedlich

Mein Mann und ich sind sehr unterschiedlich. Er ist sehr nervös, und ich bin eher ruhig.

---

normal *adj*

Miguel es un alumno **normal**, ni muy trabajador ni muy vago.

normal

Miguel ist ein normaler Schüler, weder besonders fleißig noch besonders faul.

---

regular *adj*

Hay vuelos **regulares** de Stuttgart a Barcelona todos los días.

regelmäßig

Von Stuttgart nach Barcelona gibt es regelmäßig jeden Tag Flüge.

---

corriente *adj*

Hace años era poco **corriente** que la gente tuviera ordenador en casa.

üblich

Noch vor Jahren war es kaum üblich, dass man einen Computer zu Hause hatte.

---

típico, a *adj*

Carmen es un nombre de mujer **típico** español.

typisch

Carmen ist ein typisch spanischer Frauenname.

---

especial *adj*

Este collar sólo me lo pongo en ocasiones **especiales**.
¿Sabías que existen ordenadores **especiales** para ciegos?

speziell, besonders

Diese Kette trage ich nur zu besonderen Anlässen.
Wusstest du, dass es spezielle Computer für Blinde gibt?

---

especialmente *adv*

(A mí) me encanta el marisco, **especialmente** las gambas.
El cocinero preparó un plato **especialmente** para mí.

besonders, extra

Also ich mag Meeresfrüchte sehr und Garnelen besonders.
Der Koch hat extra für mich ein Gericht zubereitet.

«2001–4000»

excepto *prep* Todos me han decepcionado **excepto** tú.	**außer** Alle außer dir haben mich enttäuscht.
la **excepción** ⚠ *pl* **las excepciones** Esta vez haré una **excepción** y te dejaré salir por la noche.	**Ausnahme** *f* Dieses Mal werde ich eine Ausnahme machen und dir erlauben, heute Abend auszugehen.

comparar *v* No se puede **comparar** un pequinés con un dóberman.	**vergleichen** Man kann einen Pekinesen und einen Dobermann doch nicht vergleichen.
la **comparación** ⚠ *pl* **las comparaciones** En **comparación** con otros alumnos, Pepito es muy inteligente.	**Vergleich** *m* Im Vergleich zu anderen Schülern ist Pepito sehr intelligent.
la **diferencia** ¿Qué **diferencia** hay entre "colegio" y "escuela"? — Ninguna.	**Unterschied** *m* Was ist der Unterschied zwischen „colegio" und „escuela"? — Keiner.
distinto, a *adj syn:* diferente Mi situación es muy **distinta** a la tuya. Tenemos opiniones muy **distintas**.	**anders; unterschiedlich** Meine Situation ist ganz anders als deine. Wir haben sehr unterschiedliche Meinungen.
contrario, a *adj* Tú y yo siempre hemos tenido opiniones **contrarias**.	**gegensätzlich** Du und ich, wir haben immer gegensätzliche Meinungen gehabt.
opuesto, a *adj* Santi y yo tenemos caracteres **opuestos**.	**entgegengesetzt** Santi und ich sind entgegengesetzte Charaktere.
lo **contrario** Lo **contrario** de "bueno" es "malo". → *lo TIPP S. 337*	**Gegenteil** *n* Das Gegenteil von „gut" ist „böse".

por una parte ... por otra (parte) *adv*

Por una parte me gustan los niños, pero **por otra (parte)** dan mucho trabajo.

einerseits ... andererseits

Einerseits habe ich ja Kinder gern, aber andererseits machen sie viel Arbeit.

---

el **detalle**

Me han contado con todo **detalle** la discusión que tuviste con Concha.

Einzelheit *f*

Man hat mir die Unterredung, die du mit Concha hattest, in allen Einzelheiten erzählt.

---

particular *adj*

Este Rioja tiene un sabor muy **particular**.

Los lunes doy clases **particulares** de inglés.

eigen; Privat-

Dieser Rioja hat einen ganz eigenen Geschmack.

Montags habe ich Privatunterricht in Englisch.

---

principal *adj*

El tema **principal** de esta novela es la amistad.

Haupt-

Hauptthema dieses Romans ist die Freundschaft.

---

entero, a *adj*

Margarita me mostró su colección de sellos **entera**.

Me he aprendido de memoria la lista **entera** de verbos irregulares.

komplett, ganz

Margarita hat mir ihre komplette Briefmarkensammlung gezeigt.

Ich habe die ganze Liste mit den unregelmäßigen Verben auswendig gelernt.

---

constar de *v*

Un PC **consta de** monitor, teclado y disco duro.

bestehen aus

Ein Computer besteht aus Monitor, Tastatur und Festplatte.

---

el **elemento**

¿De qué **elementos** consta este aparato?

Teil *n*

Aus welchen Teilen besteht dieses Gerät?

---

el **extremo**

Coge esta cuerda por los **extremos**.

Ende *n*

Halte dieses Seil an den Enden.

---

el **límite**

Te advierto que mi paciencia tiene un **límite**.

Grenze *f*

Ich warne dich, meine Geduld hat Grenzen.

2.4.3 ORDNUNGSZAHLEN

«1–2000»

1er	**primer**	erste(r, -s)

1º, 1ª	**primero, a**	erste(r, -s)
2º, 2ª	**segundo, a**	zweite(r, -s)
3er	**tercer**	dritte(r, -s)

TIPP: vor männlichen Substantiven im Singular.

3º, 3ª	**tercero, a**	dritte(r, -s)
4º, 4ª	**cuarto, a**	vierte(r, -s)
5º, 5ª	**quinto, a**	fünfte(r, -s)
6º, 6ª	**sexto, a**	sechste(r, -s)
7º, 7ª	**séptimo, a**	siebte(r, -s)
8º, 8ª	**octavo, a**	achte(r, -s)
9º, 9ª	**noveno, a**	neunte(r, -s)
10º, 10ª	**décimo, a**	zehnte(r, -s)

«2001–4000»

11º, 11ª	**undécimo, a**	elfte(r, -s)
12º, 12ª	**duodécimo, a**	zwölfte(r, -s)
13º, 13ª	**decimotercero, a**	dreizehnte(r, -s)

TIPP: Bis neunzehnte(r, -s) wird so weitergezählt.

20º, 20ª	**vigésimo, a**	zwanzigste(r, -s)

primero	erstens
segundo	zweitens
tercero	drittens

TIPP: Man kann auch sagen **en primer/segundo/tercer lugar**.

2.5   Ursache und Wirkung

«1–2000»

por qué *adv*
¿**Por qué** no quieres hablar conmigo?
No entiendo **por qué** Juan no quiere hablar conmigo.

warum
Warum willst du nicht mit mir sprechen?
Ich verstehe nicht, warum Juan nicht mit mir sprechen möchte.

porque *conj*
No pude ir a trabajar **porque** estaba enferma.

weil
Ich konnte nicht arbeiten gehen, weil ich krank war.

como *conj*
Como estaba enferma, no pude ir a trabajar.

da
Da ich krank war, konnte ich nicht arbeiten gehen.

el motivo *syn:* razón
El Sr. Ramírez se va de la empresa por **motivos** personales.

Grund *m*
Herr Ramírez verlässt die Firma aus persönlichen Gründen.

la causa *syn:* motivo
La policía está investigando la **causa** del accidente.

Ursache *f*
Die Polizei untersucht die Ursache des Unfalls.

el resultado
Este método da muy buenos **resultados**.

Ergebnis *n*
Mit dieser Methode werden sehr gute Resultate erzielt.

«2001–4000»

a causa de *prep*
No pudimos continuar **a causa de** la nieve.

wegen
Wegen des Schnees kamen wir nicht weiter.

debido a *prep*
El avión salió con retraso **debido a** problemas técnicos.

aufgrund
Aufgrund technischer Probleme startete das Flugzeug mit Verspätung.

causar *v*
Un cigarrillo mal apagado fue lo que **causó** el incendio.

verursachen
Der Brand wurde durch eine noch glimmende Zigarette verursacht.

la **razón** *syn:* motivo ⚠ *pl* **las razones**	**Grund** *m*
No me voy de viaje por una **razón** muy sencilla: no tengo dinero.	Ich verreise nicht aus einem triftigen Grund, ich habe kein Geld.
ya que *conj syn:* puesto que	**da, weil**
No puedo darte una solución, **ya que** no conozco el problema.	Ich habe keine Lösung für dich, weil ich das Problem nicht kenne.
puesto que *conj syn:* ya que	**da, weil**
No sé lo que pasó, **puesto que** yo no estaba allí.	Ich weiß nicht, was passiert ist, da ich nicht da war.
por (lo) tanto *adv*	**deshalb, infolgedessen**
Tú eres el culpable, **por (lo) tanto** tendrás que pagar las consecuencias.	Du bist schuld, und deshalb wirst du die Konsequenzen tragen müssen.
la **consecuencia**	**Konsequenz** *f*
Te aseguro que tu actitud traerá **consecuencias** negativas.	Ich versichere dir, dass dein Handeln negative Konsequenzen haben wird.
el **efecto**	**Wirkung** *f*
El **efecto** del alcohol dura varias horas.	Die Wirkung von Alkohol hält mehrere Stunden an.

2.6   Art und Weise

«1–2000»

el **modo** *syn:* forma, manera	**Art (und Weise)** *f*
Ése no es **modo** de tratar a una persona mayor.	Das ist keine Art und Weise, mit älteren Menschen umzugehen.
la **forma** *syn:* modo, manera	**Art (und Weise)** *f*
Tu tío tiene una **forma** de hablar muy particular.	Dein Onkel hat eine sehr spezielle Art zu reden.
la **manera** *syn:* modo, forma	**Art (und Weise)** *f*
Ésta es la mejor **manera** de aprender vocabulario.	Das ist die beste Art und Weise, Wortschatz zu lernen.

*TIPP: In den meisten Ausdrücken kann **manera** synonym mit **modo** und **forma** verwendet werden.*

cómo *adv*
¿**Cómo** estás?
No sé **cómo** se llama ese chico.

¡**Cómo** llueve!

wie
Wie geht es dir?
Ich weiß nicht, wie der Junge heißt.
Wie das regnet!

---

como *adv*
Eres **como** tu padre: igual de gracioso.

wie
Du bist wie dein Vater, genauso witzig!

---

así *adv*
Mira, tienes que hacerlo **así**.

so
Sieh mal, das musst du so machen.

---

de esta manera *adv syn:* así
Pruébalo, **de esta manera** sabrás si falta sal.

auf diese Art (und Weise), so
Probier es. So merkst du, ob Salz fehlt.

---

o sea *syn:* es decir
El coche está roto, **o sea** que no podemos salir de viaje.

das heißt
Das Auto ist kaputt, das heißt, wir können nicht in Urlaub fahren.

---

es decir *syn:* o sea
Jacinta, **es decir** mi cuñada, cumple hoy 60 años.

das heißt
Jacinta, das heißt meine Schwägerin, wird heute 60 Jahre alt.

---

no ... nada *adv*
El arte abstracto **no** me gusta **nada**.

überhaupt nicht
Abstrakte Kunst mag ich überhaupt nicht.

---

algo *adv syn:* un poco
Creo que estoy **algo** resfriado.

ein bisschen
Ich glaube, ich bin ein bisschen erkältet.

---

poco *adv*
Dejé de leer la novela porque era **poco** interesante.

kaum, wenig
Ich habe den Roman nicht mehr weitergelesen, weil er nicht sehr interessant war.

---

más o menos *adv*

Ulrike y yo nos entendemos **más o menos** en alemán.
¿Te ha gustado Madrid?
— **Más o menos**.

mehr oder weniger, einigermaßen
Ulrike und ich verstehen uns einigermaßen auf Deutsch.
Hat dir Madrid gefallen?
— Mehr oder weniger.

casi *adv*
Mi bisabuelo tiene **casi** noventa años.

fast
Mein Urgroßvater ist fast 90.

---

bastante *adv*
Hoy hemos caminado **bastante** y ahora estoy cansada.
¿Pero no tienes **bastante**?

ziemlich; ziemlich viel; genug
Wir sind heute ziemlich viel gelaufen, und jetzt bin ich müde.
Hast du noch nicht genug?

TIPP: bastante mit Adjektiv heißt „ziemlich", mit Verb heißt es „ziemlich viel".

---

muy *adv*
Frank habla **muy** bien español.

sehr
Frank spricht sehr gut Spanisch.

TIPP: muy wird mit Adverbien und Adjektiven benützt.

---

mucho *adv*
Roberto fuma **mucho**.

viel, sehr
Roberto raucht viel.

TIPP: Das Adverb mucho ist unveränderlich und steht nach dem Verb. Nach einer Frage steht mucho auch allein, wenn das Adjektiv oder das Verb, worauf es sich bezieht, in der Antwort nicht wiederholt wird: ¿Te gusta? — Sí, mucho. Gefällt es dir? — Ja, sehr. ¿Estás muy nervioso? — No, no mucho. Bist du sehr nervös? — Nein, nicht sehr.

---

demasiado *adv*
Creo que hablo **demasiado**, pero no lo puedo evitar.

zu viel
Ich glaube, ich rede zu viel, aber ich kann es nicht ändern.

---

tanto *adv*
Tengo que dejar de comer **tanto**.

so viel
Ich muss aufhören, so viel zu essen.

---

tan *adv*
Me siento **tan** mal que no puedo levantarme de la cama.

so
Mir geht es so schlecht, dass ich nicht aufstehen kann.

---

todo *adv ant:* nada
¿Eso era **todo** lo que me querías decir?

alles
War das alles, was du mir sagen wolltest?

---

también *adv*
Me encanta el helado.
— A mí **también**.

auch
Ich mag Eis.
— Ich auch.

tampoco *adv*
Esta música no me gusta.
— A mí **tampoco**.

auch nicht
Ich mag diese Musik nicht.
— Ich auch nicht.

totalmente *adv syn:* completamente
¡Lo que dices es **totalmente** absurdo!

völlig
Was du sagst, ist völlig absurd.

---

sobre todo *adv*
Me encanta el cine mudo, **sobre todo** las películas de Charlie Chaplin.

vor allem
Ich mag Stummfilme sehr, vor allem die Charlie-Chaplin-Filme.

---

sin embargo *conj*
Salvador no tiene talento, **sin embargo** insiste en ser artista.

trotzdem
Salvador hat kein Talent, und trotzdem besteht er darauf, Künstler zu werden.

---

aunque *conj*

Aunque tengo tres hijos, tengo mucho tiempo para mí.
Voy a salir, **aunque** haga frío.

obwohl; selbst wenn, auch wenn
Obwohl ich drei Kinder habe, habe ich viel Zeit für mich.
Ich werde hinausgehen, selbst wenn es kalt ist

TIPP: *In einem Indikativsatz bedeutet* **aunque** *„obwohl" und in einem Konjunktivsatz bedeutet es „selbst/auch wenn".*

---

si no *conj*
Creo que podré verte a las cinco, y **si no** puedo, te llamo.

Come más despacio, **si no**, te dolerá la barriga.

wenn nicht; sonst
Ich glaube, ich kann dich um fünf treffen; wenn nicht, rufe ich dich an.
Iss langsamer, sonst bekommst du noch Bauchschmerzen.

«2001–4000»

directamente *adv*
Ahora vamos **directamente** al centro, luego pasaremos por tu casa.

direkt, unmittelbar
Jetzt gehen wir direkt in die Stadt, und dann gehen wir zu dir.

---

completamente *adv syn:* totalmente
He inventado algo **completamente** nuevo, ya verás.

völlig, vollständig
Ich habe etwas völlig Neues erfunden, du wirst schon sehen.

---

del todo *adv syn:* por completo, completamente
Si no estás **del todo** convencida, no lo hagas.

völlig
Wenn du nicht völlig überzeugt bist, mach es nicht.

por completo *adv* *syn:* del todo, completamente
Te han engañado **por completo**
y no te has dado cuenta.

total

Man hat dich total betrogen, und
du hast es nicht gemerkt.

incluso *adv*
Nuria miente a todo el mundo,
incluso a su mejor amiga.

einschließlich
Nuria belügt jeden, einschließlich ihrer besten Freundin.

generalmente, en general
adv
Generalmente no bebo alcohol,
pero hoy haré una excepción.

Los puertorriqueños son **en general** muy alegres.

im Allgemeinen

Im Allgemeinen trinke ich keinen
Alkohol, aber heute mache ich
eine Ausnahme.
Die Puertoricaner sind im Allgemeinen sehr fröhlich.

en principio *adv*
En principio estaba prohibido
fumar allí, pero no me dijeron
nada.

eigentlich
Es war eigentlich verboten, dort
zu rauchen, aber man hat mir
nichts gesagt.

únicamente *adv* *syn:* solamente
Este medicamento se puede
comprar **únicamente** con receta.

nur

Dieses Medikament bekommt
man nur auf Rezept.

en caso de *adv*
Los bomberos nos explicaron lo
que hay que hacer **en caso de**
incendio.

im Falle
Die Feuerwehrleute haben uns
erklärt, was im Falle eines Bran-
des zu tun ist.

la condición ⚠ *pl* **las condiciones**
Firma sólo si estás de acuerdo
con las **condiciones** del contrato.

Bedingung *f*

Unterschreibe nur, wenn du mit
den Vertragsbedingungen einverstanden bist.

de cualquier manera *adv*
Tienes que ir con más cuidado;
no puedes hacerlo **de cualquier
manera**.

irgendwie
Du musst vorsichtiger vorgehen.
Das kannst du nicht irgendwie
machen.

de ninguna manera *adv*
¡**De ninguna manera** te permito
que me hables así!

auf keinen Fall
Ich dulde nicht, dass du so mit
mir sprichst.

en absoluto *adv*
¿Te molesta si fumo?
— ¡**En absoluto**!

absolut nicht
Stört es dich, wenn ich rauche?
— Absolut nicht!

de otra manera *adv*
Para este trabajo tendrás que vestir **de otra manera**.

anders
Für diese Arbeit musst du dich anders anziehen.

el método
He descubierto el **método** para adelgazar rápido.

Methode *f*
Ich habe eine Methode entdeckt, um schnell abzunehmen.

de manera que *conj*
No quería ir sola al cine, **de manera que** llamé a mi prima.

also, so dass
Ich wollte nicht allein ins Kino gehen, also rief ich meine Kusine an.

como si *conj*
Hablas **como si** fueras mi padre.

als ob
Du redest, als ob du mein Vater wärst.

efectivamente *adv*
Cela es un escritor español, ¿no? — **Efectivamente**.

wirklich, tatsächlich
Cela ist ein spanischer Schriftsteller, nicht wahr? — In der Tat.

perfectamente *adv*
Sabes **perfectamente** que odio esta música.

genau
Du weißt genau, dass ich diese Musik nicht ausstehen kann.

al menos *conj syn:* por lo menos
Ayer trabajé **al menos** doce horas.
Has perdido a tu mujer, pero **al menos** tienes a tus hijos.

mindestens; wenigstens
Gestern habe ich mindestens zwölf Stunden gearbeitet.
Du hast deine Frau verloren, aber du hast wenigstens noch deine Kinder.

por lo menos *conj syn:* al menos
Por lo menos podrías disculparte, ¿no?

wenigstens
Du könntest dich wenigstens entschuldigen, oder?

en lugar de *prep syn:* en vez de
¡**En lugar de** hablar tanto, podrías trabajar un poco!

anstatt
Anstatt so viel zu reden, könntest du ein bisschen arbeiten.

en vez de *prep syn:* en lugar de
Podríamos tomar el bus **en vez de** ir a pie.

anstatt
Wir könnten den Bus nehmen statt zu Fuß zu gehen.

de repente *adv syn:* de pronto
Estábamos durmiendo, y **de repente** sonó el teléfono.

plötzlich
Wir schliefen schon, als das Telefon plötzlich klingelte.

---

de pronto *adv*
De pronto empezó a llover y tuvimos que volver a casa.

auf einmal, plötzlich
Auf einmal fing es an zu regnen, und wir mussten nach Hause gehen.

---

a pesar de *conj*
A pesar del mal tiempo, pudimos llegar hasta el albergue.

trotz
Trotz des schlechten Wetters haben wir es bis zur Herberge geschafft.

---

de todos modos *conj*
No tengo ganas de ir al cine, pero **de todos modos** te acompañaré.

auf jeden Fall
Ich habe keine Lust, ins Kino zu gehen, aber ich werde dich auf jeden Fall begleiten.

---

a partir de *prep*
Tengo vacaciones **a partir del** 1 de julio.

ab
Ich habe ab dem 1. Juli Ferien.

---

a propósito *adv*
Pepe dice que lo hizo sin querer, pero yo sé que fue **a propósito**.

absichtlich
Pepe sagt, er habe es aus Versehen getan, aber ich weiß, dass es absichtlich war.

---

sin que *conj*
Alfonso cogió el dinero **sin que** nadie le viera.

ohne dass
Alfonso hat das Geld genommen, ohne dass es jemand gesehen hat.

*TIPP: Nach **sin que** steht der Konjunktiv.*

---

apenas *adv*
¿Estás enfermo? **Apenas** has comido.

kaum
Bist du krank? Du hast kaum etwas gegessen.

---

en parte *adv*
Tienes razón, pero sólo **en parte**.

zum Teil
Du hast Recht, aber nur zum Teil.

---

aproximadamente *adv*
En el cine había 200 personas **aproximadamente**.

etwa
Es befanden sich etwa 200 Personen im Kino.

más bien *adv*
Dices que Guillermo es tranquilo, pero yo diría que es **más
bien** vago.

eher
Du sagst, dass Guillermo ruhig
ist, aber ich würde sagen, er ist
eher faul.

---

poco a poco *adv*
Nos iremos conociendo **poco a
poco**, ya verás.

nach und nach
Wir werden uns nach und nach
kennen lernen, du wirst schon
sehen.

2.7   Farben

«1–2000»

el color
Mi **color** preferido es el rojo.

Farbe *f*
Meine Lieblingsfarbe ist Rot.

---

blanco, a *adj ant:* negro
En la boda, la novia llevaba un
vestido **blanco**.

weiß
Bei der Hochzeit trug die Braut
ein weißes Kleid.

---

negro, a *adj ant:* blanco
Camilo es la oveja **negra** de la
familia.

schwarz
Camilo ist das schwarze Schaf
der Familie.

---

rojo, a *adj*
La sangre es de color **rojo**.

rot
Blut ist rot.

---

azul *adj*
Sus ojos son **azules** como el
mar.

blau
Seine Augen sind blau wie das
Meer.

---

verde *adj*
El **verde** es el color de la esperanza.
Estos plátanos aún están **verdes**.

grün
Grün ist die Farbe der Hoffnung.

Diese Bananen sind noch ganz
grün.

---

amarillo, a *adj*
En las páginas **amarillas** en-
contrarás lo que buscas.

gelb
In den gelben Seiten wirst du finden, was du suchst.

marrón *adj* ⚠ *pl* **marrones**
En mi familia todos tenemos los ojos **marrones**. → *moreno S. 20*

braun
In meiner Familie haben wir alle braune Augen.

gris *adj*
Estos pantalones **grises** son muy elegantes.

grau
Diese graue Hose ist sehr elegant.

rosa *adj*
¿Crees que a tu hermana le gustarán estos pantalones **rosa**?

rosa
Glaubst du, deine Schwester wird diese rosa Hose mögen?

TIPP: *Farbadjektive, die von einem Substantiv abgeleitet sind wie **rosa, violeta, naranja** etc, bleiben im Singular und Plural unverändert.*

violeta *adj*
El color **violeta** no me gusta.

violett
Violett mag ich nicht.

«2001–4000»

claro, a *adj ant:* oscuro
Las cortinas de color **claro** se ensucian en seguida.

hell
Helle Vorhänge werden schnell schmutzig.

oscuro, a *adj ant:* claro
Nuestro jefe es el del traje gris **oscuro**.

dunkel
Unser Chef ist der mit dem dunkelgrauen Anzug.

2.8   Formen

«1–2000»

la forma
Estas botellas de cola tienen una **forma** muy particular.

Form *f*
Diese Colaflaschen haben eine sehr spezielle Form.

la línea
El policía me pidió que caminara sobre la **línea** blanca de la calzada.

Linie *f*
Der Polizist hat mich aufgefordert, auf der weißen Mittellinie der Fahrbahn zu gehen.

el círculo
Estábamos sentados en **círculo** alrededor del fuego.

Kreis *m*
Wir saßen im Kreis um das Feuer herum.

---

redondo, a *adj*
La Tierra es **redonda**.

rund
Die Erde ist rund.

---

cuadrado, a *adj*
La mesa redonda me gusta más que la **cuadrada**.

viereckig, quadratisch
Der runde Tisch gefällt mir besser als der viereckige.

«2001–4000»

formar *v*
Formad grupos de tres personas.

bilden
Bildet Gruppen zu jeweils drei.

---

la cruz ⚠ *pl* **las cruces**
Hay que marcar con una **cruz** la respuesta correcta.

Kreuz *n*
Man muss die richtige Antwort ankreuzen.

---

el arco
Después de la tormenta salió el **arco** iris.

Bogen *m*
Nach dem Gewitter erschien ein Regenbogen.

---

la flecha
Tenemos que seguir la dirección de la **flecha**.

Pfeil *m*
Wir müssen in Richtung des Pfeils weitergehen.

---

la punta
Lo que vemos sólo es la **punta** del iceberg.

Spitze *f*
Was wir sehen, ist nur die Spitze des Eisbergs.

---

la bola
Me sirvieron tres **bolas** de helado.

Kugel *f*
Man brachte mir drei Kugeln Eis.

---

el triángulo
En el **triángulo** de las Bermudas han desaparecido barcos y aviones.

Dreieck *n*
Im Bermudadreieck sind Schiffe und Flugzeuge verschwunden.

---

el cubo
Un **cubo** tiene los seis lados iguales.

Würfel *m*
Ein Würfel hat sechs gleiche Flächen.

la **esquina** He puesto el televisor en una **esquina** del dormitorio. El supermercado está a la vuelta de la **esquina**.	**Ecke** *f* Ich habe den Fernseher in eine Ecke des Schlafzimmers gestellt. Der Supermarkt ist gleich um die Ecke.
el **ángulo** Estas líneas forman un **ángulo** de 80 grados.	**Winkel** *m* Diese Linien bilden einen 80-Grad-Winkel.

3 VERSCHIEDENES

3.1 Strukturwörter

3.1.1 ARTIKEL

un, una *art* ⚠ *pl* **unos, unas** ¿Hay (⚠ *nicht:* **está**) **un** hotel por aquí cerca? Mercedes es **una** chica simpática. En el bar hay **unas** chicas charlando. En México hay **unos** ochenta millones de habitantes.	**ein, eine; ein paar** *(im Plural wird es oft nicht übersetzt)* Gibt es hier in der Nähe ein Hotel? Mercedes ist ein sympathisches Mädchen. In der Kneipe sind ein paar junge Frauen, die sich unterhalten. Mexiko hat um die achtzig Millionen Einwohner.

> **TIPP:** *Der unbestimmte Artikel mit Wendungen wie* **hay** *wird benützt, um Unbekanntes zu benennen.* **un** *steht vor maskulinen Substantiven im Singular,* **una** *vor weiblichen.*

uno, una *art* ⚠ *pl* **unos, unas** ¿Dónde hay un hotel? — Aquí al lado hay **uno**. No conozco a ninguna china. — Pues yo sí conozco a **una**. ¿Dónde están mis libros? — Aquí hay **unos**, ¿son los tuyos?	**einer, eine, eines; welche** Wo ist ein Hotel? — Hier nebenan ist eines. Ich kenne keine Chinesin. — Also ich schon, ich kenne eine. Wo sind meine Bücher? — Hier sind welche, sind das deine?

---

el, la *art* ⚠ *pl* **los, las**
En esta calle está (⚠ *nicht:* **hay**) **la** casa donde nací.

Noemí es (⚠ *nicht:* **está**) **la** novia de Paco.

der, die, das
In dieser Straße befindet sich das Haus, in dem ich geboren wurde.

Noemí ist die Verlobte von Paco.

---

lo *art*
Lo mejor de esta película es la fotografía.

das, es
Das Beste an diesem Film ist die Art der Aufnahmen.

3.1.2   PRONOMEN

3.1.2.1   PERSONALPRONOMEN

yo *pron*
Tú sabes español, pero **yo** no.

ich
Du kannst Spanisch, aber ich nicht.

me *pron*

Nadie **me** quiere.
(A mi) **me** gusta la comida china.
Me llamo Francisco.

mir; mich *(Dativ, Akkusativ und reflexiv)*
Keiner liebt mich.
Ich mag chinesisches Essen.
Ich heiße Francisco.

---

tú *pron*
Tú eres Jacinto, ¿verdad?
— No, soy Daniel.

du
Du bist Jacinto, stimmts?
— Nein, ich bin Daniel.

TIPP: *In einigen Ländern Lateinamerikas (hauptsächlich in Argentinien und Uruguay) wird bei familiärer Anrede **vos** statt **tú** benützt.*

---

te *pron*

¿Por qué siempre piensas que nadie **te** comprende?
¿(A ti) **te** gusta la comida china?
Tú **te** llamas José, ¿verdad?

dir; dich *(Dativ, Akkusativ und reflexiv)*
Warum denkst du immer, dass keiner dich versteht?
Magst du chinesisches Essen?
Du heißt José, stimmts?

él, ella *pron*
Él nunca ha sabido mentir.
Mónica habla de un autor que **ella** conoce.

er, sie
Er hat noch nie lügen können.
Mónica redet von einem Autor, den sie kennt.

---

le *pron* ⚠ *pl* **les**
A Emilia **le** robaron todo el dinero.

¿**Les** gusta a Uds. la música clásica?
Dale el libro a Raúl.
Este diccionario es de Carmen, **devuélveselo**.

ihm; ihr; Ihnen *(Dativ)*
Emilia wurde das ganze Geld gestohlen.
Mögen Sie klassische Musik?

Gib Raúl das Buch.
Dieses Wörterbuch gehört Carmen, gib es ihr zurück.

TIPP: *Stehen zwei Pronomen (Dativ und Akkusativ) zusammen, wird der Dativ **le** zu **se**, da es die Kombination „le lo" und „le la" nicht gibt: **(el libro) se lo doy a él; (la casete) se la doy a él**.*

---

lo, la *pron* ⚠ *pl* **los, las**
¿Has visto a Pedro?
— No, no **lo/le** he visto.

¿Tiene jamón?
— Sí, ¿cómo **lo** quiere?

ihn; sie; es; Sie *(Akkusativ)*
Hast du Pedro gesehen?
— Nein, ich habe ihn nicht gesehen.

Haben Sie Schinken?
— Ja, wie möchten Sie ihn?

TIPP: *In Spanien benützt man für die männliche Form der 3. Person Singular im Akkusativ **le** oder **lo**.*

ello *pron*
Luis está enfermo, pero **ello** no
le impide viajar.

es *(Nominativ)*
Luis ist krank, aber das hindert
ihn nicht daran zu reisen.

---

le *pron*
Sé lo que ha pasado, pero no **le**
doy mucha importancia.

ihm, dem *(Dativ)*
Ich weiß, was passiert ist, aber
ich messe dem nicht viel Bedeutung bei.

---

lo *pron*
¿Dónde están mis llaves?
— No **lo** sé.

es *(Akkusativ)*
Wo sind meine Schlüssel?
— Ich weiß es nicht.

---

usted *pron* ⚠ *pl* **ustedes**
Señor González, ¿podría **usted**
llamar un poco más tarde?
¿Son **ustedes** españolas?

Sie *(Nominativ Höflichkeitsform)*
Herr González, könnten Sie et-
was später anrufen?
Sind Sie Spanierinnen?

> **TIPP:** *Bei* **usted, ustedes** *steht das Verb in der 3. Person Singular bzw. Plural. Schriftliche Abkürzungen für* **usted/ustedes** *sind* **Ud./ Uds.** *und* **Vd./Vds.** *In Lateinamerika wird auch für Personen, die man duzt, meistens* **ustedes** *anstatt* **vosotros, vosotras** *verwendet. Akkusativ- und Dativformen entsprechen denen der 3. Person Singular bzw. Plural.*

---

se *pron*

Los niños **se** están aburriendo
(⚠ *auch:* **están aburriéndose.**).
A Emilia **se** lo robaron todo.

sich; ihm, ihr; ihnen; Ihnen *(reflexiv und Dativ)*
Die Kinder langweilen sich.

Alles hat man ihr, Emilia, gestohlen.

> **TIPP:** *le, les* *wird hier durch* **se** *ersetzt, denn es treffen zwei Personal-
pronomen (im Dativ und Akkusativ) zusammen (vgl.* **le***).*

---

nosotros, nosotras *pron*
Nosotras no cocinamos en casa;
eso lo hacen nuestros maridos.

wir
Wir kochen daheim nicht; das
machen unsere Männer.

---

nos *pron*
¡Nadie **nos** ha visto robar esas
gallinas!
A nosotros **nos** (⚠ *nicht:* **A nos**)
gusta la comida china.
Mamá, ya **nos** hemos lavado las
manos.

uns *(Dativ, Akkusativ und reflexiv)*
Niemand hat uns diese Hühner
stehlen sehen.
Wir mögen chinesisches Essen.

Mama, wir haben uns schon die
Hände gewaschen.

vosotros, vosotras *pron*
Yo ya me voy. ¿**Vosotros** os quedáis un rato más?

ihr
Ich gehe schon mal. Bleibt ihr noch ein bisschen?

---

os *pron*

¿Dónde estábais? **Os** he buscado por todas partes.
¿(A vosotros) **os** (⚠ *nicht:* **A os**) gusta la comida china?
Y vosotras, ¿cómo **os** conocisteis?

euch *(Dativ, Akkusativ und reflexiv)*
Wo wart ihr? Ich habe euch überall gesucht.
Mögt ihr chinesisches Essen?

Und ihr, wie habt ihr euch kennen gelernt?

---

ellos, ellas *pron*
Vamos a darles el premio a Juana y María, pero **ellas** aún no lo saben.

sie *(Nominativ)*
Wir werden den Preis Juana und María verleihen, sie wissen es aber noch nicht.

---

les *pron*
Los niños están en el jardín, **les** llevaré unas bebidas.

ihnen *(Dativ);* **Ihnen** *(Plural)*
Die Kinder sind im Garten, ich bringe ihnen etwas zum Trinken.

---

los, les, las *pron*
¿Conoces a estos hombres?
— No, no **les/los** conozco.

sie *(Akkusativ)*
Kennst du diese Männer?
— Nein, ich kenne sie nicht.

TIPP: *Bei männlichen Menschen kann man entweder **les** oder **los** sagen, bei Dingen nur **los**.*

---

mí *pron*
¿Por qué siempre hablamos sobre **mí** y no sobre ti?
A **mí** me gusta el teatro.

mir; mich
Warum reden wir immer über mich und nicht über dich?
Also ich mag Theater.

TIPP: *Im Spanischen kann ein Satz zwei Pronomen **a mí me/a ti te/a ellos les** etc für ein Dativobjekt enthalten, um Missverständnisse zu vermeiden oder Personen hervorzuheben.*

---

conmigo *pron*
¿Vienes **conmigo** (⚠ *nicht:* **con me/mí**) a la fiesta?

mit mir
Kommst du mit mir auf das Fest?

---

ti *pron*
Este regalo es para **ti**.

dir; dich
Dieses Geschenk ist für dich.

TIPP: *Die betonten Pronomen stehen normalerweise nicht ohne die unbetonten, oder sie stehen in Verbindung mit einer Präposition. Eine Ausnahme sind die Präpositionen **entre, menos, excepto, según, salvo**. Nach ihnen steht das Pronomen im Nominativ.*

contigo _pron_
Me gusta estar **contigo**.

mit dir
Ich bin gern mit dir zusammen.

él, ella _pron_
Estoy enfadada con **él**.
A **él** no lo había visto, pero a ti sí.

ihm, ihr; ihn, sie
Ich bin böse auf ihn.
Ihn habe ich nicht gesehen, dich schon.

TIPP: _Der Dativ der betonten Pronomen sowie der Akkusativ für Personen wird mit **a** gebildet._

---

sí _pron_

Juan nunca piensa en **sí** mismo.

sich _(reflexiv, Dativ und Akkusativ)_
Juan denkt nie an sich selbst.

---

consigo _pron_
María lleva siempre **consigo** un paraguas.

mit sich
María hat immer einen Regenschirm dabei.

---

usted _pron_ ⚠ _pl_ **ustedes**
Lo siento, pero no hemos reservado entradas para **ustedes**.

Ihnen; Sie _(Dativ und Akkusativ)_
Tut mir Leid, aber wir haben für Sie keine Eintrittskarten reserviert.

---

nosotros, nosotras _pron_
¿Vienes con **nosotros** al cine?

uns _(Dativ und Akkusativ)_
Kommst du mit uns ins Kino?

---

vosotros, vosotras _pron_
Quiero que sepáis que lo hice por **vosotros**.

euch _(Dativ und Akkusativ)_
Ich möchte, dass ihr wisst, dass ich es euretwegen getan habe.

---

ellos, ellas _pron_
Con **ellos** no se puede hablar en serio.

ihnen; sie _(Dativ und Akkusativ)_
Mit denen kann man nicht ernsthaft reden.

3.1.2.2 POSSESSIVPRONOMEN

mi _pron_ ⚠ _pl_ **mis**
Mi amiga vive en el campo.

mein, meine
Meine Freundin lebt auf dem Land.

---

tu _pron_ ⚠ _pl_ **tus**
¿Cuál de estos chicos es **tu** hermano?

dein, deine
Welcher von diesen Jungen ist dein Bruder?

su *pron* ⚠ *pl* **sus**
Marcos siempre me habla de **su** madre.
Ahí está Paloma con **sus** amigas.
¿Dónde están Paco y Ana? **Su** coche está aquí.
Señor director, **sus** empleados harán una huelga.

sein, seine; ihr, ihre; Ihr, Ihre
Markus erzählt mir immer von seiner Mutter.
Da ist Paloma mit ihren Freundinnen.
Wo sind Paco und Ana? Ihr Auto steht hier.
Herr Direktor, Ihre Angestellten werden streiken.

> **TIPP: su coche** *kann heißen: „sein Auto", „ihr Auto", „Ihr Auto", „ihr (gemeinsames) Auto".*

---

nuestro, nuestra *pron* ⚠ *pl* **nuestros, nuestras**
Nuestro hijo está aprendiendo a caminar.

unser, unsere
Unser Sohn lernt gerade laufen.

---

vuestro, vuestra *pron* ⚠ *pl* **vuestros, vuestras**
Nuestro hijo ya trabaja. ¿Y el **vuestro**?

euer, eure
Unser Sohn arbeitet schon, und eurer?

---

mío, mía *pron* ⚠ *pl* **míos, mías**
Esta chica es una amiga **mía**.

Todas esas casas son **mías**.

meiner, meine, meines
Dieses Mädchen ist eine Freundin von mir.
Das sind alles meine Häuser.

> **TIPP:** *Die betonten Possessivpronomen stehen allein oder nach dem Substantiv.*

---

tuyo, tuya *pron* ⚠ *pl* **tuyos, tuyas**
Lo mío es mío, lo **tuyo** es de los dos.
Mis hijas hacen mucho deporte. ¿Y las **tuyas**?

deiner, deine, deines
Was mein ist, ist mein, und was dein ist, gehört uns beiden.
Meine Töchter machen viel Sport, und deine?

> **TIPP:** *Die betonten Possessivpronomen werden in Verbindung mit dem Artikel substantivisch gebraucht,* **el tuyo** *der/die/das deine.*

suyo, suya *pron* ⚠ *pl* **suyos, suyas**

seiner, seine, seines; ihrer, ihre, ihres; Ihrer, Ihre, Ihres

Rafael vendrá con un amigo **suyo** a la fiesta.

Rafael wird mit einem seiner Freunde zur Party kommen.

Dani y Merche vendrán con una amiga **suya**.

Dani und Merche werden mit einer ihrer Freundinnen kommen.

Mi perro no muerde. ¿Y el **suyo**, Sr. Gómez?

Mein Hund beißt nicht. Und Ihrer, Herr Gómez?

---

nuestro, nuestra *pron*

unserer, unsere, unseres

---

vuestro, vuestra *pron*

eurer, eure, eures

3.1.2.3 DEMONSTRATIVPRONOMEN

este, esta *pron* ⚠ *pl* **estos, estas**

dieser, diese, dieses

Este libro no es de Laura.

Dieses Buch gehört nicht Laura.

Esta situación no me gusta nada.

Diese Situation gefällt mir überhaupt nicht.

TIPP: *Es ist möglich, aber nicht zwingend, Demonstrativpronomen wie* **este, aquel** *etc, denen kein Substantiv folgt, zur Verdeutlichung mit Akzent zu schreiben:* **¿Cuál de los dos libros prefieres? — Me gusta más éste.** *Welches der beiden Bücher magst du lieber? — Mir gefällt das Buch hier am besten.* **este/a/os/as** *beziehen sich auf alles, was sich in der unmittelbaren Nähe des Sprechenden befindet. Das entsprechende Adverb ist* **aquí.**

---

esto *pron*

das, dieses

¿Qué es **esto**?

Was ist das?

Fumas demasiado y **esto** no me gusta.

Du rauchst zu viel, und das gefällt mir nicht.

TIPP: **esto, eso, aquello** *stehen immer allein.*

---

ese, esa *pron* ⚠ *pl* **esos, esas**

diese(r, -s) da

Esos zapatos son más baratos que estos.

Die Schuhe da sind billiger als diese.

TIPP: **ese/a/os/as** *beziehen sich auf alles, was zwar in der Nähe des Sprechenden, aber nicht greifbar ist. Das entsprechende Adverb ist* **ahí.**

eso *pron*
¿Puedes darme **eso** que está a tu derecha, por favor?
Eres igual que tu padre.
— **Eso** dicen todos.

das da, dieses da
Kannst du mir bitte das da rechts von dir geben?
Du bist wie dein Vater.
— Das sagen alle.

---

aquel, aquella *pron* ⚠ *pl* **aquellos, aquellas**
¿Ves **aquel** coche? Pues es el mío.
No pude soportar más **aquella** situación y me fui. → *este* S. 343

jener, jene, jenes; der/die/das (dort)
Siehst du das Auto dort? Also, das ist meins.
Ich konnte die Situation nicht länger ertragen und ging.

TIPP: aquel/lla/llos/llas beziehen sich auf alles, was weder in der Nähe des Sprechenden noch des Angesprochenen liegt. Die entsprechenden Adverbien sind **allí, allá.**

---

aquello *pron*
¿Qué es **aquello** que se mueve detrás de los arbustos?

jenes, das (dort)
Was ist das, was sich dort hinter den Büschen bewegt?

3.1.2.4 RELATIVPRONOMEN

---

el que, la que *pron* ⚠ *pl* **los que, las que**
Esa chica es **la que** ayer vimos en el parque.

der, die, das
Das ist das Mädchen, das wir gestern im Park gesehen haben.

---

lo que *pron*
No escuchas **lo que** (⚠ *nicht:* **lo cual**) te digo.

das, was
Du hörst nicht zu, was ich dir sage.

---

que *pron*
Los soldados **que** volvieron a casa estaban heridos.

der, die, das
Die Soldaten, die nach Hause kamen, waren verwundet.

---

quien *pron* ⚠ *pl* **quienes**
Fuiste tú **quien** dijo eso, y no yo.

der, die, das
Das warst du, der das gesagt hat, und nicht ich!

---

cuyo, cuya *pron* ⚠ *pl* **cuyos, cuyas**
Este es el empleado **cuya** familia vive en otra ciudad.

dessen, deren
Das hier ist der Angestellte, dessen Familie in einer anderen Stadt lebt.

el cual, la cual *pron* ⚠ *pl* **los cuales, las cuales**

Este es el vecino con **el cual** (⚠ *auch:* **el que**) tuve una discusión.

welcher, welche, welches

Das ist der Nachbar, mit welchem ich eine Auseinandersetzung hatte.

> **TIPP:** *Dieses Pronomen ist in der gesprochenen Sprache nicht sehr gebräuchlich. Man benützt eher* **el que**.

lo cual *pron*

Tú ya no trabajas, **lo cual** (⚠ *auch:* **lo que**) significa que tenemos que gastar menos dinero.

was

Du arbeitest nicht mehr, was bedeutet, dass wir nicht so viel Geld ausgeben dürfen.

3.1.2.5 INTERROGATIVPRONOMEN

qué *pron*

¿**Qué** quieres comprar?
No sé **qué** voy a hacer.

was

Was möchtest du kaufen?
Ich weiß nicht, was ich machen soll.

> **TIPP:** *Bei indirekten Fragen steht* **qué** *auch mit Akzent.* **qué** *bezieht sich in der Regel auf Sachen, selten auf Personen:* ¿**Qué persona haría una cosa así?** *Wer würde so etwas machen? und ist unveränderlich.*

quién *pron* ⚠ *pl* **quiénes**

¿**Quién** llama a la puerta?
No sé **quiénes** son estos chicos.

wer

Wer klopft an die Tür?
Ich weiß nicht, wer diese Jungen sind.

> **TIPP:** *Quien/es, quién/es beziehen sich ausschließlich auf Personen.*

cuál *pron* ⚠ *pl* **cuáles**

¿**Cuál** es la ciudad más grande del mundo?
Tenemos dos tipos de tomates, ¿**cuáles** quiere?

welcher, welche, welches

Welche Stadt ist die größte der Welt?
Wir haben zwei Sorten Tomaten. Welche wollen Sie?

> **TIPP:** *cuál, cuáles bezeichnen eine Auswahl unter mehreren Personen oder Sachen und wird meist, in Unterschied zu qué, allein ohne Substantiv gebildet.*

3.1.2.6 *UNBESTIMMTE PRONOMEN*

mismo, a *adj*	**selbst**
Esto podemos hacerlo nosotros **mismos**.	Das hier können wir selbst machen.
Sólo uno **mismo** puede saber lo que más le gusta.	Nur man selbst kann wissen, was man am meisten mag.
alguien *pron ant:* nadie	**jemand**
¿Hay **alguien** en casa?	Ist jemand zu Hause?
algún, alguna *pron* ⚠ *pl* **algunos, algunas**	**irgendeine(r, -s)**
Seguro que tienes **algún** amigo que te pueda ayudar.	Gewiss hast du irgendeinen Freund, der dir helfen kann.
Algunas veces creo que soy demasiado celoso.	Manchmal glaube ich, dass ich zu eifersüchtig bin.
alguno, alguna *pron ant:* ninguno, ninguna	**einer, eine, eines**
¿Ha estudiado **alguno** de ustedes algún idioma?	Hat einer von Ihnen eine Fremdsprache gelernt?
ningún, ninguna *pron ant:* algún, alguna ⚠ *pl* **ningunos, ningunas**	**kein(e)**
En casa no tengo **ningún** libro.	Zu Hause habe ich kein einziges Buch.
No tengo **ningunas** ganas de ir al cine.	Ich habe überhaupt keine Lust, ins Kino zu gehen.
ninguno, ninguna *pron*	**keiner, keine, keines**
Ninguno de vosotros podría reparar un motor.	Von euch könnte keiner einen Motor reparieren.
nadie *pron ant:* alguien	**niemand**
Creo que ahora no hay **nadie** en mi casa.	Ich glaube, dass jetzt niemand bei mir zu Hause ist.
cualquiera *pron*	**jeder, jede, jedes; irgendjemand; irgendein(e)**
Cualquiera podría hacerlo. Es muy fácil.	Das ist leicht, das könnte jeder machen.
Déme un libro **cualquiera** (⚠ *auch:* Déme **cualquier** libro). → *cualquier S. 346*	Geben Sie mir irgendein Buch.
cualquier *pron*	**jeder, jede, jedes**
Cualquier madre lo haría por sus hijos.	Das würde jede Mutter für ihre Kinder tun.

TIPP: *cualquiera* wird vor Substantiven im Singular zu *cualquier*.

cada uno, cada una *pron*
Cada una (de nosotras) pagará su parte.
Cada uno es responsable de sus errores.

jede(r, -s) einzelne
Jede von uns wird ihren Teil bezahlen.
Jeder ist für seine Fehler verantwortlich.

---

cada *pron*
He traído dos caramelos para cada niño.

jede(r, -s)
Ich habe zwei Bonbons für jedes Kind mitgebracht.

---

uno, una *pron*
¿Cómo puede uno ser tan cobarde?
¿Te gusta que te digan que eres muy inteligente?
— Bueno, a uno siempre le gusta que le digan eso.

man
Wie kann man nur so feige sein?

Magst du es, wenn man von dir sagt, du seist intelligent?
— Na ja, das mag man immer gern, wenn einem so etwas gesagt wird.

---

se *pron*
¿Cómo se dice "Eis" en español?

¿Cómo se puede ser tan cobarde?

man
Wie sagt man „Eis" auf Spanisch?
Wie kann man nur so feige sein.

3.1.3 WEITERE PRÄPOSITIONEN, KONJUNKTIONEN UND ADVERBIEN

a *prep*
¿Qué comida le gusta a Mariano?
¿Puedes llamar al médico, por favor?
Iremos a pie.
El jersey habrá que lavarlo a mano.

nach; zu; mit
Was isst Mariano gern?
Kannst du bitte den Arzt anrufen?

Wir werden zu Fuß gehen.
Den Pulli muss man mit der Hand waschen.

TIPP: a+el wird zu al. Das direkte Objekt wird, wenn es sich um Personen handelt, mit a angeschlossen. In diesem Kapitel werden nur Bedeutungen von Präpositionen behandelt, die in anderen Kapiteln noch nicht behandelt wurden.

de *prep*	**von; aus**
Soy **de** Bolivia.	Ich bin aus Bolivien.
Quiero medio kilo **de** manzanas, por favor.	Ich hätte gern ein halbes Kilo Äpfel.
Yo no uso bolsas **de** plástico.	Ich benütze keine Plastiktaschen.
¿Puedo usar el coche **de** Ángela?	Kann ich Ángelas Auto nehmen?
Me pone un bocadillo **de** jamón y queso.	Geben Sie mir bitte ein belegtes Brötchen mit Käse und Schinken.
Alfredo es el **de** la barba, ¿lo ves?	Alfredo ist der mit dem Bart. Siehst du ihn?
Lloro **de** alegría.	Ich weine vor Freude.
De niña no me gustaba el chocolate, pero ahora me encanta.	Als Kind mochte ich keine Schokolade, aber jetzt schmeckt sie mir.
He ganado la lotería. — ¿**De** verdad?	Ich habe in der Lotterie gewonnen. — Wirklich?

TIPP: *de + el wird zu* **del.**

---

con *prep*	**mit**
Pepa vendrá **con** sus hijas.	Pepa wird mit ihren Töchtern kommen.
Hoy hemos desayunado churros **con** chocolate.	Wir haben heute Churros mit Schokolade zum Frühstück gehabt.
Con tan pocos invitados no creo que vaya a ser una fiesta muy divertida.	Ich glaube nicht, dass das Fest lustig wird mit so wenig Gästen.

---

en *prep*	**mit; in**
Vamos a la playa **en** coche.	Wir fahren mit dem Auto zum Strand.
Nos conocimos **en** verano.	Wir haben uns im Sommer kennen gelernt.
Normalmente hablo con mi marido **en** alemán.	Ich spreche normalerweise Deutsch mit meinem Mann.

para *prep*

He reservado un pasaje **para** el 16 de abril.

¿Todos estos regalos son **para** mí? ¡Vaya sorpresa!

Esto lo dejamos **para** mañana; ahora no tengo tiempo.

Voy a viajar a Chile **para** practicar español.

Viajamos a Chile **para** que mis hijos practiquen español.

für; bis; um zu

Ich habe eine Fahrkarte für den 16. April reserviert.

Sind diese Geschenke alle für mich? So eine Überraschung!

Damit warten wir bis morgen; heute habe ich keine Zeit.

Ich habe vor, eine Reise nach Chile zu machen, um Spanisch zu sprechen.

Wir reisen nach Chile, damit meine Kinder Spanisch sprechen.

*TIPP: Bei zwei Subjekten steht im Nebensatz nach **para** der Konjunktiv. Bei einem Subjekt steht ein Infinitivsatz.*

por *prep*

Lo hago **por** (⚠ *nicht:* **para**) mis hijos, no **por** mí.

Tú harías cualquier cosa **por** dinero.

Me he comprado este libro **por** mil pesetas.

Te han llamado **por** teléfono, pero no sé quién era.

Perdone, ¿hay una cabina de teléfonos **por** aquí?

Será mejor que vayamos **por** el túnel.

La Alhambra de Granada fue construida **por** los árabes.

Nos quedaremos en la ciudad **por** unos días.

für; wegen; durch; von

Ich tue das für meine Kinder, nicht meinetwegen.

Du würdest für Geld doch alles machen.

Dieses Buch habe ich mir für 1000 Peseten gekauft.

Du wurdest am Telefon verlangt, aber ich weiß nicht, wer es war.

Entschuldigung, ist hier irgendwo eine Telefonzelle?

Es wird besser sein, wenn wir durch den Tunnel fahren.

Die Alhambra in Granada wurde von den Arabern erbaut.

Wir bleiben für einige Tage in der Stadt.

*TIPP: **por una persona** betont die Ursache, weswegen man etwas macht, **para una persona** beschreibt, für wen etwas bestimmt ist. Bei Zeitangaben steht **por** für einen ungefähren (langen) Zeitraum, während **para** für einen genauen Zeitpunkt benützt wird.*

sin *prep*

Yo tomo el café **sin** azúcar.

ohne

Ich trinke den Kaffee ohne Zucker.

que *conj*

Ya sé **que** te vas de vacaciones.

dass

Ich weiß schon, dass du in Urlaub gehst.

si *conj*

No sabemos **si** Maite vendrá.

Si César viene mañana, le daré sus libros.

ob; wenn

Wir wissen nicht, ob Maite kommt.

Wenn César morgen kommt, gebe ich ihm seine Bücher.

---

sobre *prep*

Juana y Ramón siempre hablan **sobre** política.

über

Juana und Ramón reden immer über Politik.

---

según *prep*

Según mi madre, este cuadro es demasiado moderno.

Según las leyes de este país, no se puede vender droga.

(der Ansicht) nach, gemäß

Der Ansicht meiner Mutter nach ist das Bild zu modern.

Gemäß der Gesetze dieses Landes, darf man keine Drogen verkaufen.

---

según *adv*

Salgo a hacer footing **según** el tiempo. Si llueve me quedo en casa.

¿Te gusta la carne?
— **Según** (como).

je nachdem

Je nach dem, wie das Wetter ist, gehe ich zum Joggen. Wenn es regnet, bleibe ich zu Hause.

Magst du Fleisch?
— Das kommt drauf an.

---

pues *conj*

¿Quién te ha llamado?
— **Pues** ... un amigo que no conoces.

Tengo hambre.
— **Pues** si quieres comemos algo en este restaurante.

¿Verdad que ya conoces a mis hijos?
— **Pues** no.

¿Cómo te fue el examen?
— **Pues** ...

also *(Füllwort)*; **dann, daraufhin**

Wer hat dich angerufen?
— Also, ein Freund, den du nicht kennst.

Ich habe Hunger.
— Na, wenn du willst, essen wir etwas in diesem Restaurant.

Stimmt es, dass du meine Kinder schon kennst?
— Eigentlich nicht.

Wie lief dein Examen?
— Tja, ...

TIPP: pues *wird vor allem in der gesprochenen Sprache benützt. Oft ist es ein Füllwort, z. B. wenn man zögert. Oder man sagt es bei einem Lösungsvorschlag, oder wenn man das Gegenteil erwidert, oder wenn man zu verstehen gibt, dass etwas schief gelaufen ist.* **pues** *wird ganz unterschiedlich verwendet und wechselt seine Bedeutung je nach „Tonlage" und Inhalt des Gesagten.*

3.1.4 HILFS- UND MODALVERBEN

estar *v* ⚠ *irr* 13

Ahora **estoy** comiendo. Lláma-
me después.
¡**Estás** guapísimo!
¿Cómo **estás**?
¿Dónde **está** el Hotel Colón?
→ *hay S. 352*

**sein; sich (gesundheitlich/ört-
lich) befinden**
Jetzt bin ich gerade beim Essen.
Ruf mich später an.
Du siehst sehr, sehr hübsch aus!
Wie geht es dir?
Wo ist das Hotel Colón?

> **TIPP: estar** *und Gerundium bezeichnet einen Vorgang, der gerade
> geschieht. Das Gerundium wird mit dem Stamm des Verbs und der
> Endung **-ando** (bei Verben auf „ar") und **-iendo** (bei Verben auf „er"
> und „ir") gebildet. Es bleibt immer unverändert. Mit **estar** wird ein ge-
> genwärtiger Zustand beschrieben, während **ser** eine ständige Eigen-
> schaft bezeichnet. Im Spanischen können auch Wendungen eine an-
> dere Bedeutung bekommen, je nachdem, ob das Verb **estar** oder das
> Verb **ser** benützt wird, z. B. **estar limpio** sauber sein, **ser limpio** ge-
> pflegt sein, **estar listo** fertig sein, **ser listo** klug sein.*

ser *v* ⚠ *irr* 31

Su padre **fue** amenazado por
desconocidos.
¿Pero tú quién **eres**?
Soy arquitecta.
El español **es** una lengua romá-
nica.
Thomas **es** alemán (⚠ *auch:* **es
de Alemania**).
Esta mesa **es** de madera.
Es necesario que vengas.

La llegada de Colón a Amércia
fue en 1492.
Son las tres y cuarto.   → *estar
TIPP S. 351*

sein

Sein Vater wurde von Unbe-
kannten bedroht.
Aber du, wer bist du?
Ich bin Architektin.
Spanisch ist eine romanische
Sprache.
Thomas ist Deutscher.

Dieser Tisch ist aus Holz.
Es ist notwendig, dass du
kommst.
Es war das Jahr 1492, als Ko-
lumbus nach Amerika kam.
Es ist Viertel nach drei.

> **TIPP:** *Das Verb **ser** wird zur Bildung des Passiv benützt. Es wird auch
> gebraucht zur Erläuterung von Name, Herkunft, Beruf, Definition,
> Identifizierung oder Material. **ser** steht auch bei unpersönlichen Aus-
> drücken für Wert und Urteil, zeitlichen oder räumlichen Ereignissen
> oder der Uhrzeit. Einige Adjektive werden nur mit **ser** benützt, z. B.
> **inteligente, necesario, probable, lógico, posible** etc.*

poder v ⚠ irr 24
Después del accidente, (yo) no **podía** caminar. → saber S. 22

können
Nach dem Unfall konnte ich nicht mehr gehen.

---

haber v ⚠ irr 14
¡**Hemos ganado** la lotería!

haben
Wir haben in der Lotterie gewonnen.

> **TIPP:** *haber wird hauptsächlich als Hilfsverb zur Bildung der zusammengesetzten Zeiten des Perfekt (Indikativ und Konjunktiv) benützt:* **he sido, haya sido**; *des Plusquamperfekt (Indikativ und Konjunktiv):* **había dormido, hubiera dormido**; *des Konditional:* **habría cantado**; *des Futur II:* **habré puesto**.

---

hay v ⚠ irr 16

Perdone, ¿**hay** un hotel cerca de aquí?
En mi ciudad **hay** muchos parques.
En esta tienda no **hay** ropa barata.
En el coche **había** tres personas. → estar S. 351

es gibt; es ist/sind; es befindet/ befinden sich
Entschuldigung, gibt es hier in der Nähe ein Hotel?
Es gibt viele Parks in unserer Stadt.
In diesem Laden gibt es keine preisgünstigen Kleider.
Es waren drei Personen im Fahrzeug.

> **TIPP:** *hay wird benützt in Verbindung mit dem unbestimmten Artikel, mit Adjektiven, mit Substantiven ohne Artikel und mit Zahlen.*

---

hay que v ⚠ irr 16
Cuando el semáforo está en rojo, **hay que** parar.

man muss
Bei roter Ampel muss man anhalten.

---

tener que v ⚠ irr 32
Mañana **tenemos que** levantarnos temprano.

müssen
Wir müssen morgen früh aufstehen.

---

hacer v ⚠ irr 15
Sus chistes no me **hacen** reír.

¿Para qué nos **haces** salir afuera con este frío?
Voy a **hacer** la compra y vuelvo en seguida.

veranlassen; machen
Seine Witze bringen mich nicht zum Lachen.
Warum willst du, dass wir bei dieser Kälte hinausgehen?
Ich mache die Einkäufe und komme gleich wieder.

> **TIPP:** *hacer und Substantiv werden im Deutschen oft mit einem Verb übersetzt, z. B.* **hacer huelga** *streiken,* **hacer footing/natación** *joggen/schwimmen,* **hacer falta** *fehlen,* **hacerse daño** *sich wehtun.*

ir a *v (+ infinitivo)* ⚠ *irr* 17
El próximo verano **voy a viajar** por Europa.

tun werden
Nächsten Sommer werde ich durch Europa reisen.

*TIPP: ir a ist die Alternative zu Futur I: **El próximo verano viajaré por Europa.***

pensar *v (+ infinitivo)* ⚠ *irr* 22
Este verano **pienso** hacer mucho deporte.

vorhaben (zu tun)
Ich habe vor, diesen Sommer viel Sport zu treiben.

llevar *v (+ gerundio)*

Paco **lleva** tres años **viviendo** aquí.

schon seit einiger Zeit getan haben
Paco lebt schon seit drei Jahren hier.

seguir *v (+ gerundio)* ⚠ *irr* 21, **sigo, siga**
Ya ha pasado una hora, y Javi **sigue hablando** con María por teléfono.

weiterhin tun

Eine Stunde ist bereits um, und Javi telefoniert immer noch mit María.

volver a *v (+ infinitivo)* ⚠ *irr* 37
No **volveré a casarme** nunca.

etwas wieder tun
Ich heirate nie wieder.

*TIPP: Man kann auch sagen **No me volveré a casar.***

empezar a *v (+ infinitivo)* ⚠ *irr* 22, **empiece, empecé**
Cuando termine la carrera voy a **empezar a trabajar**.

anfangen zu tun

Wenn ich mein Studium beendet habe, fange ich an zu arbeiten.

acabar de *v (+ infinitivo)*

Acabo de hablar con tu hermana.
Espero que **acabes de hablar** (⚠ *nicht:* **dejar de**) pronto por teléfono, tengo que llamar a alguien.

gerade getan haben; zu Ende machen
Ich habe gerade mit deiner Schwester gesprochen.
Hoffentlich hörst du bald auf zu telefonieren, ich muss noch jemanden anrufen.

dejar de *v (+ infinitivo)*
Quiero **dejar de fumar** (⚠ *nicht:* **acabar de**).

aufhören zu
Ich möchte mit dem Rauchen aufhören.

3.2   Unregelmäßige Verbformen

3.2.1   DIE WICHTIGSTEN UNREGELMÄSSIGEN VERBEN

Es bedeuten:

Pres.	= *presente de indicativo*	*Imperf.*	= *imperfecto*
Subj.	= *presente de subjuntivo*	*Ger.*	= *gerundio*
Indef.	= *indefinido*	*Imp.*	= *imperativo*
Fut.	= *futuro simple*	*Part.*	= *participio*

---

(1) andar
Indef.: **anduve, anduviste, anduvo, anduvimos, anduvisteis, anduvieron**

---

(2) caber
Pres.: **quepo,** cabes   *Subj.:* **quepa, quepas**
Indef.: **cupe, cupiste, cupo, cupimos, cupisteis, cupieron**
Fut.: **cabré**

---

(3) caer
Pres.: **caigo,** caes   *Subj.:* **caiga, caigas**
Indef.: caí, caíste, **cayó,** caímos, caísteis, **cayeron**
Ger.: **cayendo**   *Part.:* **caído**

---

(4) conducir
Pres.: **conduzco,** conduces   *Subj.:* **conduzca, conduzcas**
Indef.: **conduje, condujiste, condujo, condujimos, condujisteis, condujeron**

---

(5) conocer
Pres.: **conozco,** conoces   *Subj.:* **conozca, conozcas**

---

(6) construir
Pres.: **construyo, construyes, construye,** construimos, construís, **construyen**
Subj.: **construya, construyas**
Indef.: construí, construiste, **construyó,** construimos, construisteis, **construyeron**
Ger.: **construyendo**

---

(7) contar
Pres.: **cuento, cuentas, cuenta,** contamos, contáis, **cuentan**
Subj.: **cuente, cuentes, cuente,** contemos, contéis, **cuenten**

---

(8) continuar
Pres.: **continúo, continúas, continúa,** continuamos, continuáis, **continúan**
Subj.: **continúe, continúes, continúe,** continuemos, continuéis, **continúen**

(9) dar
Pres.: **doy**, das
Subj.: **dé**, des, **dé**, demos, deis, den
Indef.: **di, diste, dio, dimos, disteis, dieron**
Part.: **dado**

(10) decir
Pres.: **digo, dices, dice,** decimos, decís, **dicen**
Subj.: **diga, digas**
Indef.: **dije, dijiste, dijo, dijimos, dijisteis, dijeron**
Fut.: **diré**   *Imp.:* **di** (tú)
Ger.: **diciendo**   *Part.:* **dicho**

(11) dormir
Pres.: **duermo, duermes, duerme,** dormimos, dormís, **duermen**
Subj.: **duerma, duermas, duerma, durmamos, durmáis, duerman**
Indef.: dormí, dormiste, **durmió,** dormimos, dormisteis, **durmieron**
Ger.: **durmiendo**

(12) enviar
Pres.: **envío, envías, envía,** enviamos, enviáis, **envían**
Subj.: **envíe, envíes, envíe,** enviemos, enviéis, **envíen**

(13) estar
Pres.: **estoy, estás, está,** estamos, estáis, **están**
Subj.: **esté, estés, esté,** estemos, estéis, **estén**
Indef.: **estuve, estuviste, estuvo, estuvimos, estuvisteis, estuvieron**

(14) haber
Pres.: **he, has, ha, hemos,** habéis, **han**
Subj.: **haya, hayas, haya, hayamos, hayáis, hayan**
Indef.: **hube, hubiste, hubo, hubimos, hubisteis, hubieron**
Fut.: **habré**

(15) hacer
Pres.: **hago,** haces   *Subj.:* **haga, hagas**
Indef.: **hice, hiciste, hizo, hicimos, hicisteis, hicieron**
Fut.: **haré**   *Imp.:* **haz** (tú)
Part.: **hecho**

(16) hay
Subj.: **haya**   *Indef.:* **hubo**
Fut.: **habrá**

(17) ir
Pres.: **voy, vas, va, vamos, vais, van**
Subj.: **vaya, vayas**
Indef.: **fui, fuiste, fue, fuimos, fuisteis, fueron**
Imperf.: **iba, ibas, iba, íbamos, ibais, iban**
Imp.: **ve** (tú), **vamos** (nosotros)
Part.: **ido**   *Ger.:* **yendo**

(18) jugar
Pres.: **juego, juegas, juega,** jugamos, jugáis, **juegan**
Subj.: **juegue, juegues, juegue,** juguemos, juguéis, **jueguen**
Indef.: **jugué,** jugaste

(19) oír
Pres.: **oigo, oyes, oye,** oímos, oís, **oyen**
Subj.: **oiga, oigas**
Indef.: oí, oíste, **oyó,** oímos, oísteis, **oyeron**
Ger.: **oyendo**

(20) oler
Pres.: **huelo, hueles, huele,** olemos, oléis, **huelen**
Subj.: **huela, huelas, huela,** olamos, oláis, **huelan**

(21) pedir
Pres.: **pido, pides, pide,** pedimos, pedís, **piden**
Subj.: **pida, pidas, pida, pidamos, pidáis, pidan**
Indef.: pedí, pediste, **pidió,** pedimos, pedisteis, **pidieron**
Ger.: **pidiendo**

(22) pensar
Pres.: **pienso, piensas, piensa,** pensamos, pensáis, **piensan**
Subj.: **piense, pienses, piense,** pensemos, penséis, **piensen**

(23) perder
Pres.: **pierdo, pierdes, pierde,** perdemos, perdéis, **pierden**
Subj.: **pierda, pierdas, pierda,** perdamos, perdáis, **pierdan**

(24) poder
Pres.: **puedo, puedes, puede,** podemos, podéis, **pueden**
Subj.: **pueda, puedas, pueda,** podamos, podáis, **puedan**
Indef.: **pude, pudiste, pudo, pudimos, pudisteis, pudieron**
Fut.: **podré**   *Ger.:* **pudiendo**

(25) poner
Pres.: **pongo,** pones   *Subj.:* **ponga, pongas**
Indef.: **puse, pusiste, puso, pusimos, pusisteis, pusieron**
Fut.: **pondré**   *Imp.:* **pon** (tú)
Part.: **puesto**

(26) querer
Pres.: **quiero, quieres, quiere,** queremos, queréis, **quieren**
Subj.: **quiera, quieras, quiera,** queramos, queráis, **quieran**
Indef.: **quise, quisiste, quiso, quisimos, quisisteis, quisieron**
Fut.: **querré**

(27) reír
Pres.: **río, ríes, ríe,** reímos, reís, **ríen**
Subj.: **ría, rías, ría,** riamos, riáis, **rían**
Indef.: reí, reíste, **rió,** reímos, reísteis, **rieron**
Ger.: **riendo**

(28) saber
Pres.: **sé**, sabes   *Subj.:* **sepa, sepas**
Indef.: **supe, supiste, supo, supimos, supisteis, supieron**
Fut.: **sabré**

(29) salir
Pres.: **salgo**, sales   *Fut.:* **saldré**
Subj.: **salga, salgas**   *Imp.:* **sal** (tú)

(30) sentir
Pres.: **siento, sientes, siente**, sentimos, sentís, **sienten**
Subj.: **sienta, sientas, sienta, sintamos, sintáis, sientan**
Indef.: sentí, sentiste, **sintió,** sentimos, sentisteis, **sintieron**
Ger.: **sintiendo**

(31) ser
Pres.: **soy, eres, es, somos, sois, son**
Subj.: **sea, seas, sea, seamos, seáis, sean**
Indef.: **fui, fuiste, fue, fuimos, fuisteis, fueron**
Imperf.: **era, eras, era, éramos, erais, eran**
Imp.: **sé** (tú)   *Ger.:* **siendo**
Part.: **sido**

(32) tener
Pres.: **tengo, tienes, tiene**, tenemos, tenéis, **tienen**
Subj.: **tenga, tengas**
Indef.: **tuve, tuviste, tuvo, tuvimos, tuvisteis, tuvieron**
Fut.: **tendré**   *Imp.:* **ten** (tú)

(33) traer
Pres.: **traigo**, traes   *Subj.:* **traiga, traigas**
Indef.: **traje, trajiste, trajo, trajimos, trajisteis, trajeron**
Ger.: **trayendo**   *Part.:* **traído**

(34) valer
Pres.: **valgo**, vales   *Subj.:* **valga, valgas**
Fut.: **valdré**

(35) venir
Pres.: **vengo, vienes, viene**, venimos, venís, **vienen**
Subj.: **venga, vengas**
Indef.: **vine, viniste, vino, vinimos, vinisteis, vinieron**
Fut.: **vendré**   *Imp.:* **ven** (tú)
Ger.: **viniendo**

(36) ver
Pres.: **veo,** ves
Subj.: **vea, veas**
Imperf.: **veía, veías, veía, veíamos, veíais, veían**
Part.: **visto**

(37) volver
Pres.: **vuelvo, vuelves, vuelve,** volvemos, volvéis, **vuelven**
Subj.: **vuelva, vuelvas, vuelva,** volvamos, volváis, **vuelvan**
Part.: (Verben auf -olver*)* **vuelto**

3.2.2 BESONDERHEITEN IN DER SCHREIBUNG

(-c-) = *z der Verben auf -zar wird zu c vor e*
empezar *usw.:* **empiece, empieces** *usw.,* **empecé**

(-qu-) = *c der Verben auf -car wird zu qu vor e*
tocar *usw.:* **toque, toques** *usw.,* **toqué**

(-j-) = *g der Verben auf -ger und -gir wird zu j vor a und o*
coger *usw.:* **coja, cojas** *usw.,* **cojo**
corregir *usw.:* **corrija, corrijas** *usw.,* **corrijo**

(-z-) = *c mancher Verben auf -cer wird zu z vor a und o*
convencer *usw.:* **convenza, convenzas** *usw.,* **convenzo**

(-gu-) = *g der Verben auf -gar wird zu gu vor e*
cargar *usw.:* **cargue, cargues** *usw.,* **cargué**

(-y-) = *unbetontes i zwischen Vokalen wird zu y*
creer *usw.:* **creyó, creyeron, creyendo**

(-g-) = *gu der Verben auf -guir wird zu g vor a und o*
seguir *usw.:* **siga, sigas** *usw.,* **sigo**

(-gü-) = *gu der Verben auf -guar wird zu gü vor e*
averiguar: **averigüe, averigües** *usw.,* **averigüé**

REGISTER

Hinter dem spanischen Wort steht die Seitenzahl. Bei den Wörtern, die dem Wortschatz der Wichtigkeitsstufe 1 – 2000 angehören, ist die Seitenzahl halbfett angegeben, beim Wortschatz der Stufe 2001 – 4000 ist die Seitenzahl mager.
Nicht ins Register aufgenommen wurden Redewendungen, geografische Namen, Zahlen sowie Namen der Wochentage und Monate.

bebida **252**
beca 178
belleza **18**
bendecir 206
beneficio 159
beso 120
Biblia 204
biblioteca **66**
bici(cleta) **267**
bien **94**
bienvenido 120
bigote 20
billete **270**
billete de ida y vuelta
   261
bingo 190
bisabuelo, bisabuela
   111
bisnieto, bisnieta 111
bistec 246
blanco **333**
blando **233**
bloque 129
blusa **140**
boca **13**
bocadillo **240**
bochorno 224
boda 121
bodega 254
bola 335
bolígrafo 177
bolsa 262
bolsillo 142
bolso **134**
bomba 201, **228**
bombero 116
bombilla 135
bombón 244
bonito **26**
borracho 253
borrar 57
bosque **209**
bota 143

botella **253**
botón 142
bragas 143
brazo **14**
breve 289
brillar 222
broma 192
bucear 194
bueno **26, 94**
bufanda 143
buitre 216
burro, burra 215
buscar **54**
buzón 164

C

caballo 215
caber 302
cabeza **13**
cabina telefónica **165**
cable 230
cabra 215
cachorro 218
cada **347**
cada uno, cada una
   347
cadáver 44
cada vez más 290
cada vez que 290
cadena 145
caer(se) 304
café **252**
cafetería **258**
caja **134**
caja de ahorros 158
caja fuerte 159
cajero (automático)
   158
cajón 132
calamar 247

calcetín **141**
calcular 93
calefacción **128**
calentar 255
calidad **318**
cálido 224
caliente 240
callarse **80**
calle **207**
calle peatonal 266
calma 305
calor **223**
caloría 245
caluroso 224
calvo 20
calzada 266
calzado 143
calzoncillos 143
cama **131**
cámara **188**
camarero, camarera
   258
cambiar **55, 294**
cambiarse 141
cambio 157, **294**
caminar **309**
camino **209**
camión 268
camisa **140**
camiseta **140**
camisón 142
campana 205
campeón, campeona
   194
campesino, campe-
   sina 115
camping 262
campo **206**
canal 186
cáncer 39
canción **183**
cansado **44**
cansarse 193

D